[2판]

평생교육경영론

공익적 평생교육기관을 위한 경영의 실제

오혁진 저

학지사

2판
머리말

2003년에 『평생교육경영학』을 발간한 이후 이번에 처음으로 개정판을 내게 되었다. 책의 제목도 이번 기회에 '평생교육경영론'으로 수정하였다. 이는 평생교육사 양성 교육과정의 변화를 따른 것이다. 꽤 긴 기간 동안 몇 차례 추가 인쇄를 하면서 오자 수정이나 부록을 추가한 적은 있었지만 전체적으로 내용을 수정하여 개정판을 낸 것은 이번이 처음이다. 이렇게 개정판이 늦어진 이유는 개인적으로 '사회교육'이나 '지역사회교육' 등 다른 분야에 관심을 집중했기 때문이었다. 시간이 지남에 따라 자연스럽게 절판을 고려하기도 하였으나, 대학 교육현장에서 초반부터 이 책을 사용해 주셨던 분들의 격려와 권면으로 개정판 집필에 부담을 느껴 온 것도 사실이다. 부족하나마 이번 기회에 개정판을 낼 수 있게 된 것에 송구함과 더불어 깊은 감사의 말씀을 드린다.

처음 이 책이 발간되었을 무렵에 '평생교육경영'은 매우 낯선 개념이었다. 그전까지 평생교육사의 전신인 '사회교육전문요원' 양성과정에서 운영되었던 유사과목은 '사회교육행정론'이었기 때문이다. 본래 행정의 대상, 그것도 가장 숭고한 가치를 지향하는 '교육'의 영역에 '경영'이라는 '영리추구적' 행위를 접맥하는 것이 불경하게 느껴질 수 있는 시기였다. 다른 한편으로는 이제 '사회교육'이 '평생교육'으로 바뀌었고 '평생교육'에 '경영'이라는 행위를 접맥하게 되었으니, 평생교육기관도 시대 변화에 따라 시장의 논리를 따르고 이윤을 추구하는 경영을 해도 되는 것이 아닌가라는 인식이 생겨날 수 있는 분위기였다. 사실, 이후로 '평생교육'의 이론과 현장에 '신자유주의'와 '시장의 논리'가 강화된 것은 부인하기 어렵다. 또한 그 과정에서 '평생교육경영'이 이를 뒷받침하는 수단으로 일부 활용된 점도 안타까운 현실이다.

그럼에도 불구하고 필자가 처음 『평생교육경영학』을 발간할 때부터 염두에 두었던 평생교육경영은 상업적 · 영리적인 성격이 강한 평생교육기관의 경영이 아니라 '공공성'이나 '공익성'을 추구하는 평생교육기관의 경영이었다. 따라서 평생교육경영론이 교육의 공공성과 형평성을 배제하고 이익을 추구하기 위한 수단으로 활용되는 것에 대한 우려를 갖고 있었다. 필자가 추구했던 평생교육경영론은 단지 기업을 위한 경영기법을 평생교육기관에 적용하는 것이 아니라 이전부터 중시되었던 사회교육의 전통과 평생교육의 원리를 반영한 평생교육기관의 경영 원리와 기법을 개발하는 것이었다.

평생교육경영의 본질에 대한 이러한 생각은 필자가 사회교육과 지역사회교육을 연구하면서 더 강화되었다. 한국에서 평생교육의 원형이라고 할 수 있는 사회교육과 지역사회교육의 전통은 사회적 약자를 보호하고 사회문제의 해결에 기여하며 지역공동체의 형성과 발전에 기여하는 것이었다. 따라서 사회교육과 지역사회교육의 본질을 반영한 평생교육기관의 역할은 우선적으로 사회적 약자를 지원하고 사회문제 해결과 공동체 사회의 실현에 이바지하는 것이 되어야 한다. 한국에서 '사회교육'은 '정규교육 이외의 교육(nonformal education)'으로 인식되기도 했지만 본질적으로나 국제적으로 사회문제 해결을 위한 교육, 사회적 약자의 교육적 지원 및 지역사회와 시민사회의 성숙을 위한 교육으로 인식되고 있다. 한국에서 「평생교육법」을 제정하고 평생교육사를 양성하여 평생교육기관에 배치하는 배경에는 근본적으로 평생교육을 통해 국민들의 자립을 돕고 지역공동체의 형성과 발전에 기여하고자 하는 사회교육의 전통이 존재한다고 볼 수 있다. 비록 현대사회에서 평생학습의 증진이 중요한 과제로 부각되었지만, 평생교육사는 이 과제를 수행하는 과정에서 지역사회에서 주민을 돕고 사회문제를 해결하고 지역공동체 형성에 이바지하는 새로운 '버전'의 사회교육자와 지역사회교육활동가의 역할을 지속적으로 감당해야 한다.

이번에 발간되는 개정판에서는 평생교육의 사회교육적·지역사회교육적 지향성이 평생교육경영의 원리에 좀 더 분명히 반영되도록 하기 위한 노력을 기울였다. 특히 평생교육경영론 전반에서 영리적·상업적 성격을 보다 확실하게 배제하고 공익적 성격이 강한 평생교육기관의 맥락을 반영하였다. 이런 맥락에서 부제를 '공익적 평생교육기관을 위한 경영의 실제'로 달았다. 이 개정판은 새로운 이론이나 기법의 추가보다는 '평생교육적' 경영의 관점을 보다 명확히 적용하는 데 초점을 맞추었다고 볼 수 있다. 개인적으로 이 점이 이번에 개정판을 낸 가장 큰 보람이라고 할 수 있다. 아울러 평생교육 환경의 변화에 따른 평생교육 현장의 사례, 평생교육 관련법과 제도, 평생교육 경영 관련 통계 등을 최신의 것으로 바꾸고자 노력하였다. 그리고 강의를 하면서 새로 개발한 실습지 양식을 부록에 추가하였다. 시작이 반이라고 했던가. 향후 공공성, 학습자지향성, 서비스지향성이라는 평생교육과 사회교육의 원리를 현대의 맥락에 맞게 보다 구체화하기 위해 지속적으로 노력할 것을 다짐해 본다.

이번 개정판 발간 작업을 위해 도와준 전미진, 이슬기 선생에게 감사의 말씀을 드린다. 아울러, 개정판 발간의 기회를 주신 학지사 관계자들께도 감사의 말씀을 드린다. 부디 이 개정판이 지역사회 평생교육 현장에서 학습자의 성장과 사회문제의 해결, 지역공동체의 발전을 위해 애쓰는 평생교육사를

비롯한 다양한 분야의 평생교육 및 사회교육 실천가들에게 조금이나마 도움
이 되기를 기대한다.

2021. 3.

오혁진

**1판
머리말**

'평생교육', 전 이름 '사회교육'
너는 이전엔 그저 피곤한 이에게 안식을,
외로운 이에게 위안을,
불의한 곳에 정의를 심어 주는 생기였으나
이제 어느덧 실체가 되어
얼굴이 생기고, 이름을 새로 짓고, 몸체가 커지면서
땅 끝 구석구석 찾아가기보다는 앉아서 대접받기 원하고
스스로 자신의 존엄성을 주장하기 좋아하며
권세자의 떡에 일희일비까지 하는
또 하나의 가엾은 바벨탑이 되어 가고 있구나.
나는 평생교육을 위해 일하지 않으련다.
다만, 하나님 나라를 위해 평생교육에 참여할 뿐(오혁진, 『평생교육 유감』).

오래전부터 필자를 잘 아는 분들 중에는 필자가 경영에 관해 공부하고 책을 내는 것에 대해 의아하게 생각하시는 분들도 있을 것 같다. 평상시에 사변적이고, 평생교육의 본질이니, 이념이니 하는 원론적인 것을 좋아하는 사람이 어떻게 가장 실제적이라고 할 수 있는 경영문제까지 다루게 되었는가?
　필자가 처음 경영에 관심을 가지게 된 것은 순전히 열악한 환경에 처해 있는 비영리적 사회교육기관의 활성화를 위해 뭔가 실제적인 것을 연구하고 싶다는 심정에서였다. 당시 1990년대 중반만 해도 사회교육의 장은 "파도가 부서지는 바위섬, 인적 없던" 곳이었다. 이런 상황에서 평생교육을 연구하는 이로서 관심을 가져야 할 것은 열악한 환경 속에서도 교육적인 소명을 가지고 헌신하고 있는 사회교육기관을 그나마 활성화시킬 수 있는 방법을 찾는 것이라고 생각했다. 그리고 그 가장 종합적인 방법은 아마도 경영일 것이라고 생각했던 것이다. 그 당시만 해도 사회교육의 가치와 이념, 교육자의 사명의식에 대해서는 의심할 바가 없었고, 다만 열악한 환경과 여건만이 문제가 되었기에 사회교육기관들이 자립적으로 교육사업을 발전시킬 수 있도록 돕는 것이 실제적인 관심이었던 것이다.

그러나 그 후 한 10여 년 동안 사회교육은 가히 격세지감을 느낄 정도로 발전하였다. 이름도 사회교육보다는 '평생교육'으로 더 많이 불리우게 되었다. 그리고 그 발전속도는 지금보다 훨씬 빠를 것으로 예상된다. 교육부가 교육인적자원부로 바뀌고 각종 평생교육추진기구가 생기고, 평생교육에 참여하는 인구도 크게 늘게 되었다. 그러한 과정에서 평생교육계 주변에도 아직 많지는 않지만 떡고물도 생기게 되었다. 그리고 우리 주위에 너무나도 많은 평생교육기관이 들어서게 되었다. 그리고 커진 규모를 효율적으로 감당하고, 다른 기관과의 경쟁에서 살아남기 위해 경영이 중요한 과제로 떠오르게 되었다. 이에 따라 평생교육에 있어 경영의 비중도 그만큼 더 높아지게 되었다. 그리고 평생교육사 양성과정에 '평생교육경영학'이 포함되기에 이르렀다.

이러한 흐름 속에 평생교육경영학 서적의 필요성은 더 높아졌는지 모르겠지만 필자는 오히려 출판을 망설이게도 되었다. 처음 경영에 관심을 가질 때만 해도 이것이 비영리 평생교육기관들의 발전을 위한 하나의 수단이 되기를 기대하는 소박한 마음이었지만, 지금은 오히려 평생교육기관의 외형적인 발전에만 일조하는 것이 아닌가라는 우려를 금치 못했기 때문이다. 점점 평생교육의 이념은 사라지고 평생교육의 틀만 화려해지는 것이 문제라는 비판적인 의식도 높아지고 있는 이 시점에서 말이다. 그래서 상당 기간 작업을 중단한 것도 사실이다. 그러나 주변에서 평생교육 실천을 위해 책을 내라는 권고도 종종 듣게 되고, 뭔가 내 나름대로 평생교육의 원리에 기초한 평생교육경영학의 토대를 구축하는 데 이바지해야겠다는 생각에서 용기를 내었다.

이 책은 평생교육경영학의 이론적 토대를 구축하려는 것보다는 평생교육기관의 실제적인 경영에 이바지하고자 하는 목적으로 기획되었다. 그러면서 평생교육차원에서 몇 가지 새삼스럽게 강조를 하게 되었다. 그것은 보다 평생교육의 원리와 고유성을 강조하는 것이었다. 먼저, 평생교육기관의 경영은 평생교육의 원리에 입각한 경영이어야 한다고 생각했다. 즉, 평생교육을 위한 경영이지 단지 평생교육기관의 수지를 맞추기 위한 경영이 아니라는 것을 강조하고 싶었다. 그러기 위해 평생교육의 기본 이념 위에 기업 경영의 일반 원리를 비판적으로 수용하고자 했다. 또한 평생교육기관 고유의 맥락에 맞추어 경영의 문제를 다루고자 했다. 교육지도자로서의 평생교육기관 경영자의 요건, 비영리기관으로서의 평생교육기관을 위한 기금개발과 자원봉사자관리, 내부적인 학습조직의 구현 그리고 학습동아리의 구축과 활용, 지역사회교육기관으로서의 다른 기관과의 파트너십 등은 평생교육 현장만의 고유한 성격을 반영하기 위한 노력이라고 볼 수 있다. 그러나 미흡한 점이 많음을 고백하지 않을 수 없다. 그러나 아무쪼록 이 책이 평생교육의 본질을 지키면서 실천의 방도를 찾으려고 하는 학도들이나 평생교육기관 현장에서 묵묵히 일하고 있는 여러 평생교육 실천가 그리고 대학에서 평생교육

경영학을 강의하는 분들에게 조금이나마 도움이 되기를 기대한다.

　이 책이 나오게 되기까지에는 많은 분의 도움이 있었다. 무엇보다 평생교육을 관념이 아니라 실천의 장으로 접할 수 있도록 지도해 주신 김신일 은사님께 감사를 드린다. 선생님이 폭넓은 학문적 우산을 씌워 주지 않으셨다면 감히 이 분야를 연구할 엄두를 내지 못했을 것이다. 아울러, 그냥 묻혀 버릴 수도 있었던 것을 출판할 수 있도록 자극을 준 학계의 여러 선배님과 학우들에게 감사를 드린다. 특히 지난 7년간 평생교육 실천의 문제를 두고 함께 고민하고 연구해 온 한국평생교육컨설팅연구회(KACLE) 회원들에게 감사를 드린다. 아울러, 필자에게 '비영리조직의 마케팅'이라는 신천지를 소개해 준 오스트리아의 Ludvig Kapfer 박사와, GAMMA 연수 동기생들에게도 감사를 드린다. 그리고 이 책을 출판할 수 있는 기회와 아울러 적절한 자극과 점검으로 지원해 준 학지사의 김진환 사장님을 비롯한 여러 직원께 감사드린다. 그리고 항상 옆에서 묵묵히 지켜봐 주면서 남에게 보이기 부끄러운 원고들을 꼼꼼히 교정해 준 아내에게도 고맙다는 말을 전하고 싶다.

2003. 8.
오혁진

차례

■ 2판 머리말 _ 3
■ 1판 머리말 _ 7

제1부 평생교육기관 경영의 기초

제1장 평생교육기관 경영의 기본 구조   19

1. 평생교육기관 경영의 재인식 _ 20
2. 평생교육기관 경영의 유형과 특성 _ 29
3. 평생교육기관 경영의 구성요소와 과제 _ 37

제2장 평생교육기관 경영자의 요건과 과제   49

1. 평생교육지도자의 개념과 성격 _ 50
2. 평생교육지도자로서 경영자의 요건 _ 53
3. 평생교육기관 경영자의 리더십 _ 60

제3장 **평생교육기관 경영의 실행 원리** **71**

1. 평생교육기관 경영을 위한 평생교육원리의 적용 _ 72
2. 평생교육기관 경영과 마케팅의 원리 _ 80
3. 평생교육기관 경영과 학습자 존중의 원리 _ 88

제2부 평생교육기관 경영의 기획

제4장 **평생교육기관 가치체계 수립** **99**

1. 평생교육기관 가치체계의 구조와 성격 _ 100
2. 평생교육기관 가치체계의 개발과 공유 _ 113

제5장 **평생교육기관 경영환경 및 경영자원 분석** **123**

1. 평생교육기관 경영환경의 분석 _ 124
2. 평생교육기관 경영자원의 분석 _ 135
3. 경영환경과 경영자원에 대한 종합적 분석: SWOT 분석 _ 144

제6장 **평생교육시장의 이해와 분석** **153**

1. 평생교육시장의 성격 _ 154
2. 평생교육시장의 세분화 _ 163
3. 평생교육 수요의 측정 _ 168

제3부 평생교육기관 경영의 기본 과제

제7장

평생교육기관의 프로그램 관리   181

1. 프로그램군의 구성요소와 구성방식 _ 182
2. 프로그램의 생애주기에 따른 프로그램 관리 _ 187
3. 통합적 프로그램군 관리전략 _ 191

제8장

평생교육기관의 인사관리   201

1. 평생교육기관 인사관리의 기본 성격 _ 202
2. 평생교육기관 일반 실무자의 인사관리 _ 205
3. 외부 인적 자원의 관리 _ 214

제9장

평생교육기관의 조직관리   225

1. 평생교육기관 조직화의 성격과 유형 _ 226
2. 평생교육기관의 학습조직화 _ 233
3. 평생교육기관의 갈등 해소 _ 241

제10장

평생교육기관의 재무관리   251

1. 평생교육기관 재무관리의 기본 성격 _ 252
2. 프로그램 수강료의 책정과 관리 _ 258
3. 평생교육기금의 개발 _ 264

제4부 평생교육기관의 네트워크

제11장

평생교육기관 학습동아리 운영   275

1. 평생교육기관 학습동아리의 기본 성격 _ 276
2. 평생교육기관 학습동아리 운영의 실제 _ 284

제12장

평생교육기관과 의사소통   297

1. 평생교육기관 의사소통의 실제 _ 298
2. 평생교육기관 정보시스템의 구축 _ 307
3. 평생교육 프로그램 전달경로의 구축 _ 314

제13장

평생교육기관의 파트너십   321

1. 평생교육기관 파트너십의 기본 성격 _ 322
2. 평생교육기관 파트너십 구축과 운영의 실제 _ 331
3. 평생교육기관 파트너십의 성공전략 _ 338

[부록 1] 평생교육기관의 경영요소별 실태 분석 _ 347

[부록 2] 평생교육기관의 경영가치 측정 _ 348

[부록 3] 평생교육기관의 가치체계 수립 _ 353

[부록 4] 평생교육조직의 SWOT 분석 _ 355

[부록 5] 잠재적 학습자 집단세분화 _ 357

[부록 6] 프로그램 관리전략 _ 359

[부록 7] 평생교육기관 조직화의 성격과 유형 실습양식 _ 361

[부록 8] 파트너십 구축을 위한 실습내용과 실습양식 _ 364

■ 찾아보기 _ 365

제1부

평생교육기관 경영의 기초

제1장 평생교육기관 경영의 기본 구조

제2장 평생교육기관 경영자의 요건과 과제

제3장 평생교육기관 경영의 실행 원리

제1장

평생교육기관 경영의 기본 구조

　최근까지 교육과 경영은 전혀 별개의 세계인 것처럼 인식되었다. 그러나 교육기관이 교육활동에 필요한 인적·물적 자원을 다루고 학습자들을 교육의 대상으로 상대하는 한 이미 의식적이든 무의식적이든 경영활동을 하고 있는 것이다. 더구나 학교교육에 비해 일찍부터 민간 차원에서 자립의 요구가 더 컸던 평생교육기관의 경우 이러한 경영기법의 필요성은 더욱 크다고 볼 수 있다. 이제는 평생교육기관에서 경영활동을 하는 것이 과연 바람직한가라는 차원이 아니라 평생교육기관의 목적을 효율적으로 구현하기 위해서 어떻게 경영을 할 것인가가 관심의 대상이 되고 있는 추세라고 할 수 있다.

　이런 맥락에서 이 장에서는 평생교육경영의 기본 개념과 구성요소 및 이와 관련된 최근 동향을 파악하고자 한다.

학습목표 ···

1. 평생교육경영에 대한 인식의 변화 과정과 활성화 배경을 설명할 수 있다.
2. 평생교육기관의 경영과 평생교육원리에 입각한 조직경영의 차이를 설명할 수 있다.
3. 평생교육기관 경영의 구성요소들을 과제별, 과정별로 열거하고 그 의미를 설명할 수 있다.
4. 일반 조직의 경영과 차별화되는 평생교육기관 경영의 고유한 성격과 과제를 진술할 수 있다.

1. 평생교육기관 경영의 재인식

1) 평생교육기관 경영의 배경과 인식의 변화

(1) 평생교육기관 경영 활성화의 배경

최근 들어 평생교육기관에서 경영의 중요성이 더욱 강조되고 있다. 이와 같이 평생교육기관에서 경영이 중요시되는 배경을 구체적으로 살펴보면 다음과 같다.

첫째, 평생교육기관의 규모 확대로 인한 체계적인 운영의 필요성이다. 현대 사회에서 평생교육 프로그램에 대한 수요가 커지고 평생교육기관도 꾸준히 성장함에 따라 평생교육기관의 규모가 대체로 커지고 있는 실정이다. 특히, 국가나 지방자치단체, 기업, 대학 등과 같은 거대한 조직이 평생교육의 설립 주체가 됨에 따라 평생교육기관의 기본 규모가 처음부터 커지고 있는 경향이다. 이전에 평생교육 지도자와 한두 명의 실무자를 중심으로 운영되던 작은 규모의 평생교육기관과 달리 규모가 큰 평생교육기관의 경우는 인적·물적 대상에 대한 체계적이고 효율적인 운영이 요구되고 있다. 따라서 규모가 커진 기관을 체계적, 효율적으로 관리하기 위한 평생교육기관 경영의 중요성이 그만큼 부각되고 있는 것이다.

둘째, 평생교육기관 간의 경쟁 심화이다. 최근 들어 우리 주변에는 평생교육기관의 수가 급증하고 있다. 같은 지역 안에도 대학부설 평생교육원, 평생학습관, 문화원, 문화의 집, 종합사회복지관, 시·군·구민회관을 비롯하여 읍·면·동 단위의 평생학습센터, 백화점 및 언론기관의 문화센터, 종교기관에서 운영하는 각종 평생교육 프로그램, 시민사회단체에서 운영하는 각종 시민 대상 프로그램, 체육시설, 청소년 교육시설 등이 즐비하게 들어서고 있다. 여기에다 최근에는 인터넷을 이용한 각종 원격교육기관들도 우리의 일상생활 속으로 파고들고 있는 실정이다. 이에 따라 이들 평생교육기관들은 서로 학습자를 유치하기 위한 치열한 경쟁을 벌이게 되었다. 이에 따라 학습자를 유치하고 경쟁환경 속에서 생존하기 위한 경영의 필요성이 더욱 커지게 된 것이다.

셋째, 평생교육에 대한 국가 재정적 지원의 부족이다. 우리나라의 경우 국민들의 평생교육에 대한 요구가 늘어나고 있지만 이에 대한 정부지원은 평생교육 선진국에 비해 여전히 미흡한 상태이다. 따라서 우리나라 평생교육의 상당한 부분을 차지하는 민간 평생교육기관은 국가의 지원을 크게 기대하지 못함에 따라 그만큼 재정적인 자립을 위한 체계적인 경영의 도입이 절실하게 요구된다.

넷째, 책무성에 대한 사회적 요구의 증가이다. 최근 전 국가적으로 정부기관 및 정부의 지원을 받는 각종 기관에 대해 책무성을 중시하는 경향이 일반화되고 있다. 같은 맥락에서 기관운영의 성과와 효율성에 대한 엄정한 평가를 통해 재정적인 자원을 차등화하는 경향이 강화되고 있다. 이는 평생교육기관의 경우도 마찬가지이다. 이에 따라 공공 평생교육기관에도 경영의 중요성이 더욱 커지고 있는 것이다.

이와 같이 평생교육기관 규모의 확대와 치열해지는 경쟁, 재정적 지원의 부족과 책무성에 대한 사회적인 요구 등으로 인해 이제 평생교육기관도 경영에 대해 보다 관심을 기울이지 않으면 안 되게 된 것이다.

(2) 평생교육기관 경영에 대한 인식의 변화 단계

이와 같은 시대적 배경을 반영하여 평생교육기관의 경영에 대한 인식도 바뀌고 있다. 이는 대체로 다음과 같은 단계를 거친다고 볼 수 있다.

첫째, 평생교육과 경영은 상호배타적이라는 관점이다. 이는 평생교육이 경영을 추구할 때 상업화되고 본질이 왜곡된다는 입장을 취한다. 인간의 숭고한 정신적 가치를 추구하는 교육기관에서 '경영'이라는 세속적인 용어를 사용하는 것 자체가 불경한 것으로 여겨지기도 한 것이다. 그러나 이러한 관점은 경영을 기업이나 영리를 추구하는 조직에만 해당되는 것으로 잘못 인식하고 있다고 볼 수 있다. 왜냐하면 모든 교육기관이 특정한 목적을 가지고 교육활동에 필요한 인적·물적 재화를 다루는 이상 이미 경영활동을 하고 있기 때문이다. 따라서 평생교육이 기관이나 조직을 통해 이루어지는 한 평생교육과 경영은 밀접한 관계를 가질 수밖에 없다.

둘째, 경영은 평생교육에 대해 부차적이라는 관점이다. 이는 경영업무를 평생교육을 위한 다소 귀찮은 활동, 또는 필요악으로 인식한다. 즉, 경영의 필요성은 인식하나 교육활동 자체와는 분리되는 보조적이고 제한적인 수단으로 인식한다.

셋째, 경영은 평생교육의 가치를 실현하기 위한 매우 유용하고 필수적인 수단이라고 생각하는 관점이다. 이는 성공적인 평생교육을 위해 경영은 필수적이며 매우 유용한 수단이라는 생각을 반영한다. 즉, 경영이 제대로 이루어지지 않으면 교육의 효과도 제대로 나타나지 않는다는 입장인 것이다.

평생교육기관에서의 경영의 중요성이 부각됨에 따라 평생교육기관 경영에 대한 인식도 대체로 위의 순서로 변화해 가고 있다고 볼 수 있다. 다만, 경영에 대한 지나친 관심이 오히려 평생교육기관의 가치를 왜곡하는 일이 발생하지 않는 것이 중요하다. 평생교육의 발전을 위해서는 경영에 대한 부정적인 인식을 불식함과 동시에 이를 건전한 방향으로 활용하려는 적극적이고 비판적인 자세가 필요하다.

2) 평생교육기관 경영의 개념

(1) 평생교육과 경영의 개념

앞에서 살펴보았듯이 최근 들어 평생교육과 경영의 관계가 더욱 밀접해지고 있다. 그리고 이와 관련하여 '평생교육경영'이라는 용어가 많이 사용되고 있다. 그리고 이러한 분야를 다루기 위해 '평생교육경영론'이 존재하기도 한다.

이와 같이 평생교육분야에서 경영의 중요성이 더욱 커지는 것은 자연스러운 시대적인 추세라고 볼 수 있다. 그러나 우리가 평생교육분야에서 경영을 올바르게 활용하기 위해서는 평생교육과 경영의 관계에 대한 올바른 개념정립이 필요하다. 자칫하면 평생교육과 경영의 개념과 원리가 혼란스럽게 적용되어 평생교육의 본질적인 가치가 훼손될 소지가 있기 때문이다. 이런 맥락에서 여기서는 우리 주변에서 흔하게 사용되는 '평생교육경영'의 개념을 분석함으로써 평생교육과 경영의 올바른 관계를 정립해 보고자 한다.

'평생교육경영'의 개념을 이해하기 위해서는 먼저 '평생교육'과 '경영'의 개념을 각각 살펴보는 것이 필요하다.

'평생교육'이란 개념은 우리 사회에서 매우 광범위하면서도 모호한 의미로 사용되고 있다. '평생교육(lifelong education)'이란 일반적으로 모태로부터 죽을 때까지 가정, 학교, 사회 등 삶의 전 영역에서 행해지는 가르침과 배움의 과정이라고 할 수 있다. 이런 관점에서 볼 때 '평생교육'은 우리가 일상생활 속에서 일반적으로 '가르침과 배움'과 관련해서 통용하고 있는 '교육'이라는 개념 그 자체와 외연상 큰 차이가 없다. 즉, 현대인은 이미 일상생활의 경험을 통해 교육이 학교 이외의 시간과 공간 속에서도 활발히 이루어지고 있음을 일반적으로 인식하고 있다. 이른바 현대인은 이미 기존의 학교를 넘어 평생에 걸친 교육에 참여하고 있기에 '교육'이란 곧 '평생교육'과 다름이 없다고 볼 수 있다.

그럼에도 불구하고 우리 사회에서 여전히 '교육'이라는 용어 외에 '평생교육'이라는 용어가 일반적으로 사용되고 있는 까닭은 그만큼 현실적으로 우리의 인식 속에 교육은 '학교'에서만 이루어지는 것이라는 잘못된 상식이 너무나도 강하게 자리잡아 왔기 때문이라고 볼 수 있다. 즉, '평생교육'의 의미

표 1-1 '교육'과 '평생교육'의 의미 비교

용어	원론적 의미	현실적 의미(일차적 관심)
교육	학교교육 + 학교 밖 교육	학교교육
평생교육	학교교육 + 학교 밖 교육	학교 밖 교육

그 자체 속에 이미 지금의 '학교 안'과 '학교 밖'에서의 교육이 모두 포함되어 있음에도 불구하고 기존의 '교육' 개념이 현실적으로 너무 강하게 '학교교육'만으로 인식되고 있는 것을 대비하기 위해 '평생교육'이라는 용어가 사용된다는 것이다.

앞의 〈표 1-1〉에 나타난 바와 같이 '교육'과 '평생교육'이라는 용어 모두 원론적으로는 동일 개념으로서 학교교육과 학교 밖 교육을 포함하고 있음에도 불구하고, 현실적으로 '평생교육'은 '학교 밖 교육'을 일차적인 고려 대상으로 삼고 있다고 볼 수 있다. 이는 우리나라의 「평생교육법」이 사실상 기존의 학교교육을 제외시키고 있으며, 대학부설 평생교육원, 평생교육법에 근거해 설치된 국가평생교육진흥원, 지역평생교육진흥원, 평생학습관, 평생학습센터, 평생학습도시 등이 사실상 학교교육과 무관하게 일반 성인을 주요 대상으로 하는 것과 맥을 같이한다. 이런 맥락에서 '평생교육경영'의 범주도 일반 학교교육은 제외되는 것이 일반적이라고 할 수 있다.

그런데 이러한 개념적 범주와 관계없이 평생교육분야에서는 원론적으로 기존의 학교교육과는 다른 원리가 강조된다. 즉, 교수자와 학습자의 수직적인 관계에 의해 실시되는 전통적인 학교교육과 달리 평생교육은 참여자의 주체적인 참여, 교수자와 학습자의 상호작용, 학습자의 경험이 중시되고 있다. 이런 면에서 평생교육이란 곧 인간 교유의 평생학습을 지원하는 활동이라고 할 수 있다. 또한 평생교육은 주지적이고 미래지향적인 교육내용만을 다루는 것이 아니라 학습자의 일상생활과 밀접한 관련이 있는 것을 중요하게 다룬다. 이러한 점을 종합할 때 평생교육은 기존의 학교교육을 제외한 영역에서 학습자의 지속적인 성장을 돕기 위해 일상생활과 관련된 내용을 중심으로 학습자의 주체적인 참여와 경험을 존중하는 교육이라고 할 수 있다.

한편, '경영(management)'이란 개념은 일반적으로 조직체의 목적을 달성하기 위해 인적·물적·금전적 자원을 효율적으로 배분하여 산출물을 효과적으로 만들어 내는 순환과정을 말한다. 조직이 경영을 통해 추구하는 것은 조직의 효과성(effectiveness)과 효율성(efficiency)이라고 할 수 있다. 효과성이란 조직이 목표로 하는 바를 얼마나 실제로 달성했는가를 의미하며, 효율성이란 어느 정도의 비용으로 그 목표를 달성하였는가를 의미한다. 즉, 효율성이란 산출(output)을 투입(input)으로 나눈 값이라고 볼 수 있다. 정해진 목표의 달성을 위해 노력하는 것은 모든 조직의 기본적인 과제라고 볼 수 있다. 그런데 이러한 기본적인 과제 수행 외에 추가로 요구되는 과제는 그 목표를 보다 적은 비용의 투입을 통해 달성하거나 동일한 비용의 투입을 통해 더 큰 성과를 달성하는 것이다. 즉, 조직체의 효과성뿐만 아니라 효율성이 요구되는 것이다. 이와 같이 그 조직의 효과성과 효율성을 동시에 추구하기 위한 활동을 곧 경영이라고 볼 수 있다.

(2) 평생교육경영 개념의 두 차원

'평생교육경영'은 결국 앞에서 언급한 '평생교육'과 '경영' 개념의 조합이다. 그런데 이 두 가지 용어가 조합된 '평생교육경영'은 다소 애매한 의미를 갖게 된다. 이는 두 용어 중 어느 것이 더 강조되느냐와도 관계 있다. 우선 '평생교육경영'은 평생교육기관을 효율적으로 운영하여야 한다는 관점에서 '평생교육기관의 경영'으로 인식되는 것이 일반적이다. 그러나 한편으로는 평생교육의 고유한 가치와 원리를 강조할 때, '평생교육경영'은 '평생교육의 원리에 입각한 경영'이라고 이해될 수도 있다. 이 양자의 의미를 보다 자세히 살펴보면 다음과 같다.

① 평생교육기관의 경영: 평생교육기관의 '경영'에 강조점을 두는 경우

먼저, 평생교육경영을 평생교육기관의 경영으로 보는 관점이다. 이는 기존의 평생교육기관이나 평생교육관련 조직의 목표를 효율적으로 달성하기 위해 경영학적인 원리를 도입하는 것을 의미한다. 그동안 대부분의 평생교육기관은 열악한 환경을 감수하면서 순수한 교육적 사명감으로 헌신하는 교육 실천가들에 의해 운영되어 왔다. 따라서 굳이 체계적인 경영의 필요성을 느끼지 못하거나 미처 경영에 노력을 기울일 만한 여력이 없었다고 볼 수 있

다. 또한 대부분의 공공 평생교육기관은 경영보다는 행정의 차원에서 운영
된 것이 사실이다. 지금도 중시되고 있는 '평생교육행정'은 평생교육관련 법
과 제도에 따라 평생교육의 목표를 효율적으로 달성하기 위해 필요한 제반
조건을 정리하고 지원·관리하는 행위를 말한다. 이는 평생교육이 법과 제
도의 범주를 벗어나지 않는 차원에서 다소 수동적·기계적으로 운영되어 왔
음을 의미한다. 그러나 앞에서 살펴본 바와 같이 최근에는 평생교육기관도
그 규모가 더욱 커지고 경쟁이 치열해짐에 따라 체계적인 경영이 더욱 중요
하게 되었다. 따라서 평생교육기관의 경영이 하나의 중요한 영역으로 자리
잡게 되었다. 이러한 관점에 의하면 평생교육경영의 개념은 단위 평생교육
기관이나 조직이 그들의 교육목적을 달성하기 위해 인적·물적·금전적 자
원을 효율적으로 활용하는 과정이라고 볼 수 있다. 일반적인 평생교육행정
과 비교했을 때 평생교육경영은 환경의 변화에 따른 단위 기관의 능동적인
적응, 독자성, 자립성, 책무성을 보다 강조한다고 볼 수 있다. 따라서 이러한
관점에 의하면 평생교육기관의 경영은 기존의 기업체 경영분야에서 많은 도
움을 얻는다고 볼 수 있다.

② 평생교육원리에 의한 조직 경영: '평생교육'의 원리를 일반 조직에 적용하는
  경우

다음, 평생교육경영은 '평생교육의 원리'에 의한 경영의 관점에서 이해될
수 있다. 이는 '평생교육기관'보다는 '평생교육의 원리'가 더 강조되는 관점
이라고 볼 수 있다. 따라서 이러한 관점은 단순히 평생교육 기관이나 조직
의 차원을 넘어 일반 조직에까지 확대 적용될 수 있다. 일반적으로 평생교육
은 목적의 측면에서는 학습자의 자아실현을, 내용의 측면에서는 일상생활과
의 밀접한 관련성을, 방법의 측면에서는 참여자의 주체적인 참여와 교수자
와 학습자 사이의 상호작용을 중시한다. 이러한 평생교육의 원리는 삶의 전
영역에서 그 중요성이 확대되고 있다. 현대사회에서는 어떠한 조직이든 그
조직의 발전을 위해 구성원들이 평생교육 차원에서 끊임없이 학습해야 할

필요성이 더욱 커지고 있다. 즉, 구성원의 꾸준한 평생학습이 이루어지지 않고서는 조직의 지속적인 성장과 발전은 기대하기 어려운 실정인 것이다. 요즘 기업경영에서 중시하는 '학습조직(learning organization)'에 관한 활발한 논의는 상호 존중과 교류, 지속적인 학습 등과 같은 평생교육의 원리가 조직에 도입되지 않으면 안 된다는 것을 반영한다. 즉, 단지 기업체뿐만 아니라 사람이 참여하는 모든 조직체가 평생교육적 안목을 절실하게 필요로 하는 시대에 이미 접어들었다고 볼 수 있다. 이러한 맥락에서 볼 때 평생교육경영이란 모든 조직에서 평생에 걸친 학습, 자아실현, 상호학습 등 평생교육의 원리에 입각하여 이루어지는 경영이라고 할 수 있다.

이와 같이 '평생교육경영'의 개념은 '평생교육기관의 경영'과 '평생교육 원리에 의한 조직 경영'이라는 두 차원으로 생각해 볼 수 있다. 평생교육경영을 평생교육기관의 경영으로 보는 관점이 기존의 경영학 분야의 기법을 평생교육분야에 도입하려는 시도와 관련된다면, 평생교육경영을 평생교육원리에 입각한 조직의 경영으로 보는 관점은 반대로 평생교육의 이론을 일반 조직에 적용하는 시도와 관련된다고 볼 수 있다. 이 두 가지 차원을 정리하여 비교하면 〈표 1-2〉와 같다.

표 1-2   평생교육경영 개념의 두 차원

구분	평생교육기관의 경영	평생교육원리에 의한 조직 경영
대상 기관	평생교육 기관 및 조직	일반 조직(평생교육기관 포함)
추구하는 가치	평생교육기관의 인적·물적 자원의 효율적 활용을 통한 기관 목표의 달성	조직 구성원의 학습과 참여를 통한 개인 및 조직의 발전
중요성 부각 이유	평생교육기관의 규모 확대, 평생교육기관 간의 경쟁과 책무성 증가로 인한 체계적 경영의 필요성 인식	조직 내 인간적 가치와 조직의 발전을 위한 평생학습의 중요성 인식
주요 참조 분야	일반 경영학	평생교육학

(3) 평생교육기관 경영 개념의 통합

이와 같은 맥락에서 볼 때 평생교육기관의 경영은 앞의 두 가지 차원을 동시에 추구하여야 한다. 지금까지의 평생교육경영이 평생교육기관의 경영이라는 전자의 입장에 치우쳐 있었다면 이제 평생교육의 중요성이 부각되는 단계에서 모든 조직이 평생교육의 중요성을 인식하고 경영에 이를 도입해야할 필요성이 커지고 있다.

그런 의미에서 새롭게 인식해야 할 평생교육기관의 경영은 표면적으로는 전자의 성격을 띠되 그 근본 원리는 후자의 원리에 입각해야 한다. 따라서 평생교육기관의 경영은 평생교육기관의 목표를 달성하기 위하여 평생교육의 원리에 입각하여 평생교육기관의 인적·물리적·금전적 자원을 효율적으로 활용하는 과정이라고 정의할 수 있다. 이때 평생교육기관의 목표는 곧 학습자들의 교육적인 성장과 사회의 발전 그리고 조직의 지속적인 발전이라고 볼 수 있다. 다시 말해, 조직의 효과성과 효율성을 중시하는 경영기법과 평생에 걸친 인간의 성장과 사회의 발전을 중시하는 평생교육의 원리가 만남으로써 이제 '평생교육의 원리'와 '평생교육기관'이 대립적인 관계에서 한쪽이 다른 쪽의 수단이 되는 것이 아니라 서로 조화로운 발전을 이루게 된다. 이를 그림으로 표현하면 [그림 1-1]과 같다.

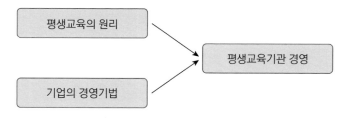

[그림 1-1] 평생교육기관 경영의 토대

2. 평생교육기관 경영의 유형과 특성

1) 평생교육기관 경영의 유형

(1) 설립 주체 및 교육의 핵심성에 의한 평생교육기관 경영의 유형

평생교육기관은 여러 가지 기준에 따라 유형화해 볼 수 있다. 예를 들어, 설립취지, 조직의 체계성과 교육적인 전문성 정도, 기관의 규모, 프로그램 실시 주체, 재정적인 안정, 영리성의 추구 여부 등이다.

이러한 기준은 나름대로 평생교육기관의 성격을 파악하는 데 의미가 있지만 평생교육기관의 경영 차원에서 좀 더 밀접한 관계가 있는 분류기준을 모색해 보는 것이 필요하다. 이런 맥락에서 평생교육기관 설립 주체의 성격과 그 기관 내에서의 교육의 핵심성을 종합적으로 고려하여 유형화해 보는 것이 평생교육기관의 경영 유형과 관련하여 의미가 있다.

평생교육기관은 설립 주체에 따라 공공기관, 영리형 민간기관, 비영리형 민간기관으로 나누어 볼 수 있다. 공공기관이란 정부와 지방차지단체에서 직접 운영하는 평생교육기관을 말한다. 예를 들어, 정부출연 연수원, 각종 평생학습관, 공공도서관 등이 포함된다. 영리형 민간기관이란 영리를 목적으로 설립된 기업형 평생교육기관을 말한다. 각종 사설학원을 비롯하여 최근 들어 급성장하고 있는 기업형 연수시설 등이 여기에 포함된다. 다음 비영리형 민간기관은 최근 시민사회의 성숙과 더불어 급증하고 있는 각종 비영리적 성격의 평생교육기관을 말한다. 예를 들어, 가나안농군학교, 한국지역사회교육협의회, 흥사단 등이 운영하는 평생교육기관을 비롯하여 각종 사회단체의 공익적인 교육 프로그램 등이 여기에 포함된다. 최근 들어 이런 비영리기관들이 정부의 위탁을 받아 평생교육 프로그램을 실시하는 경우도 늘고 있다.

한편, 기관 내에서의 교육의 핵심성을 기준으로 할 때, 일차적 기관이란 교육사업이 기관의 핵심적인 부분을 차지하는 기관을 말한다. 이러한 기관은 그만큼 교육을 통해 자립 기반을 마련해야 할 필연성을 가지고 있다. 반면, 이차적 기관이란 교육이 모조직의 여러 사업 중의 하나로 실시되며, 모조직의 지원이나 통제를 받으면서 모조직의 발전을 위한 수단으로 활용되는 경우를 말한다.

이 두 가지 기준을 종합적으로 고려한다면 평생교육기관은 〈표 1-3〉과 같이 유형화될 수 있다. 평생교육기관이 〈표 1-3〉에 제시된 분류 중 어느 유형에 속하느냐에 따라 경영의 목적이나 방식에서 큰 차이가 날 수 있다. 일반적으로 영리형 민간기관에 가까울수록 기관 수입의 원천으로서의 학습자의 위상이 높아지면서 기관의 자립을 위한 경영의 중요성이 더욱 커진다. 또한 교육사업이 기관에서 일차적인 위치를 차지할수록 교육 프로그램의 질을 높이고 발전시키려는 경영 노력이 더욱 요구된다고 볼 수 있다.

표 1-3 평생교육기관의 설립 주체 및 교육의 핵심성에 의한 분류

설립 주체 / 교육의 핵심성	영리형 민간기관	비영리형 민간기관	공공기관

일차적	• 사설학원
	• 민간연수시설
		• 가나안농군학교
		• 한국지역사회교육협의회
		• 대학부설 평생교육원
			• 평생학습관
			  (시·군·구)
			• 평생학습센터
			  (읍·면·동)
			• 공공직업훈련원

이차적	• 백화점/언론기관 • 문화센터 • 기업부설 연수원	• 시민단체부설 • 종교기관부설 • 병원부설	• 공공도서관 • 공공박물관 • 문화원 • 종합사회복지관

(2) 경영의 독자성에 의한 평생교육기관 경영의 유형

한편 경영활동이 얼마나 평생교육조직에 의해 독자적으로 운영되느냐에

따라 평생교육기관 경영의 형태를 분류할 수 있다. 이러한 각각의 경우를 보다 자세하게 살펴보면 다음과 같다.

① 독립경영

독립경영이란 외부의 통제 없이 기관의 독자적인 계획과 의사결정에 의한 경영을 의미한다. 독립경영은 외부의 간섭 없이 독자적인 운영을 추구하는 만큼 일반적으로 재정적으로 독립해야 하는 부담이 매우 크다. 규모는 작지만 전통적인 비영리 평생교육기관들이 이런 형태를 유지해 오는 경우가 많으며, 최근에는 비교적 규모가 큰 민간기관들도 이런 형태를 취하는 경우가 많다. 가나안농군학교, 한국지역사회교육협의회, 각종 사립학원, 민간 인력개발원 등이 이 경우에 속한다.

[그림 1-2] 가나안농군학교(강원도 원주시 신림면 소재)

② 위탁경영

위탁경영이란 정부, 사회단체 및 기업 등으로부터 시설 또는 재정의 위탁을 받은 평생교육기관의 경영을 의미한다. 이는 기관 전체를 위탁경영하는 경우도 있고, 프로그램의 일부를 위탁경영하는 경우도 있다. 위탁경영은 경영자와 위탁의뢰기관의 목적과 이해관계가 조화를 이룰 때 실시되며, 경영활동은 위탁의뢰기관과의 협의를 통해 이루어진다. 또한 사업결과의 보고, 예산집행에 대한 감사 활동 등이 뒤따르는 것이 일반적이다. 최근 급증하는 국민의 평생교육 수요에 효율적으로 대처하기 위해 정부가 직접 기관을 설립하여 운영하는 것보다 기존의 민간기관에 위탁운영하는 경우가 늘고 있다.

③ 하위조직운영

하위조직운영이란 모기관의 하위부서로서 평생교육을 실시하는 조직의 운영을 의미한다. 하위조직의 운영은 모기관 예산에 크게 의존하며, 자체의 자립경영을 추구하기보다는 모기관의 목적을 구현하기 위한 사업의 일환으로 교육을 실시하는 경우가 많다. 그러나 점차 하위조직도 자립에 대한 요구를 강하게 받는 것이 일반적이다. 정부 소속 각종 평생교육기관, 대학부설 평생교육원, 기업체부설 연수원, 백화점 및 언론기관 부설 문화센터를 비롯하여, 각 조직의 교육담당부서, 각종 시민사회단체의 회원대상 교육부서 등이 여기에 속한다.

이와 같이 평생교육기관은 경영형태별로 볼 때 다양하게 구성될 수 있다. 일반적으로 볼 때 다음 [그림 1-3]에 나타난 바와 같이 하위조직운영보다는

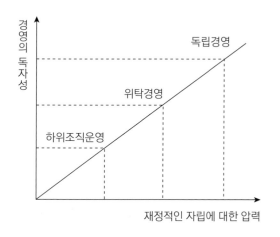

[그림 1-3] 경영방식에 근거한 평생교육기관의 특징

위탁경영이, 위탁경영보다는 독립경영이 경영의 독자성이 보장됨과 아울러, 재정적인 자립에 대한 압력을 더욱 크게 받는다. 그러나 어떤 형태이든 기관의 효과성과 효율성을 추구하기 위한 경영의 필요성은 점차 커지고 있는 실정이다.

2) 평생교육기관 경영의 독특성

(1) 평생교육기관의 경영과 일반 기업 경영과의 차이점

평생교육기관의 경영은 일반 기업의 경영과 유사한 점도 있지만 차이점도 많이 있다. 이를 구체적으로 살펴보면 다음과 같다.

첫째, 평생교육기관의 경우 경영의 목표와 성공 기준이 매우 복합적이다. 평생교육기관의 목표는 기업의 목표보다 규정하기가 어렵다. 기업부문에서는 이윤극대화, 산출극대화, 생산다양화와 같은 단일하고 명료한 목표를 규정하기가 쉽지만, 교육부문에서는 다양한 가치를 동시에 고려하는 경우가 많다. 예를 들면, 평생교육기관에서는 개인의 학업능력향상은 물론 개인이 속한 조직의 발전, 더 나아가 사회문제의 해결과 국가의 발전 등이 동시에 고려된다. 동시에 평생교육기관은 먼저 자신의 기관에서 추구하는 고유한 교육적 가치를 강조해야 한다. 그러므로 평생교육기관의 경영을 위해서는 이러한 각계의 목표를 통합적으로 달성하고 그 결과를 검증하기 위한 경영모델을 개발하는 것이 필요하다.

둘째, 평생교육기관은 경영의 실행원리 차원에서도 평생교육만의 독특하고 다양한 가치를 고려해야 한다. 그동안 평생교육분야에서는 여러 연구자에 의해 평생교육 프로그램 개발, 평생교육방법 등 평생교육 실천의 차원에서 다양한 실행원리가 주장되었다. 학습자의 경험과 주체성 존중, 민주주의의 원리, 학습공동체의 구현, 교육기회의 평등, 이론과 실천의 통합 등이 그 예이다. 이러한 원리들은 평생교육기관의 경영에도 적용되어야 한다.

셋째, 고려해야 할 집단의 다양성이다. 일반적으로 기업의 경우도 여러 유관집단이 있지만 그중에서도 소비자 집단이 압도적으로 중요한 위치를 차지한다. 그 까닭은 기업의 제품이나 서비스를 판매하는 대상이자 기업운영에 필요한 재원의 원천이 바로 소비자 집단이기 때문이다. 반면, 평생교육기관은 다양한 유관집단이 기업에 비해 상대적으로 균등한 비중을 차지하고 있다. 즉, 평생교육기관의 경우도 일차적으로 학습자 집단이 가장 중요한 집단이지만 그 외에도 강사 및 직원 집단, 후원자 집단, 자원봉사자 집단 등 다양한 집단이 상대적으로 중요한 위치를 차지하고 있다. 특히 평생교육기관은 원칙적으로 공공성을 추구하는 비영리기관으로서 학습자들의 수강료에만 의존하지 않기 때문에 후원자 집단이나 자원봉사자 집단의 비중도 상대적으로 크다고 볼 수 있다. 또한 평생교육에 대한 국가적 책임이 커짐에 따라 평생교육기관을 위한 재정 지원 및 관리에 있어 정부의 중요성도 더욱 커지고 있다. 따라서 평생교육기관 경영은 이러한 다양한 내외부 집단을 종합적으로 고려해야 한다. 평생교육기관의 경영과정에서 고려해야 할 집단들을 대별하면 다음 〈표 1-4〉와 같다.

넷째, 내부조직 구성원의 확고한 자율성이다. 평생교육기관은 평생교육의 기본 원리와 그 기관의 사명과 목표를 공유하는 사람들로 구성되어 있는 것이 일반적이다. 이들 구성원은 일반 기업체와 같이 경제적인 보수를 가장 중요한 요소로 보는 경우와는 다소 차이가 있다. 단지 경제적인 보수보다는 평

표 1-4 평생교육기관 경영을 위해 고려해야 할 관련 집단

구분	투입 부문	과정 부문	산출 부문
세부집단	**후원자 집단** 중앙정부, 지방자치단체, 교육청, 재단, 기업, 모기관, 개인후원자 **공급 집단** 교육시설 및 기자재 제공 집단	**직원** 프로그램 개발자 교육운영자 사무직원, 관리직원 등 **강사** 자원봉사자	**학습자 집단** **통제 집단** 정부 및 의회 언론기관, 시민단체 **교육의뢰 집단**

생교육의 가치와 그 기관의 사명을 최우선의 가치로 추구하는 교육자적인 자세가 기본적으로 요구되는 것이다. 따라서 이들은 기관의 단순한 피고용자라기보다는 평생교육의 사명을 완수하기 위한 동역자라고 볼 수 있다. 특히, 평생교육법에 근거한 평생교육사는 공공의 교육적 목적을 위해 평생교육기관에서 근무하는 공적인 교육전문가라고 할 수 있다. 그러므로 이들은 기관에 대해 보다 확고한 자율성을 요구하게 된다. 따라서 평생교육기관의 경영자는 평생교육기관 구성원들의 자율성을 최대한 충족시킬 수 있도록 고려해야 한다.

(2) 평생교육기관 경영의 3영역

평생교육기관의 경영은 일반 기업의 경영과는 다르게 다차원적인 구조를 갖는다. 이는 앞에서 살펴본 바와 같이 평생교육기관이 고려해야 할 집단이 매우 다양하기 때문이다. 재정 충당 면에서 볼 때 일반 기업은 고객들에게 상품을 판매함으로써 자금을 충당하지만 대부분의 평생교육기관은 프로그램 제공 이외에 기금개발과 자원봉사자 확보를 위한 전략을 별도로 필요로 한다. 또한 평생교육기관은 기관 내부의 집단에 대해서도 특별한 고려를 해야 한다. 이런 맥락에서 평생교육기관의 경영은 다음과 같은 기능적인 영역을 모두 포괄한다고 할 수 있다.

첫째, 자원개발 경영이다. 이는 다시 기금개발을 위한 경영활동과 자원봉사자를 확보하기 위한 경영활동으로 구분된다. 먼저 기금개발(fund development)을 위한 경영이란 일반적으로 비영리기관이 필요한 자금을 획득하기 위해 수행하는 활동을 말한다. 평생교육기관의 경우는 그 성격상 기관 운영에 필요한 모든 비용을 학습자 집단에게서 얻기가 어렵다. 그러므로 평생교육기관의 경우 후원자로부터 기금을 얻는 경영활동을 수행해야 한다. 기금 후원자는 정부도 될 수 있고, 일반 재단이나 기업, 일반 시민, 회원 등이 될 수도 있다.

한편 자원봉사자를 위한 경영이란 평생교육기관에서 필요한 자원봉사자를 확보하기 위한 경영을 말한다. 평생교육기관의 자원봉사자란 평생교육기관의 강사나 실무자를 자발적으로 돕는 사람을 말한다. 평생교육분야의 광범위함과 그 활동의 다양성으로 인해 충분한 인력을 확보하지 못하고 있는 것이 평생교육기관의 실정이므로 각종 교육활동 및 시설관리 등에 자원봉사자의 기능과 역할이 크게 요청되고 있다.

둘째, 자원배분 경영이다. 자원의 배분은 모든 기관의 가장 궁극적인 목적이라고 볼 수 있다. 평생교육기관의 경우 자원의 배분이란 학습자들을 위해 교육 프로그램을 비롯한 각종 서비스를 적절히 제공하는 것을 의미한다. 평생교육기관은 학습자들에게 궁극적으로 프로그램을 제공하지만 그 과정에서 강사, 직원, 시설 등을 통해 다양한 서비스를 제공한다. 평생교육기관 자원배분 경영의 궁극적인 목적은 프로그램과 서비스를 가장 많이 필요로 하는 학습자에게 가장 효율적으로 전달하는 것이라고 볼 수 있다.

셋째, 내부 경영이다. 이는 그 조직에 속한 직원들의 만족을 추구하는 것이다. 서비스 조직의 경우 일선에서 고객들을 상대하는 직원들에 대한 대우가 매우 중요하다. 그들의 직무만족도가 곧바로 소비자들에 대한 태도와 연결되기 때문이다(이유재, 2019). 이는 평생교육기관의 경우도 마찬가지이다. 평생교육기관에는 강사, 전일제 및 시간제 직원, 이사진 및 자원봉사자 등이 소속되어 있다. 업무에 대한 이들의 만족감이나 보람은 곧 평생교육기관의 발전에 직접적인 영향을 미치기에 특별한 관심과 노력이 요구된다. 특히 평생교육기관의 경우에는 평생교육사와 강사를 비롯한 교직원들이 단지 보수를 얻기 위해서가 아니라 일종의 특별한 사명감에 의해 일하는 경우가 많기 때문에 이들에 대해서는 서로 대등한 차원에서 주체적으로 참여하고 의견을 제시할 수 있도록 배려해야 한다. 또한 그들의 능력을 정확하게 파악하여 효과적으로 발휘하게 하고, 서로 지식과 정보를 공유하며 공동체 의식을 고취시키기 위한 제도적인 뒷받침이 필요하다. 만약 그러한 조건이 충족되지 않을 때 교직원들은 정신적으로 좌절하거나 직무에 대해 회의를 느끼게 된다. 그러므로 평생교육기관에서는 기관장과 교직원, 또는 교직원 상호간에 서로 신뢰하며, 존중할 수 있도록 하는 특별한 경영관리가 요구된다.

이와 같이 평생교육기관의 경영은 다차원적인 구조를 갖는다. 지금까지 논의한 평생교육기관 경영의 적용 범위와 그 관계를 정리하면 [그림 1-4]와 같다.

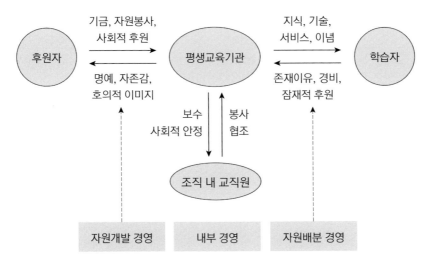

[그림 1-4] 평생교육기관 경영의 영역과 가치교환의 흐름

3. 평생교육기관 경영의 구성요소와 과제

1) 평생교육기관 경영의 구성요소

(1) 평생교육기관 경영의 과제별 구성요소

평생교육기관의 경영활동을 구성하는 요소들은 경영활동 '과제'와 경영활동 '과정'의 두 가지 관점에서 분석할 수 있다. 경영활동 과제요소가 평생교육기관의 경영자가 수행해야 할 직무 또는 과업과 관련된 것이라면 경영활동 과정요소란 경영자가 그러한 경영과제들을 수행하기 위해 기본적으로 따

라야 할 공통적인 절차 또는 기능이라고 볼 수 있다.

먼저, 평생교육기관이 경영을 통해 수행해야 할 과제요소에는 [그림 1-5]에 나타난 바와 같이 프로그래밍, 인사관리, 재무관리, 마케팅 등이 포함된다. 이를 보다 자세히 살펴보면 다음과 같다.

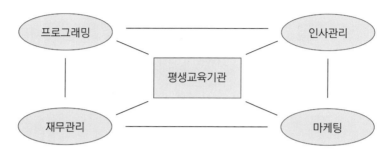

[그림 1-5] 평생교육기관 경영의 과제별 구성요소

① 프로그래밍

평생교육기관은 궁극적으로 학습자들에게 프로그램을 제공하는 기능을 수행한다. 프로그래밍이란 바로 학습자들에게 제공할 교육 프로그램을 종합적으로 개발하고 관리하는 일을 말한다. 여기에는 프로그램의 개발, 프로그램의 계열화, 학습자들의 수요와 기관 내외적 여건에 따른 프로그램의 개설과 폐지 등이 포함된다.

② 인사관리

평생교육기관에는 교육 서비스를 제공하기 위해 종사하는 다양한 집단이 존재한다. 인사관리란 유능한 인력을 확보하고 이들의 능력을 잘 개발하며 적재적소에 배치하는 것을 말한다. 여기에는 평생교육사를 비롯한 교육실무자와 내외부 강사의 확보, 배치, 직무연수, 평가 등이 포함된다.

평생교육기관의 경우 학습자들도 평생교육기관 내에 직접 참여하고 있기 때문에 학습자 집단에 대한 관리가 필요하다. 이는 교수자가 교육활동을 위해 학습자 집단을 관리하는 것과는 구분되는 기관 전체적인 차원에서의 학습자 집단관리를 말한다. 여기에는 학습자 집단의 조직화, 학습자 정보의 관리, 학습자를 위한 취업과 자격취득을 위한 서비스 제공, 학습자의 의견수렴, 학습자를 위한 증명서류 발급 등이 포함된다.

③ 재무관리

평생교육기관을 운영하기 위해서는 재원이 필요하다. 재무관리란 평생교육기관의 운영에 필요한 예산을 확보·지출하며 기관의 재산을 관리하는 일을 말한다.

④ 마케팅

평생교육기관을 성공적으로 운영하기 위해서는 잠재적 학습자 집단에 대한 이해와 의사소통이 매우 필요하다. 마케팅이란 잠재적 학습자 집단이 어떤 프로그램을 얼마나 많이, 어느 정도나 원하는지를 파악하여, 그 요구를 신속하고 정확하게 충족해 주는 것을 의미한다. 평생교육기관의 마케팅에는 특정 평생교육 프로그램에 참여하고자 하는 학습자 집단 규모의 파악, 프로그램에 대한 학습자 요구의 분석, 평생교육기관 및 프로그램의 홍보 등이 포함된다.

이와 같이 평생교육기관 경영의 과제별 구성요소는 프로그래밍, 인사관리, 재무관리, 마케팅으로 구성된다. 평생교육기관의 규모가 작을 때는 이 과제들을 최고경영자 또는 소수의 사람이 모두 담당하게 되지만 평생교육기관의 규모가 커짐에 따라 과제들을 담당하는 별도의 부서들이 생겨나게 된다.

(2) 평생교육기관 경영의 과정별 구성요소

앞에서 다룬 평생교육기관의 경영과제들을 성공적으로 수행하기 위해서는 일반적으로 밟아야 할 단계들이 있다. 이는 경영활동의 기본 과정이라고

도 볼 수 있다. 그 과정은 [그림 1-6]과 같이 기획, 조직화, 충원, 지도, 조정의 순환으로 이루어진다. 과정의 각 단계들을 살펴보면 다음과 같다.

[그림 1-6] 평생교육기관 경영의 과정별 구성요소

① 기획(planning)

기획이란 평생교육기관 경영의 과제별 구성요소들에 대해 현재 상황을 분석하고 목표를 설정하며 이를 달성하기 위한 실천전략과 활동계획을 수립하는 일련의 지적인 실행과정을 말한다. 이 기획에는 프로그래밍, 인사관리, 재무관리, 마케팅에 관한 모든 것이 포함된다. 이러한 기획의 결과로 공식적으로 나타난 전략 및 방법이 곧 '계획(plan)'이라고 볼 수 있다. 이러한 기획은 평생교육기관 교육사업의 타당성과 효율성을 제고하기 위해 충분한 기간 동안 치밀하게 수행되어야 한다.

② 조직화(organizing)

조직화란 기획을 통해 성립된 목표를 가장 효율적으로 달성하기 위한 조직을 구성하는 실행과정을 말한다. 각 부서 간의 효율적인 업무분장과 아울러 효율적인 의사소통 및 의사결정을 위해 최적의 시스템을 구성하는 것이 조직화의 목적이라고 할 수 있다.

③ 충원(staffing)

충원이란 평생교육기관의 각 조직 및 부서에 필요한 인원을 적절히 배분하는 실행과정을 말한다. 이를 위해 각 부문에서 필요로 하는 가장 적합한 인력을 발굴해서 적재적소에 배치하는 것이 필요하다. 프로그램별 직원 및 강사의 발굴과 배치, 부서별 적정 인력 배치 등이 이 과정에 포함된다.

④ 지도(directing)

지도란 평생교육기관의 각 조직에 배치된 직원들이 자신의 업무를 효과적으로 수행할 수 있도록 지원·관리하는 실행과정을 말한다. 여기에는 직원의 동기유발, 갈등해소, 원활한 의사소통, 의사결정 시스템의 유지와 개선, 업무의 독려 등이 포함된다.

⑤ 조정(controlling)

조정이란 평생교육기관 각 부문의 활동들이 계획대로 시행되는지를 측정·평가하는 실행과정을 말한다. 평생교육기관의 경영을 성공적으로 수행하기 위해서는 현재의 활동이 원래 기획한 대로 차질 없이 수행되고 있는지에 대해 끊임없이 평가하고 개선방안을 제시하는 것이 필요하다.

(3) 평생교육기관 경영요소의 조합

평생교육기관의 경영은 프로그래밍, 인사관리, 재무관리, 마케팅 등과 같은 세부적인 과제가 각각 기획, 조직화, 충원, 지도, 조정의 과정별 구성요소

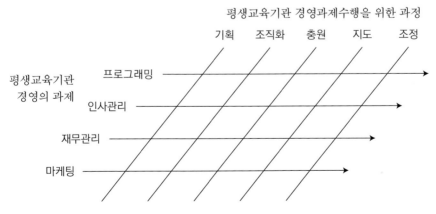

[그림 1-7] 평생교육기관 경영의 과제 및 과정의 조합

에 따라 끊임없이 수행되는 순환과정이다. 즉, 프로그래밍, 인사관리, 재무
관리, 마케팅 활동은 각각 별도의 기획, 조직화, 충원, 지도, 조정 과정을 거
쳐야 한다. 따라서 평생교육기관의 경영은 전반적으로 이러한 경영의 과제
요소들과 과정요소들의 조합으로 구성되어 있다고 볼 수 있다(부록 1 참조).
이를 그림으로 표현하면 [그림 1-7]과 같다.

2) 평생교육기관 경영요소별 동향과 과제

(1) 프로그래밍 관련 동향 및 과제

평생교육기관이 제공하는 가장 핵심적인 요소는 프로그램이다. 학습자들
이 가장 필요로 하는 프로그램을 개발하고 이를 기관 전체 차원에서 효율적
으로 관리하는 것이 프로그래밍의 주요 기능이라고 볼 수 있다. 프로그래밍
과 관련하여 평생교육현장에서 나타나고 있는 최근의 동향과 이에 대응하기
위한 평생교육기관의 경영과제를 살펴보면 다음과 같다.

① 동향
- 학습자들의 다양하고 이질적인 요구들을 프로그램에 반영하기 위해 많
  은 노력이 요구된다.
- 직장 및 일터가 중요한 학습의 장이 된다. 각 조직의 지도자들은 직원
  들이 좀 더 학습을 잘 할 수 있는 환경을 만들어 주어야 할 책임을 갖게
  된다.
- 학습자들이 프로그램의 내용이나 강사뿐만 아니라 프로그램의 시간대,
  시설, 교통편 등 서비스 등에 대해서도 보다 많은 관심을 갖게 된다.

② 경영과제
- 제한된 자원에도 불구하고 학습자들의 다양하고 복잡한 요구를 충족시
  켜 주기 위해 정확한 요구분석 및 정보의 수집이 요구된다.

- 프로그램의 개발과 운영과정에서 학습에 참여하기 어려운 학습자, 학습에 대한 부정적인 태도를 가진 학습자, 학습능력에 대한 자신감이 결여된 학습자에 대한 특별한 관심이 요구된다.
- 다른 기관과 내용 및 질적인 면에서 차별화되는 프로그램을 신속하게 개발한다.
- 평생교육기관 간의 지나친 경쟁을 지양하고 효율적인 경영을 위하여 협력이 가능한 기관 사이에 프로그램을 공동개발·배분하는 파트너십(partnership)을 강조한다.
- 학습자들로 하여금 평생교육기관으로 찾아오게 하는 것뿐만 아니라 그들이 존재하는 곳으로 찾아가는 프로그램을 개발한다.
- 학습자가 관심 있는 프로그램에 보다 쉽게 접근하여 서비스를 활용할 수 있도록 고려한다.

(2) 인사관리 관련 동향 및 과제

평생교육기관은 프로그램 개발·운영 실무자, 강사, 자원봉사자 등의 사람들로 구성된다. 이러한 인력들이 자신들의 전문성을 향상시키고 최대한 발휘할 수 있도록 하는 것이 인사관리의 기본이라고 할 수 있다. 평생교육에 대한 요구와 기대수준이 높아지게 됨에 따라 평생교육기관의 인사관리도 점차 전문적으로 수행해야 할 필요성이 커지고 있다. 인사관리와 관련하여 평생교육현장에서 나타나고 있는 최근의 동향과 이에 대응하기 위한 평생교육기관의 경영과제를 살펴보면 다음과 같다.

① 동향
- 많은 사람이 평생교육사 양성과정 등 평생교육실무자 프로그램을 수료함에 따라 전문인력이 증가하게 된다.
- 많은 경험과 연수를 통해 평생교육기관 직원들의 업무 능력이 보다 향상될 것이다. 이들은 평생교육기관 경영자에게 자신들의 주체적인 참여

와 발전의 기회를 보다 많이 요구한다.

• 정부차원의 평생교육추진기구들과 규모가 큰 평생교육기관을 중심으로 고도의 전문성을 갖춘 인력의 수요가 높아질 것이다.

• 자원봉사에 대한 인식이 높아짐에 따라 많은 사람이 평생교육기관에서 자원봉사할 수 있는 기회를 찾게 된다.

② 경영과제

• 보다 우수한 평생교육 전문가를 확보하기 위해 노력한다.

• 교직원들에게 기관의 주요 의사결정에 주체적으로 참여할 기회를 제공한다.

• 교직원들에게 많은 직무연수기회와 업무경험을 제공하여 계속적인 성장을 할 수 있도록 한다.

• 신규 교직원들의 업무 효율성을 높이기 위한 각종 매뉴얼을 개발한다.

• 우수한 강사와 자원봉사자를 공유하기 위한 평생교육 네트워크를 구축한다.

• 자원봉사자들에게 적절한 과제를 부여하고 성장할 수 있는 기회를 제공한다.

(3) 재무관리 관련 동향 및 과제

평생교육기관을 운영하기 위해서는 인건비, 프로그램 개발비, 시설비, 홍보비 등과 같은 지출이 필요하다. 이에 필요한 재원을 마련하고 이를 효율적으로 사용하는 것이 재무관리의 기본이라고 할 수 있다. 재무관리와 관련하여 평생교육현장에서 나타나고 있는 최근의 동향과 이에 대응하기 위한 평생교육기관의 경영과제를 살펴보면 다음과 같다.

① 동향

• 품질 높고 전문성 높은 프로그램을 개발하기 위한 재정이 많이 요구된다.

- 중앙정부 및 지방자치단체의 평생교육예산이 지속적으로 증가한다. 그러나 이 예산은 일반 지역사회 중심의 평생교육보다는 인적 자원개발 분야에 더 많이 지원된다.
- 위탁 평생교육기관이나 하위 평생교육부서인 경우에도 지원받는 예산에 대해 보다 많은 책무성이 요구된다.
- 지자체 및 공공 평생교육기관의 증가로 학습지에 대한 수강료 지원이 증가한다.
- 대학이나 기업, 백화점 등 수익자 부담으로 평생교육 프로그램을 운영하는 기관들 사이의 경쟁이 보다 치열해진다.

② 경영과제
- 공공기관의 경우도 재정적으로 독립하기 위한 노력이 더욱 많이 요구된다.
- 비영리 민간기관의 경우 보다 많은 분야에서 기금을 개발하기 위해 노력한다.
- 특화된 프로그램을 개발하고 운영하는 데 재정을 집중적으로 투자한다.
- 유관 분야와의 네트워킹을 통해 프로그램을 공동개발하고, 인적 자원 및 시설을 공유함으로써 중복투자를 줄이고 효율성을 높인다.

(4) 마케팅 관련 동향 및 과제

평생교육 프로그램에 대한 학습자의 요구가 다양해지고 학습자의 위상이 강화됨에 따라 평생교육기관에도 마케팅의 중요성이 더욱 높아지고 있다. 프로그램에 대한 학습자의 수요를 예측하고 학습자의 요구를 구체적으로 파악하며, 학습자들에게 필요한 정보를 효율적으로 제공하며 학습자들이 평생교육 프로그램에 쉽게 접근할 수 있도록 하는 것이 평생교육기관 마케팅의 기본 과제라고 볼 수 있다. 마케팅과 관련하여 평생교육현장에서 나타나고 있는 최근의 동향과 이에 대응하기 위한 평생교육기관의 경영과제를 살펴보면 다음과 같다.

① 동향

- 평생교육기관에서도 마케팅 전문가의 확보가 보편화된다.
- 광고는 점차 표적집단 지향적이 될 것이고 내용 및 기법도 보다 세련될 것이다. 또한 인터넷, SNS를 비롯한 다양한 뉴미디어(new media)가 활용된다.
- 평생교육 네트워크가 강화됨에 따라 구전(口傳)에 의한 홍보가 더욱 중요하게 된다.

② 경영과제

- 학습자의 수요와 요구를 정확히 파악하기 위한 마케팅 노력을 기울인다.
- 지역사회 학습소외계층을 위한 유용한 홍보수단을 개발한다.
- 전 직원이 총체적 마케팅(total marketing)의 관점에서 마케팅에 참여하도록 한다.
- 학습자 수요 및 요구 공동조사, 공동캠페인 등 유관 기관과의 협조관계를 강화한다.
- 교통편, 위치 등 보다 좋은 입지조건을 확보하기 위해 노력한다.

📝 요약

전통적으로 평생교육에 있어 경영은 이질적·부차적인 요소로 여겨졌지만 최근에는 점차 평생교육의 가치 구현을 위한 유용한 수단으로 인식되고 있다. 특히, 큰 규모의 평생교육기관이 늘어나고, 평생교육기관 사이의 경쟁이 치열해짐에 따라 경영의 중요성은 현실적으로 더욱 커져가고 있다. 평생교육기관의 경영은 단순히 평생교육기관의 효율적 경영에만 치우치는 것이 아니라 평생교육의 원리 자체를 평생교육기관의 경영에 적용하려는 적극적인 자세가 필요하다. 평생교육기관의 경영은 프로그래밍, 인사관리, 재무관리, 마케팅의 과제를 수행하기 위해 각각 기획, 조직화, 충원, 지도, 조정의 과정을 거친다. 또한 평생교육기관의 경영은 일반 기업의 경영과는 달리 교육적 가치와 경제적 가치의 통합, 다양한 유관집단에 대한 고려 등의 특별한 조치를 취해야 한다. 최근 평생교육기관의 경영과 관련하여 프로그래밍, 인사관리, 재무관리, 마케팅 차원에서 학습수요자의 권리강화, 요구의 다양성, 찾아가는 프로그램에 대한 요구증대, 학습소외자에 대한 교육복지의 증대 등과 같은 여러 가지 변화가 나타나고 있다. 따라서 평생교육기관은 이러한 사회변화에 대응하기 위한 적절한 경영전략이 요구된다.

📝 연구문제

❶ 특정한 평생교육기관을 대상으로 그 기관의 경영효율성을 높이기 위해 노력하는 측면과 평생교육의 일반적인 가치를 추구하려고 노력하는 측면들을 각각 비교·분석하시오.

❷ 주변의 평생교육기관들을 경영의 독자성에 입각한 경영유형화 방식에 따라 분류하시오.

❸ 관심 있는 평생교육기관을 한 곳 지정한 후 프로그래밍, 인사관리, 재정관리, 마케팅 차원에서의 향후 과제를 제시하시오.

📝 참고문헌

김신일(2020). 학습사회. 서울: 학이시습.

레스터 설러먼(2000). NPO란 무엇인가. 이형진 역. 서울: 아르케.

오혁진(2012). 신 사회교육론. 서울: 학지사.

윤여각 외(2021). 평생교육론. 서울: 한국방송통신대학교출판문화원.

윤현수(1995). 열린 경영이야기. 서울: 넥서스.

이유재(2019). 서비스 마케팅. 서울: 학현사.

정익준(2005). 비영리마케팅. 서울: 영품출판사.

조동성(2007). 21세기를 위한 경영학. 서울: 서울경제경영.

지호준, 이재범(2018). 알기 쉽게 배우는 21세기 경영학. 서울: 집현재.

현영섭, 권대봉(2007). 평생교육기관 종사자 대상의 델파이 조사에 기초한 평생교육 기관 경영의 변화 동향. 인력개발연구, 9(1), 1-26.

Apps, J. W. (1989). Providers of Adult and Continuing Education: A Framework. In Sharm B. Merriam and P. M. Cunningham(ed.). *Handbook of Adult and Continuing Education*. San Francisco: Jossey-Bass Publishers.

Boone, L. E., & Kurtz, D. L. (1992). *Management*. McGraw-Hill.

Kotler, P., & Fox, K. F. A. (1995). *Strategic Marketing for Educational Institutions*. New Jersey: Prentice Hall.

Strother, G. B., & Klus, J. P. (1982). *Administration of Continuing Education*. California: Wadsworth Publishing Company.

제2장

평생교육기관 경영자의 요건과 과제

　모든 조직에는 지도자가 있다. 그 조직의 성패는 곧 지도자에게 달려 있다고 해도 과언이 아니다. 평생교육기관에도 지도자의 역할이 매우 중요하다. 평생교육에 대한 관심이 높아지고 평생교육기관의 규모가 커짐에 따라 평생교육지도자에게 요구되는 것들이 더욱 다양해졌다. 그럼에도 불구하고 평생교육지도자에게 요구되는 가장 기본적인 조건은 인간에 대한 사랑과 사회에 대한 책임이라고 할 수 있다. 최근에는 이러한 기본적인 태도 외에도 체계화되고 대형화되는 평생교육기관을 효율적으로 경영하기 위한 경영능력이 지도자에게 중요한 요건이 되고 있다. 이번 장에서는 현대사회 평생교육지도자로서의 평생교육기관 경영자에게 부여되고 있는 여러 가지 역할들과 리더십에 대해 자세히 살펴보고자 한다.

학습목표 ···

1. 평생교육지도자로서의 경영자의 역할과 기본 능력을 이해한다.

2. 평생교육기관의 경영과 리더십의 관계를 이해한다.

3. 평생교육기관 구성원의 상황에 따른 적절한 리더십 활용방안을 습득한다.

1. 평생교육지도자의 개념과 성격

1) 평생교육지도자의 의미

지도자 또는 리더란 매우 다양하게 정의할 수 있지만 일반적으로 남에게 긍정적인 영향력을 미치는 사람이라고 정의할 수 있다. 사회 각 분야에서 지도자들은 조직의 비전을 제시하고 구성원들과 그 비전을 공유하며 이를 실현하기 위해 노력한다. 평생교육분야에도 지도자들이 존재한다. 앞에서 언급한 지도자의 일반적인 의미에 비추어 볼 때 평생교육지도자란 평생교육현장에서 여러 가지 활동을 통해 관련된 학습자들에게 긍정적인 영향을 미치는 사람이라고 할 수 있다. 전통적으로 평생교육 현장에서 영향을 미치는 사람은 평생교육 교수자이고 그 대상은 일반 학습자이다. 그러나 평생교육을 수행하는 조직의 규모가 커지고 체계화됨에 따라 교수자를 비롯하여 프로그램 개발자, 프로그램 운영자, 그리고 기관을 총괄적으로 관리하는 경영자 등의 분화가 나타나게 되었다. 이렇게 새롭게 분화된 역할을 맡은 이들도 모두 학습자들에게 교육적인 영향력을 발휘하게 된다. 따라서 평생교육기관의 모든 실천가들은 그 나름의 위치에서 평생교육지도자라고 할 수 있다. 그런 의미에서 평생교육지도자란 평생교육현장에서 학습자를 대상으로 교육적인 영향력을 제공하는 교수자, 프로그램 개발자 및 운영자, 기관의 경영자 등을 말한다.

2) 위대한 평생교육지도자의 사례

넓은 의미의 평생교육은 인류의 역사와 맥을 같이한다고 볼 수 있다. 그러나 현대적인 의미에서 학교교육을 제외한 좁은 의미의 평생교육의 역사는 200년 남짓하다고 볼 수 있다. 초창기 평생교육의 역사는 시민사회의 확장과 더불어 시작되었다. 즉, 시민사회 확장의 기초가 되었던 시민운동과 비영리 평생교육과의 동반자 관계는 조직화된 평생교육의 역사를 거쳐 진행되어 왔다. 20세기를 전후하여 많은 나라에서 평생교육을 국가정책의 일환으로 시행하기 전까지 평생교육의 대부분의 역사는 시민사회 속에서의 자원활동과 자원단체의 역사라고 해도 결코 과장이 아니라고 할 수 있다(Jarvis, 1993). 즉, 학습자들로 하여금 시민사회의 주체적인 시민으로서 인간답게 살아갈 수 있도록 앞장섰던 것이다. 이러한 성격을 가진 전통적인 평생교육은 인간적인 안목을 갖게 하는 교양교육, 생활인으로서 자립적으로 살아가게 하기 위한 직업교육, 공동체의 구성원으로서 서로 더불어 살아가기 위한 시민교육의 형태로 실현되었다. 이와 같이 사회적 약자를 지향하거나 사회의 건전한 변화를 지향하는 평생교육의 원형은 국제적으로 '사회교육'(Social education, Social pedagogy)으로 지칭되기도 한다(오혁진, 김미향, 2017).

이러한 의미의 '사회교육'은 과거 한국에서 '성인교육'과 동일한 의미로 인식되었던 '학교 밖 교육'이나 '사회교육'과는 다른 것이다. 국제적인 의미의 '사회교육'은 일반적으로 '사회문제를 해결하기 위한 교육'을 의미한다.

역사상 위대한 많은 평생교육자가 이러한 의미의 사회교육 활동을 수행했다고 볼 수 있다. 먼저, 스위스 빈민어린이를 대상으로 대중교육에 힘썼던 페스탈로치(Johann Heinrich Pestalozzi)도 사회교육의 맥락에서 이해할 수 있다. 또한 평민대학(Volkshochschule)의 건립을 통해 덴마크 부흥에 앞장섰던 그룬트비(N.F.S. Grundtvig), 지역사회교육을 통해 지역발전에 앞장섰던 캐나다의 코디(Moses Coady), 브라질 민중을 대상으로 문해교육에 힘썼던 프레이리(Paulo Freire), 한국 국민을 대상으로 의식개혁교육에 앞장섰던 김용기 등은 열악한 여건 속에서도 현대적인 의미의 사회교육사업을 실시해 온 위대한 평생교육지도자들이다(오혁진, 2012).

이 평생교육지도자들은 역사적 시기, 지식수준, 사회경제적 배경, 교육대상 등에서 모두 차이가 있다. 그러나 이들은 인간에 대한 사랑을 바탕으로 학교교육의 혜택을 받지 못한 많은 사람에게 교육의 기회를 제공함으로써 그들이 자신들의 문제를 스스로 인식하고 해결해 나가며, 사회문제의 해결과 지역공동체의 형성에 이바지했다는 점에서 공통점을 가진다. 이러한 평생교육지도자들이 추구했던 사회교육적 성격은 평생교육기관의 규모가 커지고 전문화된 후에도 지속적으로 계승해야 할 요건이라고 볼 수 있다.

페스탈로치(J. H. Pestalozzi: 1746~1827)
스위스 빈민아동 교육자
빈민 및 고아들을 위한 대중교육을 실시함
유럽중심 사회교육학 성립의 역사적 기초가 됨

그룬트비(N. F. S. Grundtvig: 1783~1872)
목사, 시인, 역사가, 철학가
덴마크 국민평생교육체제의 구축자
덴마크의 대표적인 지역사회기관인 평민대학
(Volkshochschule) 설립
위기에 처한 덴마크를 국민교육을 통해 부흥시킴

김용기(1909~1988)
농민운동가
일제강점기부터 이상촌 운동을 벌임
가나안농군학교 설립
막사이사이상 수상
솔선수범형 리더십을 통해 농촌부흥 및 정신개혁
운동을 일으킴

코디(M. Coady: 1882~1959)
캐나다의 가톨릭 사제
빈민 지역인 안티고니쉬 지역을 중심으로 성인교육 및
신용협동조합 활동을 벌임

프레이리(P. Freire: 1920~1997)
사회교육 이론가 및 실천가
브라질, 칠레 민중을 위한 문해교육 실시
오랜 기간의 망명생활을 거친 후 브라질 교육부장관
역임
『억눌린 자를 위한 교육학』 등 다수의 교육학 서적 저술

[그림 2-1] 평생교육의 위대한 지도자들

2. 평생교육지도자로서 경영자의 요건

1) 평생교육기관에서 지도자의 기본 역할

평생교육이 활성화됨에 따라 평생교육지도자의 역할도 보다 전문화되고 있는 실정이다. 평생교육기관의 맥락에서 평생교육지도자는 상황에 따라 다소 차이가 있지만 기본적으로 교육전문가, 관리자, 대외협력자의 역할을 수행하게 된다. 이를 하나씩 구체적으로 살펴보면 [그림 2-2]와 같다.

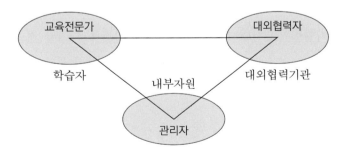

[그림 2-2] 평생교육지도자의 역할과 주 대상

첫째, 교육전문가로서의 역할이다. 이는 평생교육지도자의 가장 고전적인 역할이라고 할 수 있다. 여기에는 구체적으로 다음과 같은 항목이 포함된다.

- 교수자: 교육내용의 전달, 교육매체의 활용, 워크숍 진행, 학습자 평가
- 프로그램 기획자: 학습자의 수요 및 요구분석, 사회적 환경 및 기관 내부의 상황분석, 교육목표 설정 및 교육과정 구성
- 프로그램 운영자: 개발된 교육과정을 효율적으로 진행·운영, 프로그램 정보 제공, 강사 섭외 및 관리, 프로그램의 효과 분석·평가, 학습자집단의 관리 및 상담, 교육매체의 관리

둘째, 관리자로서의 역할이다. 이는 기관 내부의 각종 자원을 개발, 활용하는 역할을 말한다. 여기에는 다음과 같은 구체적인 내용들이 포함된다.

- 프로그램 관리자: 기관내 다양한 프로그램의 효율적 조합 및 평가
- 인사관리자: 조직의 효율성, 효과성을 제고하기 위한 인력배치 및 직무연수
- 재무관리자: 관련 예산의 편성 및 운영, 자원의 효율적 집행 등과 관련된 역할
- 정보관리자: 학습자, 강사, 유관기관 등의 다양한 정보를 수집·관리·배분하는 역할

셋째, 대외협력자로서의 역할이다. 이는 대외적으로 기관 경영에 필요한 자원을 확보하고 외부 유관기관과의 긴밀한 협력관계를 구축하는 것을 의미한다. 여기에는 다음과 같은 구체적인 내용이 포함된다.

- 자원개발자: 교육활동에 필요한 인적·물적 자원의 확보, 정보의 획득, 기금 및 예산지원 확보, 공공기관으로부터의 행정적·재정적 지원 획득
- 학습자 시장 개척자: 잠재적 학습자 집단 섭외 및 확보
- 대외 네트워크 구축자: 지역사회 여러 유관기관과의 네트워크 구축

2) 평생교육조직의 발달단계와 평생교육지도자의 역할 변화

(1) 평생교육조직의 발달단계

평생교육조직은 역사상 소규모 학습집단으로부터 시작하여 점차 규모가 커지고 체계화되면서 일반적인 프로그램중심 교육기관을 거쳐 전문경영중심 교육기관으로 발전되어 간다.

소규모 학습집단이란 교수자와 학습자가 자연스럽게 만나 학습이 이루어지는 비공식적 학습집단을 말한다. 이 경우 특별히 체계화된 프로그램이나 정규적인 교육시설이 없이 자연스런 만남을 통해 학습이 이루어지는 것이 일반적이다.

다음으로, 프로그램중심 일반교육기관이란 교수자가 의도적으로 교육 프로그램을 개발하여 일정 규모 이상의 교육시설에서 체계적으로 제공하는 일반적인 평생교육기관을 말한다. 이 단계의 평생교육기관은 학습자들이 필요로 하는 교육내용을 보다 많은 학습자에게 효과적으로 제공하는 것 자체를 일차적인 목표로 삼는다.

마지막으로, 전문경영중심 교육기관이란 보다 체계적인 프로그램기획과 마케팅, 실무자의 역할분담 등 전문경영기법이 요구되는 전문 평생교육기관을 말한다. 이 단계에서는 평생교육 프로그램의 개발과 운영이 기관의 존속과 직결되는 사업적인 성격을 강하게 띤다. 즉, 평생교육이 부수적인 사업이

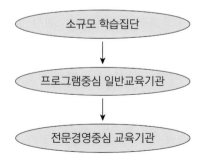

[그림 2-3] 평생교육조직의 발달단계

아니라 조직의 핵심 사업이 됨으로써 보다 체계적인 경영기법이 요구되는 단계인 것이다. 따라서 이 단계에서는 학습자들이 원하는 교육내용과 효과적인 교육방법뿐만 아니라 편의시설, 부수적인 특혜, 교통편, 학습자의 참여 등 질 높은 각종 서비스의 효율적인 제공이 중요해진다.

이와 같이 평생교육조직은 규모가 커지고 체계화됨에 따라 소규모 학습집단, 프로그램중심 일반교육기관, 전문경영중심 교육기관으로 발전해 나간다.

(2) 조직형태별 평생교육지도자의 주요 역할

평생교육조직의 발달단계에 따라 평생교육지도자가 주로 수행해야 할 역할의 비중이 달라진다. 소규모의 학습집단에서는 평생교육지도자에게 주로 직접 학습자를 상대로 하는 교수능력과 상담능력이 요구되지만, 규모가 커지고 교육을 전문으로 하는 기관으로 발달함에 따라 단순한 교수능력 외에 여러 가지 프로그램을 전문적으로 개발하고 관리하며, 여러 강사와 학습자 집단을 관리할 수 있는 능력이 추가로 요구된다. 평생교육기관의 규모가 더욱 커지고 수행해야 할 사업이 더욱 많아짐에 따라 평생교육지도자에게 요구되는 역할과 능력도 더욱 많아지고 전문화된다. 예를 들면, 전략적인 프로그램 기획자, 직원의 직무개발 전문가, 마케팅 전문가 등의 역량이 추가로 요구되는 것이다.

이와 같이 평생교육조직의 규모가 커지고 체계화됨에 따라 평생교육지도자에게 점차 경영 능력이 중요하게 요구된다. 일반적으로 볼 때 기관의 규모가 커질수록 단순히 '좋은 사람'보다는 '전문성 있는 지도자'의 중요성이 상대적으로 커진다고 볼 수 있다. 규모가 적어 관계지향성 성향이 중요시될 때는 성품이 좋은 사람이 유익하다. 그러나 규모가 커질수록 해야 할 일도 복잡하기 때문에 전문성과 지도력을 갖춘 인력을 배치하는 것이 유익하다. 이 내용을 정리하면 〈표 2-1〉과 같다.

표 2-1	평생교육조직의 발달단계에 따른 평생교육지도자의 주요 직무	
조직형태	주요 직무	주요 직무의 구체적인 내용
소규모 학습집단	일상생활 속에서 작은 학습집단을 운영해 나가는 소그룹 지도자, 교수자	교수자, 상담자의 역할
프로그램중심 일반교육기관	정해진 시간 및 시설 속에서 정해진 프로그램을 운영해 나가는 전문가	프로그램 개발자, 강사 및 학습자 집단 관리자, 시설 관리자
전문경영중심 교육기관	고도의 전문성, 효율성을 추구하는 전문경영인	전략적 프로그램 기획자, 직원의 직무개발 전문가, 마케팅 전문가, 네트워킹 전문가

3) 평생교육기관 경영자의 위계별 요건

(1) 평생교육기관 경영자의 위계

앞에서 살펴본 바와 같이 평생교육지도자에게 점차 전문경영자로서의 능력이 요구되고 있다. 여기서는 평생교육지도자로서의 경영자의 요건에 대해 구체적으로 살펴보고자 한다.

우리나라에서 경영자란 곧 대주주나 소유경영자, 또는 그와 동등한 권한을 갖는 사람들을 통칭한다. 그런데 원론적인 의미에서 경영자란 자기 스스로의 힘뿐만 아니라 다른 사람, 즉 부하를 통하여 조직의 목적을 달성하는 사람이라고 볼 수 있다. 따라서 어떠한 조직이든 부하를 통솔하고 있는 사람이라면 경영자라고 부를 수 있다(이재규, 2000). 그런 의미에서 우리나라에서 많이 사용되는 '관리자'란 용어는 중간경영층에 속하는 사람을 의미한다고 볼 수 있다. 그리고 낮은 직위의 일반 실무자라 할지라도 자신의 업무를 처리하는 과정에서 많은 사람을 관리하게 되며, 자신의 업무를 효과적·효율적으로 관리해야 할 필요성이 커진다는 측면에서 경영자의 성격을 가진다고 볼 수 있다.

이런 맥락에서 볼 때, 평생교육기관에서 일하는 모든 사람은 자기가 맡아서 하는 일과 그 직위에 따라 나름대로 모두 경영자라고 볼 수 있다. 그러나 맡은 일의 책임과 범위에 따라 그 위계가 정해진다. 이를 구체적으로 살펴보면 다음과 같다.

먼저, 최고경영자이다. 이는 평생교육기관의 대표를 의미한다. 기관장, 원장, 소장, 관장, 학장, 교장 등의 다양한 명칭으로 불리는 이들이 여기에 해당된다.

다음은 중간관리자이다. 이는 교육이 부분적인 사업으로 운영되는 기관에서의 교육부문 책임자, 또는 여러 평생교육분야 중 특정한 분야의 프로그램 운영 책임을 맡고 있는 사람을 말한다.

마지막으로 일반 실무자이다. 이는 단위 프로그램의 기획 및 운영을 담당하는 전문가를 의미한다. 예를 들면, 평생학습관의 교육 프로그램 담당자, 시민교육부서의 간사, 각종 연수원 및 수련원의 교관 등이 포함된다.

(2) 평생교육기관 경영자에게 요구되는 능력 및 비중

평생교육기관 경영자의 역할을 수행하기 위해서는 여러 가지 능력이 요구된다. 이를 대별하면 기술적 능력, 인간관계능력, 의사결정능력 등이다.

먼저, 기술적 능력이란 평생교육을 실시하기 위해 필요한 구체적인 방법이나 기법 등을 활용할 수 있는 능력으로서 숙련도와 관련된다. 여기에는 프로그램 개발 기법, 홍보 기법, 마케팅 기법, 교수매체 활용 기법 등이 포함된다.

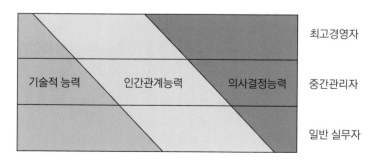

[그림 2-4] 평생교육기관 경영자의 위계별 필요한 능력 비중

다음으로, 인간관계능력이란 평생교육기관과 관련된 여러 분야의 사람들과 효과적으로 일을 할 수 있는 능력으로서 타인을 배려하고 권익을 존중하는 마음과 관련된다. 여기에는 평생교육 직원과의 접촉, 강사 관리, 학습자 관리, 후원자 관리, 지역사회 관계자 접촉하기, 정부 관계자와 만나기 등이 포함된다.

마지막으로, 의사결정능력이란 환경의 변화와 기관 내부의 자원을 종합적으로 파악하여 평생교육기관을 가장 바람직한 방향으로 이끌어 나가기 위해 중요한 결정을 내리는 판단능력을 말한다. 여기에는 평생교육기관의 설립목적 및 운영 방향에 대해 결정하기, 핵심 프로그램 및 학습대상자의 종류 결정하기, 직원 채용 및 배치 결정하기 등이 포함된다.

[그림 2-4]에 나타난 바와 같이 모든 수준의 경영자에게 기술적 능력, 인간관계능력, 의사결정능력이 필요하다. 그러나 경영자의 위계에 따라 요구되는 능력의 비중은 다르다. 일선 실무자에 가까울수록 기술적 능력이 상대적으로 큰 비중을 차지하는 반면, 최고경영자 수준에 가까울수록 기술적 능력보다는 인간관계능력이, 그리고 인간관계능력보다는 의사결정능력이 상대적으로 더 큰 비중을 차지한다고 볼 수 있다.

[그림 2-5]가 표현하는 바와 같이 바람직한 평생교육기관 경영자가 되기 위해서는 여러 가지 요건이 필요하다. 그중에서 가장 핵심적인 것은 평생교

[그림 2-5] 바람직한 평생교육기관 경영자의 조건

육적 가치관과 사명감이라고 볼 수 있다. 최근 들어 평생교육기관 경영능력이 평생교육지도자에게 점차 중요한 요소로 요구되고 있지만 그것이 핵심적인 본질이라고 볼 수는 없다. 즉, 평생교육기관 경영능력은 현대사회에서 점차 평생교육지도자의 성패를 좌우하는 '결정적'인 요소가 되고는 있지만 평생교육지도자에게 요구되는 가장 '본질적'인 요소라고 볼 수는 없다. 평생교육기관 경영능력이 점차 경쟁사회에서 성공적인 평생교육 실천을 좌우하는 결정요인이 되고 있다고 해서 본질적인 요소들이 덜 중요하게 여겨져서는 안 된다. 다시 말해 경영의 능력을 갖춘 사람이 시급하게 요청된다고 해서 평생교육의 기본 소양과 안목을 갖추지 못한 사람에게 경영을 맡기는 것은 바람직하지 못하다고 볼 수 있다. 평생교육기관에서 필요한 경영자는 단지 '경영능력을 갖춘 평생교육기관 관리자'가 아니라 '경영능력을 갖춘 평생교육지도자'라고 할 수 있다. 평생교육지도자와 평생교육기관 경영자가 상당한 정도 중복될 수는 있지만 반드시 일치하는 것은 아니다. 평생교육기관 경영의 능력은 평생교육지도자에게 추가로 요구되는 새로운 능력 중의 하나인 것이다.

3. 평생교육기관 경영자의 리더십

1) 리더십의 일반 성격

(1) 리더십의 개념과 요소

리더십(leadership)의 개념은 여러 가지 관점에서 정의될 수 있지만 가장 일반적인 의미로는 지도자의 목적이나 목표를 성취하기 위하여 다른 사람들에게 영향력을 행사하는 것이다. 이러한 리더십에 대해 잘못된 개념들과 이에 대응하는 올바른 인식을 비교하면 〈표 2-2〉와 같다.

이러한 인식의 차이는 곧 리더십에 대한 관점의 변화와 관련된다. 전통

표 2-2	리더십에 대한 잘못된 인식과 올바른 인식의 비교

잘못된 인식	올바른 인식
지도자는 부하들이 복종하도록 조작하고 통제하고 강요할 능력을 갖고 있다.	리더십은 일종의 권력이지만 지배와 강요라는 일방적 관계를 의미하지는 않는다.
지도자는 타고난다.	특정한 성격 변인들은 효과적인 리더십과 관련 있으나 대부분의 리더십은 노력을 통해 이룩된다.
리더십에는 공식이 있다.	일반적으로 리더십 행위는 주어진 상황에 부합할 때 성공적으로 이루어진다.
리더십만 있으면 조직은 성공한다.	리더십의 발현은 결국 나머지 조직 구성원들의 호응이 있을 때 비로소 가능하다.

적 관점에 의하면 리더십은 곧 헤드십(headship)이었다. 이 관점에 의하면 리더십이란 조직 혹은 집단 내 1인 혹은 소수가 그 조직의 대다수 구성원에게 주는 영향력을 말한다. 그러나 새로운 관점에 의하면 리더십은 멤버십(membership) 혹은 릴레이션십(relationship)을 의미한다. 이 관점에 의하면 리더십이란 조직 혹은 집단의 목표달성을 위하여 조직 내 모든 구성원 사이에서 이루어지는 상호관계 혹은 상호영향력을 말한다.

이러한 리더십의 구성요소에는 일반적으로 다음과 같은 사항이 포함된다.

첫째, 정확한 비전 설정이다. 이는 현재의 상황을 전체의 흐름 속에서 읽어 내고 나아갈 방향과 목표를 정확하게 설정하는 능력을 말한다.

둘째, 비전의 공유이다. 이는 지도자로서 비전을 다른 조직 구성원들과 공유하여 함께 나아가는 의사소통의 능력과 인격을 갖추어야 함을 의미한다.

셋째, 과제의 분석 및 배분이다. 이는 조직에서 공유되는 비전에 맞추어 목표를 설정하고 그 목표의 달성을 위한 과제를 배분하는 능력을 말한다.

넷째, 성취동기의 부여이다. 이는 개개인이 최고의 업무수행능력을 발휘할 수 있도록 동기를 유발하며 협력을 촉진하는 능력을 말한다.

> ⊙ 참고: 칭기즈칸의 군 조직력
>
> 　몽골의 위대한 지도자였던 칭기즈칸은 대장군 밑에 사단과 연대, 대대, 중대 등을 편성했는데, 이런 군조직 편성은 먼 훗날 나폴레옹이 등장하기 전에는 없던 형태의 조직이었다. 그는 이들 군조직을 효율적으로 이용함으로써 적군을 순식간에 포위하여 전쟁에서 승리를 쟁취했다.

(2) 리더십의 유형

　리더십은 매우 다양한 형태로 나타난다. 이를 지도자 중심인가 집단 중심인가에 따라 분석하면 일반적으로 다음과 같이 유형화할 수 있다.

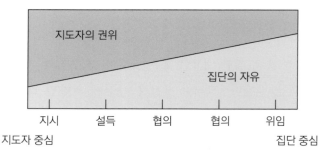

[그림 2-6] 리더십의 유형

　첫째, 지시의 단계이다. 이 단계에서는 지도자가 대부분 권위를 가지고 집단에게는 자유를 주지 않는다. 지도자는 집단에게 가장 좋은 것이 무엇인지를 알고, 그것이 어떻게 되어 가고 있는지를 지시한다고 생각한다.

　둘째, 설득의 단계이다. 이 단계에서는 지도자가 여전히 가장 좋은 것이 무엇인지를 결정하지만, 그 집단에게 단순히 어떻게 될 것인지를 통보해 주기보다는 집단 구성원들이 필요하다고 생각하고 설득하기 시작한다. 지도자는 구성원들에게 그의 결정에 가부를 표시할 수 있는 자유를 준다.

　셋째, 협의의 단계이다. 이 단계에서는 지도자가 집단에게 더 많은 권위를 준다. 지도자는 시작부터 구성원들과 협의하며, 문제를 제시하고 구성원들에게 해결책을 요구하기도 하고, 혹은 시험적인 해결책을 제시하여 그 평가에 구성원들의 도움을 요구하기도 한다. 지도자는 집단과 협의한 후에 구성원들의 지혜를 기초로 하여 마지막으로 결정을 내린다.

넷째, 협력의 단계이다. 이는 지도자가 집단 구성원의 문제를 처리할 때 집단의 결정에 동의한다. 지도자는 한 구성원으로 참여하여 결정에도 관여하지만 집단의 결정에 영향력을 행사하려고 하지는 않는다.

다섯째, 위임의 단계이다. 지도자는 집단의 문제를 자기가 없이도 집단 구성원들 스스로 해결하도록 요구한다. 지도자는 집단 구성원들에게 문제를 완전히 위임해 버리고 결정에 더 이상 영향을 끼치지 않는다.

대체로 기관의 리더십은 조직이 성숙해짐에 따라 지시의 단계에서 위임의 단계로 발전해 간다고 볼 수 있다.

2) 평생교육 리더십과 경영능력의 조화

(1) 리더십과 경영과의 관계

리더십과 경영은 일상생활 속에서 매우 밀접한 관계를 가지고 있지만, 다음과 같은 점에서 차이를 나타낸다. 그 차이점을 표로 정리하면 〈표 2-3〉과 같다.

표 2-3 리더십과 경영의 비교	
리더십	경영
• 질적이며 종합예술적이다.	• 과학이며 기술이다.
• 비전을 제공한다.	• 현실적인 전망을 제시한다.
• 개념들을 다룬다.	• 기능적인 것과 관련된다.
• 효과성을 중시한다.	• 효과성과 효율성을 중시한다.
• 일의 이유(know-why)를 중시한다.	• 일의 방법(know-how)을 중시한다.
• 실무자에서부터 최고위층에까지 어떤 수준에서도 존재한다.	• 상대적으로 높은 계층에 속한 사람에게 맡겨진다.

경영자의 주요 역할이 계획하고 조직하는 것이라면 지도자(leader)의 주요 역할은 사람들에게 영향을 미치는 것이다. 앞에서 언급한 위대한 평생교육 지도자들이 현대적인 의미에서 반드시 평생교육기관 경영자라고 할 수는 없다. 그들은 단지 자신을 교육자나 사회운동가로 생각하는 경우가 많았다. 이와 같이 모든 평생교육지도자가 곧 평생교육기관의 경영자가 되어야 할 필요는 없지만 모든 평생교육기관의 경영자는 평생교육지도자가 되어야 할 필요가 있다. 그럴 때 진정한 의미의 평생교육의 발전이 이루어질 수 있을 것이다.

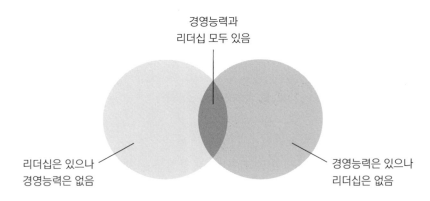

[그림 2-7] 경영능력과 리더십의 관계

(2) 리더십과 경영능력에 따른 경영자의 유형 및 개선 사항

앞에서 살펴본 바와 같이 이상적으로는 평생교육기관의 경영자가 경영능력과 리더십을 겸비하는 것이 가장 바람직하지만 현실적으로는 그렇지 못한 경우가 많다. 따라서 리더십과 경영능력 각각을 소유하고 있는가의 여부에 따라 네 가지 유형의 경영자로 대별된다. 이를 각각 이상적 경영자, 카리스마적 경영자, 메마른 경영자, 최악의 경영자라고 명명할 수 있을 것이다.

현실적으로 봤을 때 평생교육기관 경영자들은 위의 네 가지 유형 중 하나에 속한다고 볼 수 있다. 그리고 유형별로 보다 나은 경영자가 되기 위해 노력해야 할 과제들이 있다. 이런 관점에서 각 유형별 특성과 개선과제들을 살펴보면 다음과 같다.

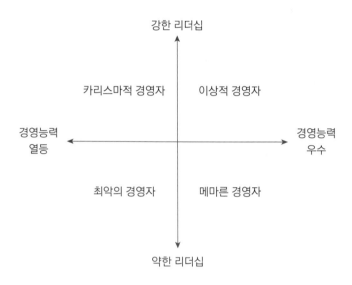

[그림 2-8] 리더십과 경영능력에 의한 평생교육기관 경영자의 유형

　이상적 경영자란 리더십과 경영능력이 모두 우수한 경우를 말한다. 즉, 구성원에게도 긍정적인 영향을 미쳐 자발적인 추종을 이끌어 냄과 동시에 각종 전문적인 경영기법 능력이 우수한 경우를 말한다. 평생교육에 대한 신념이 투철하고 기관의 일반 실무자와 학습자에게 평생교육자로서의 모범을 보임과 동시에 프로그램관리, 재무관리, 인사관리, 마케팅 등 경영자로서 갖추어야 할 능력을 모두 갖추고 있는 경우를 말한다. 이러한 유형에 속하는 평생교육기관 경영자는 현재 상태를 유지하면서 양쪽 측면의 계속적인 질적 향상을 위해 노력해야 한다.

　카리스마적 경영자란 리더십은 뛰어나나 경영능력은 떨어지는 경우를 말한다. 즉, 평생교육에 대한 강한 신념을 바탕으로 강한 추진력을 발휘하며 인간적인 감화력으로 타인으로 하여금 자발적으로 추종하게 만드나, 경영마인드의 결핍으로 상황을 체계적으로 관리하거나 결과물을 잘 정리하지 못하는 경우를 말한다. 이런 유형에 속하는 평생교육기관 경영자들은 보다 체계적인 경영능력 향상을 위해 노력해야 하며, 관리능력이 뛰어난 참모의 도움을 받는 것도 바람직하다. 또한 독선적인 경영에 빠지지 않도록 스스로 주의해야 한다.

메마른 경영자란 경영관리능력은 우수하나 리더십이 약한 경우를 말한다. 즉, 체계적인 경영기법의 학습과 도입을 통해 기관을 효율적으로 관리하지만 인간적인 유대관계와 융통성이 부족하여 구성원으로부터 인간적인 추종을 받지 못하는 경우이다. 그 까닭으로는 평생교육에 대한 신념의 결핍, 사명감의 부족, 일반 실무자 또는 학습자와의 교육관 대립, 교육지도자로서의 인간애 부족 등을 들 수 있다. 메마른 경영자는 단기적으로는 성과를 올리나 장기적으로는 실패할 가능성이 높은 경영자라고 볼 수 있다. 이런 유형에 속하는 경영자들은 조직의 구성원들에 대해 보다 열린 자세를 취해야 하며 긴밀한 인간적인 관계와 신뢰구축을 위해 노력해야 한다. 또한 집단 구성원의 참여 및 의견수렴의 노력도 기울여야 한다.

최악의 경영자란 경영능력도 부족하고 리더십도 없는 경우를 말한다. 즉, 기관관리기법에 대한 이해도 부족하고 교육적인 사명감도 부족하며, 집단 구성원과의 관계도 원만하지 못해 긍정적인 영향력을 미치지 못하는 경우를 말한다. 이런 경우에는 결국 조직의 와해 및 파국의 가능성이 크다. 이런 유형의 경영자는 경영능력 및 리더십 향상을 위한 장기적인 노력이 필요하며, 단기적으로는 경영자의 용퇴 및 교체도 고려할 필요가 있다.

이 내용을 바탕으로 평생교육기관 경영자의 유형과 그 개선과제를 정리하면 〈표 2-4〉와 같다.

표 2-4	평생교육기관 경영자의 유형 및 개선과제

경영자의 유형	특징	개선을 위한 과제
이상적 경영자	• 구성원에게 긍정적인 영향을 미쳐 자발적인 추종을 이끎과 동시에 각종 전문적인 경영기법 능력도 우수함	• 계속적인 질적 수준 향상
카리스마적 경영자	• 리더십은 뛰어나나 경영능력은 떨어짐 • 강한 추진력과 인간적인 감화력으로 타인으로 하여금 자발적으로 추종하게 만드나 상황을 체계적으로 관리하거나 결과물을 잘 정리하지 못함	• 체계적인 경영능력 향상을 위해 노력 • 관리능력이 뛰어난 참모의 도움을 받음 • 독선적인 경영에 빠지지 않도록 주의
메마른 경영자	• 관리능력은 우수하나 리더십이 약함 • 합리적인 원칙에 의해 구성원을 관리하지만 인간적인 유대관계와 융통성이 부족하여 구성원으로부터 인간적인 추종을 받지 못함 • 단기적으로는 성과를 올리나 장기적으로는 실패할 가능성이 높음	• 평생교육기관의 교육적 사명에 대한 인식 공유 • 집단 구성원에 대한 긴밀한 인간적인 관계 구축 필요 • 집단 구성원의 참여 및 의견 수렴 필요
최악의 경영자	• 경영능력도 부족하고 리더십도 없음 • 조직의 목표도 이루지 못하고 집단 구성원과의 관계도 원만하지 못함 • 조직 와해 및 파국의 가능성 존재	• 경영능력 및 리더십 향상을 위한 장기적인 노력 필요 • 경영자의 퇴진 및 교체 고려 필요

📝 요약

    평생교육기관에는 다양한 유형의 지도자가 있다. 평생교육지도자는 교육전문가로서의 역할, 관리자로서의 역할, 대외협력자로서의 역할을 하게 된다. 평생교육조직의 규모가 커지고 체계화됨에 따라 평생교육지도자에게 관리자로서의 역할과 대외협력자로서의 역할의 비중이 커지며 지도자의 위계에 따라서도 요구되는 능력의 비중도 차이가 난다. 평생교육기관이 커짐에 따라 고도의 전문성과 효율성을 추구하는 전문경영인이 필요해진다. 그러나 평생교육기관의 경영자에게 필요한 가장 기초적인 자질은 평생교육적 가치관과 태도라고 볼 수 있다. 평생교육기관에서 필요한 이는 '경영능력을 갖춘 평생교육지도자'라고 할 수 있다. 또한 평생교육기관의 경영자에게는 관리능력과 아울러 리더십이 필요하다. 평생교육기관 경영자는 관리능력 및 리더십의 소유 여부에 따라 이상적 경영자, 카리스마적 경영자, 메마른 경영자, 최악의 경영자로 유형화할 수 있으며 보다 이상적인 경영자가 되기 위해 단점을 개선해야 한다.

📝 학습목표

1. 평생교육기관의 경영과 리더십과의 관계를 유형별로 설명하시오.
2. 평생교육지도자에게 요구되는 기본 역할과 능력 요건에 비추어 자신의 경우를 평가하시오.
3. 본인이 잘 알고 있는 평생교육기관 경영자를 예로 들어 경영능력과 리더십의 차원에서 분석하시오.

📝 참고문헌

김대규, 이준한, 정기억(2004). 디지털시대의 리더십. 서울: 삼우사.

김미향(2014). 한국 사회교육자 전문성에 관한 제도적 규정의 변천과정 연구. 동의대학교 박사학위논문.

로리 베스 존스(2005). 최고경영자 예수. 서울: 한언출판사.

서울대학교 사회심리학 연구실 편역(1996). 집단심리학. 개정판. 서울: 학지사.

신완선(1999). 최고경영자 27인의 리더십을 배우자. 서울: 도서출판 물푸레.

오혁진(2012). 신 사회교육론. 서울: 학지사.

오혁진(2016). 한국 사회교육사상사. 서울: 학지사.

오혁진, 김미향(2017). 사회적 기능중심의 사회교육 개념탐색. 평생교육학 연구 23(1).

이재규(2000). 최신 경영학원론. 서울: 박영사.

피터 자비스 편저(2011). 20세기 성인교육철학. 서울: 동문사.

한국교육행정학회(2010). 학교경영론. 경기: 교육과학사.

현대경제연구원 역(2009). 리더십. 경기: 21세기북스.

Edelson, P. J. (1992). Rethinking leadership in adult and continuing education. *New Directions for Adult and Continuing Education, Nr. 56*. San Francisco: Jossey-Bass Publishers.

Jarvis, P. (1993). The education of adults and civil society. *Adult Education and the State*. N. Y.: Routledge.

Weidermann, C. D. (1989). Making customers and quality service a priority. In R. G. Simerly (Eds.), *Handbook of Marketing for Continuing Education*. San Francisco: Jossey-Bass Publishers.

제3장

평생교육기관 경영의 실행 원리

평생교육기관의 경영은 그동안 평생교육현장에서 평생교육지도자들이 수행했던 실천의 연장선에서 실시되어야 한다. 즉, 평생교육 프로그램 개발이나 평생교육방법론과 마찬가지로 평생교육의 원리에 충실해야 하는 것이다.

이런 맥락에서 이번 장에서는 먼저 평생교육의 현장에서 이론가들과 실천가들이 중요시했던 원리들을 기관 경영의 실행 원리로 적용하는 과정을 살펴보고자 한다. 아울러 교육수요자의 요구를 존중하는 마케팅 원리의 적용과 학습자들을 존중하고 참여하도록 하기 위한 조직의 구성 및 운영 원리 등에 대해 살펴보고자 한다. 이는 개별 평생교육기관이 추구하는 구체적인 목적과 관계없이 모든 평생교육기관이 추구해야할 경영상의 보편적인 실행 원리라고 볼 수 있다.

학습목표 · · ·

1. 평생교육기관을 성공적으로 경영하기 위해 추구해야 할 고유한 가치를 설명할 수 있다.
2. 마케팅 원리에 입각한 평생교육경영의 원리를 적용할 수 있다.
3. 학습자 존중의 정도에 비추어 평생교육기관을 유형화할 수 있다.

1. 평생교육기관 경영을 위한 평생교육원리의 적용

1) 평생교육의 일반 원리

평생교육기관의 경영은 모든 조직의 경영과 마찬가지로 효과성과 효율성을 추구한다. 그러나 평생교육기관의 올바른 경영을 위해서는 경영의 실행원리 차원에서도 평생교육만의 독특하고 다양한 가치를 고려해야 한다.

그동안 평생교육분야에서는 여러 연구자에 의해 다양한 실행 원리가 주장되었다. 먼저, 평생교육연구의 선구자 중 하나인 데이브(R. H. Dave)가 제시한 평생교육의 이념 중 실천과 관련된 부분을 정리하면 다음과 같다.

- 학교교육의 엘리트주의적인 성격과는 대조적으로 평생교육은 교육의 보편화를 추구함으로써 교육의 민주화를 표방한다.
- 평생교육은 학습내용, 학습도구 및 기법, 학습시간에 있어서의 융통성과 다양성으로 특징지어진다.
- 평생교육은 교육을 받는 유형이나 형태에 있어서 선택을 허용한다.
- 개인이나 사회의 적응 및 혁신적 기능은 평생교육을 통해 달성된다.
- 평생교육의 궁극적인 목적은 인간의 삶의 질을 향상시키는 것이다.
- 평생교육을 위해서는 이른바 교육기회, 동기유발, 교육가능성 등 세 가지 중요한 전제조건이 필요하다.

한편, 성인학습이론 정립에 이바지한 놀스(M. Knowles)의 안드라고지(andragogy) 원리를 들면 다음과 같다(Galbraith, 1991).

- 학습에 적합한 물리적 · 심리적 분위기를 형성하라.
- 교육방법과 교육과정의 방향을 계획하는 데 학습자들이 참여하도록 하라.

- 참여자들로 하여금 그들 자신의 학습요구들을 진단하는 데 참여하도록 하라.
- 학습자들로 하여금 그들 자신의 학습목표를 형성하도록 격려하라.
- 학습자들로 하여금 그들 자신의 목표를 수립하기 위해 자원들을 확인하고 그 자원을 활용하기 위한 전략을 구안하도록 격려하라.
- 학습자들이 학습계획을 수행할 수 있도록 도와주라.
- 학습자들이 그들의 학습을 평가하도록 참여하게 하라.

한편, 대표적으로 진보적인 사회교육자였던 프레이리(P. Freire)는 사회현실에 대한 분석과 참여를 강조하였으며, 학습자로 하여금 사회적 압박에서 해방되도록 하기 위한 학습자의 세력화와 자기주도성을 중시하였다(오혁진, 2012). 이 외에도 많은 이론가와 실천가가 나름대로의 관점에서 평생교육의 원리를 제시하였다. 이들이 제시한 구체적인 내용들을 살펴보면 관점에 따라 다소 차이가 있다. 그러나 그 내면을 깊이 살펴보면 대체적으로 학습자의 주체성 존중, 참여자 간의 활발한 상호작용, 교육기회의 민주화, 공동체 사회의 구현 등을 공통적으로 지향한다고 볼 수 있다.

2) 평생교육기관 경영 실행 원리의 도출

앞에서 평생교육의 일반 원리를 살펴보았다. 이러한 평생교육의 일반 원리는 평생교육기관의 경영 맥락에 맞게 구체적으로 번역되어야 한다.

먼저, 평생교육기관의 경영은 교육기회의 확대와 사회의 건전한 발전을 추구해야 한다. 이윤의 추구가 궁극적인 목적인 일반 기업체와는 달리 평생교육기관은 교육기관으로서 사회적인 책임을 가지고 있다. 평생교육기관의 경영이 기업모델중심의 경영을 강조하게 될 때 본래 사회통합 및 민주적 시민운동, 공동체 지향성 등을 강조했던 평생교육의 이념이 퇴색될 우려가 있다. 또한 시민사회 내에서 비형식적이고 자발적인 성격을 띠었던 성인교육이 전문화·상업화·제도화됨에 따라 성인교육이 사회 통제의 한 매체가 되고, 기술적인 합리성을 중시하게 하며, 결과적으로는 일종의 빈익빈 부익부 현상을 가중시킬 우려를 안고 있다는 비판이 제기된다(Davidson, 1995). 따라서 현대사회에서 평생교육기관의 경영은 교육을 통해 사회공익과 형평성에 이바지했던 성인교육과 사회교육의 전통을 계승하기 위해 노력해야 한다.

다음으로, 평생교육기관의 경영은 평생교육의 실천에서 중시되고 있는 학습자의 주체성과 참여 등의 교육적 원리를 반영해야 한다. 앞에서 살펴보았듯이 학습자의 주체성을 적극적으로 존중하는 것은 기존의 학교교육과는 차별화되는 평생교육의 고유한 원리라고 할 수 있다. 따라서 이러한 원리는 평생교육기관의 경영이라는 실천의 장에도 확장되어야 한다.

또한 평생교육기관은 일반 경영학, 특히 서비스 분야에서 강조하는 여러 가지 가치에 대해서도 고려해야 한다. 교육기관도 경영학적 관점에서 보면 일종의 서비스 기관이라고 볼 수 있다. 그 가치가 교육의 고유한 가치와 모순되지 않는 선에서 서비스 기관에 요구되는 일반적인 가치들을 포용하는 것이 바람직하다.

이와 같이 평생교육기관의 경영은 그동안 평생교육의 현장에서 중시되었던 주요 원리들에 입각해서 이루어져야 한다. 그러한 원리들을 평생교육기관 경영의 관점에서 정리하면 공공성, 학습자 인격존중, 서비스 지향성 등으로 대별할 수 있다. 이 내용을 정리하면 [그림 3-1]과 같다.

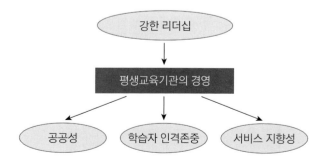

[그림 3-1] 평생교육기관 경영의 과정 중 추구해야 할 가치

(1) 공공성

평생교육기관 경영의 공공성이란 평생교육이 개인적인 활동영역에 국한되는 것이 아니라 사회의 보편적인 가치관을 따르며, 공적인 관계 속에서 실시되어야 함을 의미한다. 이는 정부나 지방자치단체가 운영하는 평생교육기관 뿐 아니라 비영리단체는 물론 모든 민간 평생교육기관에도 해당된다. 특히, 평생교육법을 비롯한 각종 법률에 근거하고 평생교육사가 의무적으로 배치되는 평생교육기관은 반드시 따라야 할 원리라고 할 수 있다. 공공성은 다시 공익성과 형평성으로 대별된다.

[그림 3-2] 공익적 평생교육기관인 평생학습관의 한 예

[그림 3-3] 소외계층인 노인을 위한 문해교육의 예

　　공익성이란 평생교육기관에서 다루는 교육의 내용과 방법이 개인의 이익만을 추구하는 것이 아니라 사회의 건전한 가치에 반하지 않고 사회문제해결과 지역공동체의 형성, 시민사회의 성숙과 지역개발 등에 이바지하는 정도를 말한다.

　　한편, 형평성이란 평생교육기관에서 제공하는 교육기회나 학습내용, 학습과정에서의 배려가 사회경제적인 조건에 의해 영향받지 않고 공평하게 배분되는 정도를 말한다. 형평성은 사회적 약자들이 불이익을 당하지 않고 학습의 기회를 실질적으로 보장받을 수 있도록 지원하는 것을 포함한다. 특히 생계의 어려움을 겪고 있는 학습자들에게는 수강료 무료의 차원을 넘어 실질적인 학습참여를 위한 생활비 지원도 고려할 필요가 있다.

　　앞에서 언급한 내용을 중심으로 공공성과 관련하여 평생교육기관이 고려해야 할 구체적인 내용을 정리하면 〈표 3-1〉과 같다.

표 3-1   공공성 가치의 하위요소와 구체적인 내용

하위요소	구체적인 내용
공익성	• 학습하려는 교육내용이 건전하고 사회 발전에 유익한가 • 강사가 프로그램을 통해 좋은 사회를 만드는 데 이바지하려는 사명감을 가지고 있는가 • 기관의 직원이 좋은 사회를 만드는 데 이바지하려는 사명감을 가지고 있는가 • 평생교육기관에서 학습한 내용을 통해 사회발전에 이바지할 수 있는가
형평성	• 교육 프로그램이 원하는 사람이면 누구에게나 개방되어 있는가 • 장애인, 노인 등과 같이 몸이 불편한 사람을 위한 시설이 마련되어 있는가 • 학습자의 경제적 상황을 고려하여 수강료를 지원해 주는가

(2) 학습자 인격존중

　　학습자 인격존중이란 평생교육기관의 실무자들이 주체적인 참여자로서의 학습자의 인격을 존중하고 인간적인 긴밀성을 강조하는 것을 말한다. 여기에는 학습자의 주체성과 긴밀성이 포함된다.

먼저, 학습자의 주체성이란 평생교육 프로그램의 계획수립과 운영과정상에 있어서 학습자의 자발적인 참여를 인정하는 정도를 말한다. 학습자의 주체성과 관련하여 녹스(Knox, A. B., 1991)는 기관의 발전을 위해서는 학습자의 참여를 유도하는 참여지향적 지도력(participatory leadership style)이 필요하다고 주장한 바 있다. 또한 브룩필드(Brookfield, S. D., 1986)는 평생교육기관의 성격을 프로그램의 선정과 진행의 주도권을 누가 갖고 있느냐라는 기준에 따라 기관중심형(institutional mode), 공조형(shared membership mode),

[그림 3-4] 학습자들의 자발적인 학습모임

[그림 3-5] 긴밀성을 형성하기 위한 회원들의 야유회

개인중심형(individual mode)으로 나눈 후, 기관중심형에서 공조형이나 개인중심형으로 이행할 때 학습자들이 더욱 만족하게 되고 교육성과도 높일 수 있다고 주장하였다. 따라서 평생교육기관 경영자는 학습자의 주체성을 존중하고 학습자들이 자발적으로 참여할 수 있도록 노력해야 한다.

다음으로, 긴밀성이란 교육자와 학습자 그리고 학습자와 학습자 사이의 긴밀한 인간관계의 정도를 말한다. 성인학습자의 경우 혼자 하는 학습, 혹은 일방적으로 듣기만 하는 학습보다 학습자 간의 또는 학습자와 교수자 간의 직접적인 상호작용의 결과 그 교육의 질이 높아지고 학습의 성과가 높아지게 된다. 많은 연구자는 학습자가 교사와 개인적인 친밀 관계를 갖느냐 못 갖느냐 하는 것이 성인학습의 성패에 중요한 변수가 되고 있음을 지적하고 있다. 따라서 평생교육기관은 교수자와 학습자, 학습자와 학습자 사이의 긴밀한 인간관계가 성립될 수 있도록 경영해야 한다.

이 내용을 바탕으로 학습자 인격존중과 관련하여 평생교육기관이 고려해야 할 구체적인 내용들을 정리하면 〈표 3-2〉와 같다.

표 3-2	학습자 인격존중 가치의 하위요소와 구체적인 내용
하위요소	구체적인 내용
학습자의 주체성	• 교육의 목표와 내용을 선정하는 데 학습자가 참여할 수 있는가 • 강사가 학습자의 학습속도에 관심을 기울이는가 • 강사가 강의 중 학습자의 수업참여를 적극 유도하는가 • 강사가 학습자의 의견을 교육에 즉각 반영하는가 • 기관의 직원이 학습자의 의견을 존중하며 친절하게 대하는가 • 학습자가 프로그램의 운영방식에 대해 자유롭게 건의할 수 있는가 • 학습자가 학급의 대표를 선발하고 자치적으로 학급을 운영할 수 있는가
긴밀성	• 강사가 학습자와 친해지기 위해 노력하고 있는가 • 직원이 학습자에게 개별적인 관심을 갖는가 • 학습자가 자율적인 학습이나 교제를 위한 작은 모임을 만들어 활동할 수 있도록 기관이 지원하고 있는가 • 기관 차원에서 단합대회, 친목회, 야유회, 생일축하 등의 친교 행사가 잘 운영되는가

(3) 서비스 지향성

서비스 지향성이란 서비스 기관으로서의 평생교육기관이 학습자에게 제
공해야 할 일반적인 가치를 말한다. 여기에는 편의성, 신뢰성, 외형성 등이
포함된다(이유재, 2019). 편의성이란 학습자들로 하여금 평생교육기관의 물
적·인적·정보 자원에 쉽게 접근하여 이를 활용하는 데 불편함이 없는 정
도를 말한다. 신뢰성이란 학습자에게 미리 약속된 서비스를 원칙대로 정확

표 3-3	서비스 지향성 가치의 하위요소와 구체적인 내용
하위요소	구체적인 내용
편의성	• 그 기관에서 선택할 수 있는 프로그램이 다양한가 • 강의장소까지의 교통수단이 편리한가 • 개설된 프로그램이나 기관에 관한 정보를 편리하게 구할 수 있는가 • 필요한 때 강사와 직원으로부터 쉽게 도움을 얻을 수 있는가 • 주차장, 식당, 화장실, 휴게실 등의 편의시설이 잘 갖추어져 있는가 • 프로그램 등록, 수강료 납부, 자격증 발급 등이 쉽게 이루어지는가 • 기관에 비치된 교재나 자료, 시설, 교육정보 등을 자유롭게 활용할 수 있는가
신뢰성	• 학습자가 필요로 하는 자료나 시설이 신속하게 구비되는가 • 사전에 홍보된 대로 교육내용이 실제로 다루어지는가 • 프로그램이 진행되는 동안 시간, 일정, 장소가 갑작스럽게 변동되어 혼란을 주지 않는가 • 기관의 시설이 안전한가 • 강사가 강의계획이나 학습자와의 약속을 잘 지키는가 • 직원이 학습자에 대한 서비스 약속을 잘 지키는가 • 학습자에 대한 출결관리가 정확하게 이루어지는가
외형성	• 학습자에 대한 평가가 정확하게 이루어지는가 • 교육장소의 환경이 아늑하고 분위기가 좋은가 • 프로그램에 대한 홍보나 광고물의 디자인이 세련되어 있는가 • 교육장소에 설치된 시설물의 배치나 외양이 보기에 좋은가 • 교육장소와 시설이 깨끗한가 • 강사의 옷차림과 용모가 보기에 좋은가 • 직원의 옷차림과 용모가 보기에 좋은가

하게 수행하는 정도를 말한다. 한편, 외형성이란 학습자에게 외적으로 세련된 이미지를 제공하는 정도를 말한다.

이 내용을 바탕으로 서비스 지향성과 관련하여 평생교육기관이 고려해야 할 구체적인 항목을 정리하면 〈표 3-3〉과 같다.

이와 같이 평생교육기관은 경영의 과정에서 여러 가지 복합적인 가치를 추구해야 한다. 이러한 가치들 중 어떤 것도 소홀함이 없이 조화롭게 추구되도록 하는 것이 평생교육기관 경영의 주요한 과제라고 볼 수 있다(부록 2 참조). 아울러 이상에서 언급한 평생교육기관 경영의 실행 원리를 종합적으로 정리하면 〈표 3-4〉와 같다.

표 3-4	평생교육기관 경영의 실행 원리의 내용	
측면	가치	구체적인 내용
공공성	공익성	평생교육기관의 사회적 유익성, 건전성
	형평성	평생교육기회의 공정성, 소외집단에 대한 배려
학습자 인격존중	참여성	학습자의 주체적인 개입
	긴밀성	학습자 사이의 사회적 관계, 학습자와 기관 사이의 친밀도
서비스 지향성	편의성	평생교육기관 자원의 접근 가능성, 활용성
	신뢰성	약속된 서비스를 정확하게 수행하는 능력
	외형성	외적으로 세련된 이미지를 제공하는 능력

2. 평생교육기관 경영과 마케팅의 원리

1) 평생교육 마케팅의 기본 성격

(1) 평생교육기관 경영에서의 마케팅 도입 배경

전통적으로 평생교육기관은 공익을 위한 비영리기관의 성격을 띠어 왔다.

그리고 잠재적인 교육수요에 비해 그 수가 절대적으로 모자랐다. 따라서 일반적으로 수혜자에 대해 우월한 입장에서 은혜를 베푸는 양상으로 이루어진 것이 사실이다. 또한 필요한 재정을 프로그램 참여자로부터 주로 얻는 것이 아니라 사회단체, 독지가, 정부로부터 지원받았기 때문에 학습자에 대한 배려가 그만큼 적극적으로 이루어졌다고는 볼 수 없다. 이런 의미에서 전통적인 평생교육기관에서의 교육은 학습자중심보다는 기관중심으로 이루어져 왔던 것이 일반적인 사실이다. 이는 평생교육의 프로그램이 획일적이며, 다양하지 못하고 비차별적·몰개성적인 것임을 의미한다(Brookfield, 1986; Simerly, 1989; 최운실 외, 1993: 475). 특히 우리나라 평생교육기관은 외적으로는 매우 다양한 것처럼 보이지만 실제로는 충실하지 못한 기관이 많고, 프로그램은 획일적이고, 비차별적·몰개성적인 경우가 많으며, 평생교육의 방식 및 경영상에 있어 비전문성과 비효율적인 측면이 많다는 비판을 받아 왔다. 즉, 프로그램의 선정과 조직, 운영, 평가 등이 학습자의 다양한 요구를 적극적으로 반영하여 이루어지기보다는 대체로 기관에 의해 주도되어 왔던 것이다. 그 결과는 학습자의 참여가 활발하지 못한 것으로 나타났다. 이와 같이 전통적인 평생교육기관이 성인학습자의 수요와 욕구를 충족시켜 주지 못함에 따라 성인학습자들은 비록 영리적인 성격이 강하더라도 그들의 요구를 즉각적으로 충족시켜 줄 수 있는 평생교육기관이라면 어디든 참여할 수밖에 없는 현상이 나타나게 된 것이다(Apps, 1989).

그러나 이러한 양상은 최근에 들어 학습자 지향적인 차원에서 큰 변화를 맞이하고 있다. 이를 구체적으로 살펴보면 다음과 같다.

먼저, 최근 들어 평생교육기관과 평생교육 프로그램을 제공하는 매체가 급격히 증가함에 따라 학습자들의 참여를 유도하기 위해 해당 기관들의 보다 적극적인 노력이 필요하게 되었다. 이에 따라 평생교육기관들도 학습자의 요구에 부응하는 보다 적극적인 자세가 필요하게 된 것이다.

둘째, 사회가 점차 다양화, 다원화되어 감에 따라 잠재적 학습자들의 요구도 이와 비슷한 양상을 띠고 있다. 지금까지 평생교육기관에 대한 학습자들의 요구는 주로 프로그램 내용 중심의 단순한 것이었다. 그러나 최근에는 프로그램의 내용뿐만이 아니라 위치, 교통편, 시설, 강사 및 직원의 친절성, 교육 후의 취업 보장 등과 같은 다른 측면에 대한 요구들도 중요한 비중을 차지하고 있다. 그러므로 평생교육기관들도 이러한 학습자들의 다양한 요구에 부응하기 위해 보다 많은 노력을 기울이지 않을 수 없게 되었다.

셋째, 시민사회의 성숙 및 소비자주권주의의 확산과 더불어 교육에 대한 시민들의 권리 의식도 그만큼 강력하고 적극적인 성격을 띠게 되었다. 평생교육기관의 학습자들은 단지 수동적인 학습자가 아닌 주체적인 참여자로서의 권리를 주장하기에 이르렀다. 이러한 양상은 더 나아가 학습권을 획득하기 위해 시민단체를 결성하고 교육정책의 입안 및 교육기관의 운영에 영향력을 미치는 데까지 이르게 되었다. 그러므로 이러한 학습자들의 요구 주장에 부응하기 위해 평생교육기관도 보다 적극적인 노력을 필요로 하게 된 것이다.

평생교육기관의 입장에서 볼 때 학습자의 참여 증대는 곧 평생교육기관의 존재 목적이자 생존 조건이라고 볼 수 있다. 그러기 위해 평생교육기관의 경영방법에도 커다란 변화가 요구되고 있다. 즉, 평생교육기관에서 제공하는 서비스의 질을 차별적으로 향상시키는 것이 필요한 것이다. 그것은 학습자의 요구와 욕구를 보다 적극적으로 파악하고 충족시켜 주는 경영상의 적극적인 노력을 의미한다. 이런 맥락에서 현대 평생교육기관의 경영자는 이중의 과제를 안고 있다고 볼 수 있다. 한편으로는 변화하는 학습자의 요구와 수준에 부응함으로써 학습자의 만족을 최대화하는 것이고, 다른 한편으로는 그 기관 본연의 목적과 사명을 최대한 효과적으로 실현시키는 것이다. 이러한 배경하에서 마케팅의 원리가 평생교육기관 경영의 핵심으로 도입되고 있는 것이다.

(2) 평생교육 마케팅의 기본 개념과 원리

일반적인 의미에서 '마케팅(marketing)'이란 소비자의 요구와 욕구를 파악하여 그것을 충족시키기 위한 제품이나 서비스를 제공하는 경영활동을 말한다. 즉, 시장의 동질성, 이질성 등을 고려하여 분류함으로써 봉사 대상에 초점을 맞추어 시장에서 자기의 위치를 견고히 함과 동시에 소비자들의 필요를 충족할 수 있는 서비스를 개발 · 창조하는 것이다(피터 드러커, 1995: 155).

이런 마케팅 개념은 현재 '고객만족', 더 나아가 '고객감동'이라는 구호와 함께 일반화되고 있으며, 기업은 물론 교회, 대학, 병원, 박물관, 자선단체 등의 비영리기관과 정부에서도 사용되고 있다. 즉, 이러한 마케팅 이론을 하나의 사회적 기술로 파악하고 영리를 목적으로 하는 활동 이외의 분야에도 적용하려는 노력이 계속되고 있는 것이다. 이른바 '비영리 마케팅'이라고 불리는 이러한 활동은 사회적인 아이디어와 실천을 표적집단에 수용되도록 하기 위한 프로그램의 설계, 실시 및 통제를 의미한다(Kotler, 1972; 홍부길, 1994).

이러한 마케팅이 가지고 있는 기본 전제는 사람들은 누구나 요구와 욕구를 가지고 있으며, 자신이 가지고 있는 가치들을 교환함으로써 서로의 요구와 욕구를 충족시키고자 한다는 것이다. 이와 같은 마케팅 원리는 우리 나라 속담에 "가는 정이 있어야 오는 정이 있다."라든가, 성경에 기록된 "남에게 대접을 받고자 하는 대로 남을 대접하라."라는 경구들과도 일맥상통한다고 볼 수 있다. 또한 학습자의 주체성을 존중하고 요구에 민감하게 반응하고자 하는 평생교육의 원리와도 기본적으로 일치한다. 그런 면에서 마케팅의 원리는 평생교육분야에 잘 부합하는 실천원리라고 볼 수 있다.

⊙ 마케팅의 원리가 반영된 속담

"남에게 대접을 받고자 하는 대로 남을 대접하라."
"가는 말이 고와야 오는 말이 곱다."
"누이 좋고 매부 좋다."
"발 없는 말이 천리 간다."

본래 마케팅은 판매와 광고를 다루는 경영의 한 요소로서만 인식되었다. 그렇지만 최근에 고객중심 경영의 중요성이 더욱 강조됨에 따라 마케팅의 원리는 점차 경영 전체를 포괄하는 핵심원리가 되고 있다. 즉, 고객만족의 차원에서 수요자의 요구와 욕구에 민감하게 반응하여 이를 충족시켜 주기 위해 전 조직이 협력하여 움직이는 총체적 마케팅(total marketing)이 경영의 핵심원리로 강조되고 있는 것이다. 이런 맥락에서 평생교육기관의 경우도 프로그램의 개발과 인사관리, 재무관리 등을 점차 마케팅 관점에서 검토하고 실시해야 할 필요성이 커지고 있다.

2) 평생교육 마케팅 경영의 절차

일반적으로 마케팅 관점에 의한 기관의 경영을 가리켜 마케팅 경영(marketing management)이라고 할 수 있다. 즉, 마케팅 경영이란 수요자집단에 대한 이해와 효율적인 접근을 기관 경영의 핵심원리로 활용하는 포괄적인 기법을 말한다. 이를 평생교육에 적용했을 때 일반적으로 평생교육기관의 마케팅 경영은 다음과 같은 절차를 통해 이루어진다.

① 조직사명의 성립

조직사명의 성립이란 평생교육기관이 궁극적으로 추구해야 할 사명을 체계적으로 정립하는 것을 말한다. 일반적으로 영리조직의 경우 조직사명이 어떠한 제품이나 서비스를 통해 이윤을 획득할 것인가와 관련 있다면 비영리조직의 경우에는 어떠한 가치의 추구를 통해 공익에 이바지할 것인가와 관련된다. 이는 평생교육기관의 경우 구체적으로 어떤 공적인 교육목적을 추구하기 위해 경영을 할 것인가를 결정하는 것이다.

② 기회(opportunity) 및 위협(threat)의 분석

기회 및 위협의 분석이란 평생교육기관의 정치, 경제, 사회, 문화 등 거시

적 환경과 유관집단 등의 미시적 환경이 평생교육기관에 미치는 긍정적인
영향과 부정적인 영향을 분석하는 것을 말한다.

③ 조직의 강점(strength)과 약점(weakness) 분석

조직의 강점과 약점의 분석은 곧 경영자원의 분석을 의미한다. 즉, 평생교
육기관 내부의 인적 · 물적 자원이 가지고 있는 강점과 약점을 분석하는 것
을 말한다. 기회 및 위협의 분석과 조직의 강약점 분석을 통틀어 'SWOT분
석'이라고도 한다.

④ 마케팅 목표의 설정

마케팅 목표의 설정이란 지금까지의 분석을 바탕으로 평생교육기관의 학
습자 참여 증가율, 학습자의 학업성취, 교육 프로그램을 통한 사회적 기여
등 경영활동을 통해 성취해야 할 목표를 구체적인 수치로 설정하는 것을 말
한다.

⑤ 학습자 집단 선정 및 접근 전략 수립

학습자 집단 선정 및 접근 전략 수립이란 앞에서 설정한 마케팅 목표를 달
성하기 위해 표적으로 삼고자 하는 학습자 집단을 어떻게 선정하고 어떤 방
식으로 이 집단에 접근할 것인가를 결정하는 것을 말한다. 이는 집단세분화
(segmentation), 표적집단 선정(targeting), 포지셔닝(positioning)의 단계로 이
루어진다. 집단세분화란 지리적 조건, 인구통계학적인 조건, 심리적 조건,
행동적인 특성 등에 따라 잠재적인 학습자 집단을 세분화하고 그 규모를 예
측하는 것이다. 표적집단 선정이란 세분된 학습자 집단 중에서 해당 기관의
여건에 적합한 세분집단을 주요 목표 대상으로 선정하는 것을 말한다. 한편,
포지셔닝이란 표적집단을 만족시켜 주기 위해서 학습자 집단에게 다른 평생
교육관련 기관과 차별화된 이미지를 제공할 수 있는 자신만의 특성을 개발
하여 접근하는 것을 의미한다.

⑥ 마케팅 혼합전략(marketing mix strategy) 수립

마케팅 혼합전략 수립이란 표적집단에 대한 포지셔닝을 위해 마케팅 요소들의 가장 적절한 조합 방식을 기획하는 것이다. 이는 최적의 마케팅 비용으로 최대의 마케팅 성과를 달성하는 것을 목적으로 한다. 이를 위해 활용할 수 있는 마케팅 혼합요소는 이른바 '5Ps'로 정의할 수 있다. 이는 곧 프로그램(program), 경로(place), 가격(price), 촉진(promotion), 사람(person)을 의미한다. 프로그램이란 학습자의 요구를 충족시켜 주기 위해 제공하는 교육과정을 개발하고 관리하는 것과 관련되며, 경로란 프로그램을 학습자에게 전달하기 위한 기관의 위치나 매체의 선택과 관련된다. 가격이란 적정한 수강료 및 경비의 결정을 말한다. 촉진이란 학습자와의 의사소통을 통해 그들의 참여를 촉진하는 것을 의미한다. 여기에는 광고(advertising), 인적 판매(personal selling), 홍보(publicity), 판매촉진(sales promotion) 등이 포함된다. 한편, 사람이란 평생교육기관의 인적 자원을 적절히 선발, 배치, 관리하는 것을 말한다. 이러한 마케팅 혼합의 구성요소는 학습자 집단의 참여와 성취에 직접적인 영향을 미치는 핵심적인 실천행위로서 평생교육기관의 내부 경영자원을 적절히 활용함으로써 수행한다. 따라서 해당기관의 환경과 내부 경영자원의 여건에 맞추어 이러한 요소들의 적절한 보완, 확충, 조합을 계획하는 것이 곧 마케팅 혼합전략이라고 할 수 있다.

⑦ 실행계획 수립과 실행

실행계획 수립이란 이전까지의 기획을 바탕으로 실제로 구체적인 활동계획을 수립한 후 실제로 이행하는 것을 의미한다.

⑧ 피드백과 조정

피드백과 조정이란 실행결과 나타난 결과를 처음의 기획과 비교한 후 잘못된 부분을 시정하고 잘된 부분은 더욱 강화하는 것을 의미한다.

이러한 마케팅 경영원리는 최근 일반 조직의 전략적 경영을 위한 기본 절차로 일반화되고 있다. 이러한 마케팅 경영원리는 학습자 집단의 요구에 민감하게 반응하며 보다 효율적으로 경영자원을 활용하려는 평생교육기관의 목적에도 잘 부합된다. 따라서 평생교육기관의 경영을 위해서는 이러한 마케팅 경영의 기본 개념과 원리에 대한 심도 있는 이해와 적절한 활용이 필요하다.

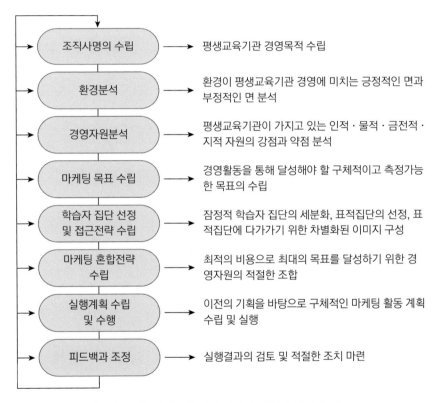

[그림 3-6] 평생교육기관 마케팅 경영의 절차와 개요

3. 평생교육기관 경영과 학습자 존중의 원리

1) 평생교육기관 경영에 있어서 학습자 반응의 수준과 유형

마케팅의 관점에서 소비자는 '고객(customer)'으로서 존중된다. 마케팅 경영이란 곧 고객이 실제로 원하며 중요하다고 생각하는 것을 파악하여 그들의 필요를 효율적으로 보다 잘 충족시켜 줄 수 있기 위해 노력하는 것이다.

이러한 원리를 평생교육에 적용할 때, 평생교육기관의 경영은 학습자의 요구를 파악하고 이를 충족시켜 주기 위해 최선의 노력을 다하는 것이라고 볼 수 있다.

그러나 현실적으로는 이러한 원리가 반드시 평생교육기관의 경영에 구현되고 있는 것은 아니다. 경영자의 인식과 기관의 여건 등에 따라 학습자에 대해 반응하는 수준이 다르다. 여기서는 학습자에 대한 반응의 정도에 따라 평생교육기관을 무반응조직, 형식적 반응조직, 고도반응조직, 완전반응조직으로 유형화해 보고 그 특징을 기술해 보고자 한다. 무반응조직에서 완전반응조직으로 갈수록 보다 학습자의 요구에 민감하게 반응하는 경우라고 볼 수 있다. 각각의 특징을 정리하면 다음과 같다.

① 무반응조직
- 학습자들로부터 불평, 제언, 의견수렴을 하지 않으며 학습자에 대한 연구에 관심을 기울이지 않는다.
- 현재의 잠재적 학습자의 만족이나 필요의 정도를 조사하지 않는다.
- 평생교육기관의 교직원은 학습자 지향적인 마음을 갖도록 훈련받지 않는다.

② 형식적 반응조직

• 학습자로 하여금 질문, 불만의 표출, 아이디어의 제안을 하도록 유도한다.
• 정기적인 학습자 만족조사를 실시한다.

③ 고도반응조직

• 현재의 학습자만족을 조사할 뿐 아니라 교육 서비스를 개선하기 위하여 충족되지 않은 학습자의 요구와 선호를 연구한다.
• 학습자 지향적 태도를 가진 교직원을 채용하거나 이러한 태도를 갖도록 교직원에 대한 연수를 실시한다.

④ 완전반응조직

• 학습자로 하여금 조직의 사업에 적극적으로 참여하도록 고무한다.
• 의견수렴이나 학습자 대표자에 의해 수렴된 의견대로 학습자의 바람에 반응한다.

이 내용을 정리하면 〈표 3-5〉와 같다.

표 3-5 학습자에 대한 반응수준별 평생교육조직의 특징

구분	무반응조직	형식적 반응조직	고도 반응조직	완전 반응조직
불만족 건의 체계	×	○	○	○
만족도 조사	×	○	○	○
충족되지 않은 욕구에 대한 조사	×	×	○	○
학습자 지향적 인사관리	×	×	○	○
자발적인 학습자 집단의 구성 및 운영참여 보장	×	×	×	○

2) 학습자 주도성과 평생교육기관 경영원리와의 관계

(1) 학습자 주도성에 근거한 평생교육기관 경영모델의 유형

평생교육기관의 경영은 평생교육기관과 학습자 사이의 일정한 관계를 통해 이루어진다. 그중에서 어느 쪽이 보다 주도적인 입장을 취하고 있는가에 따라 여러 가지 경영모델이 도출될 수 있다. 이는 [그림 3-7]에 나타난 바와 같이 기관주도적 평생교육기관 경영, 학습자 주도적 평생교육기관 경영, 상호협력적 평생교육기관 경영이다. 이를 하나씩 살펴보면 다음과 같다.

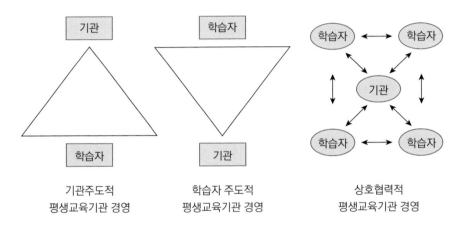

기관주도적
평생교육기관 경영

학습자 주도적
평생교육기관 경영

상호협력적
평생교육기관 경영

[그림 3-7] 학습자의 주도성에 근거한 평생교육기관 경영모델의 유형

① 기관주도적 평생교육기관 경영모델

기관주도적 경영모델을 따르는 평생교육기관은 학습자에게 평생교육기관의 프로그램 및 서비스를 일방적으로 전달하는 데 일차적인 관심을 가진다. 장점으로는 고려해야 할 변인이 거의 없어 경영이 단순하고 평이하다는 점을 들 수 있다. 반면, 단점으로는 학습자의 변화하는 요구를 잘 반영하지 못하며 학습자의 불만을 사기 쉽다는 점을 들 수 있다.

② 학습자 주도적 평생교육기관 경영모델

이 모델에 의하면 평생교육기관의 경영은 학습자의 요구를 중심으로 이루어진다. 즉, 평생교육기관은 환경변화에 따른 학습자의 요구에 적극적으로 부응하기 위해 프로그램 및 서비스를 빠르게 변화시킨다. 이 모델의 장점으로는 학습자를 적극적으로 만족시키고, 조직의 혁신과 적응을 고무하며, 변화를 적극적으로 촉진한다는 점을 들 수 있다. 그러나 단점으로는 때때로 평생교육기관 고유의 목적을 잃어버리게 할 수 있으며, 주도적으로 학습요구를 표출하지 못하거나 학습참여에 어려움을 겪고 있는 취약계층의 학습자들을 더욱 소외시킬 수 있다는 점을 들 수 있다. 평생교육기관 사이의 경쟁이 치열해짐에 따라 학습자의 요구에 적극적으로 부응하려는 경향이 이러한 유형의 모델과 깊은 관계가 있다.

③ 상호협력적 평생교육기관 경영모델

이 모델은 기관과 학습자가 서로 대등한 차원에서 협력관계를 유지함을 반영한다. 즉, 의사결정이 이루어지는 과정에서 학습자 집단에 대한 계속적인 요구분석이 실시되며 학습자가 함께 참여하여 중요한 문제에 대해 협의한다. 이 과정에서 소외계층 학습자에 대한 평생교육기관의 특별한 관심이 적용될 수 있고, 소외계층 학습자의 참여기회도 증가할 수 있다. 이 모델의 장점은 조직과 그 학습자 사이의 상호이해와 협력관계가 증진된다는 점을 들 수 있다. 반면, 단점으로는 의사결정과정이 복잡해짐으로써 효율성이 떨어질 수 있다는 점이다.

(2) 학습자 지향성에 근거한 평생교육기관 경영모델의 선택 원리

앞의 모델들은 나름대로의 특성과 장단점을 가지고 있다. 평생교육기관이 처한 구체적인 상황에 따라서 가장 효율적으로 활용될 수 있는 모델을 찾는 것이 필요하다.

그런데 평생교육의 원리에 비추어 볼 때 평생교육기관이 궁극적으로 추구

해야 할 바는 진정한 의미의 학습자 지향적 경영원리이다. 학습자 지향적인 경영이라는 것은 학습자의 요구충족과 권리실현을 위해 적극적으로 부응할 때 그 대가로 기관도 이익을 본다는 것을 의미한다.

그러나 학습자 지향적인 경영이라는 것이 곧 기관의 사명이나 목적을 포기한 채 무조건 학습자의 즉각적인 만족만을 목표로 하는 경영을 의미하는 것은 아니다. 다시 말해 학습자 지향성이라는 것이 곧 평생교육의 원리와 특정 평생교육기관의 사명을 무시한 채 학습자들에게 당장 '인기 있는 것'이라면 어떠한 교육 프로그램이라도 제공한다는 것을 의미하는 것은 아니다. 학습자를 지향한다는 것이 곧 학습자의 인기에 영합한다는 것은 아니다. 오히려 그 기관은 당장 드러나지는 않더라도 그러한 내용에 관심이 있거나 관심을 가질 수 있는 학습자 집단을 찾아내고, 그 제공물들을 가능한 한 그들에게 유익하게 제공해야 한다. 또한, 평생교육기관은 학습에 대한 권리를 주장하는 기회를 갖지 못한 소외된 학습자들의 요구에도 민감하게 반응해야 한다.

그러나 평생교육기관은 가능한 한 학습자가 쉽게 접근하고 흥미를 가질 수 있도록 최대한 노력해야 한다. 즉, 평생교육기관의 기본적인 교육 목적에 공감할 여지가 있는 학습자에 대해서는 그들이 갖고 있는 다양한 욕구들을 충족시켜 주기 위해 최대한의 노력을 해야 하는 것이다. 아무리 기관의 관점에서 교육적인 가치가 있는 것이라고 하더라도 학습자의 관심에서 떨어져 있을 때는 소용이 없음을 인식해야 한다.

따라서 그 기관의 고유한 목적과 여건 그리고 학습자의 요구를 적절하게 조화시키는 것이 필요하다. 그런 의미에서 볼 때 평생교육기관의 경영은 평생교육기관의 본질과 사명을 완수한다는 대전제하에 최대한 학습자가 의미 있는 학습을 할 수 있도록 최선을 다하는 것이라고 할 수 있다. 즉, 평생교육기관의 목적과 학습자의 요구가 모순되지 않고 충분히 추구될 수 있도록 그 공유의 범위를 최대한 확장시켜야 하는 것이다. 이를 그림으로 표현하면 [그림 3-8]과 같다.

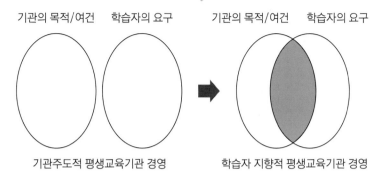

[그림 3-8] 학습자 지향적 평생교육기관으로의 전이

📝 요약

평생교육기관의 경영은 평생교육의 원리에 입각해 수행되어야 한다. 그러기 위해 평생교육기관 경영의 실행 원리를 이해해야 한다. 먼저 평생교육기관이 경영상 추구해야 할 가치로는 공공성, 학습자 인격존중, 서비스 지향성 등을 들 수 있다. 평생교육기관은 그 고유한 성격으로 인해 일반적인 교육서비스 제공은 물론 사회적 가치로서의 공공성과 학습자의 인격을 존중하는 가치도 추구해야 한다.

평생교육기관에 대한 학습자의 참여를 극대화하고 학습자의 요구에 적극적으로 반응하기 위해 학습자와 평생교육기관 간의 가치의 교환을 추구하는 마케팅 경영이 일반화되고 있다. 마케팅 경영은 조직사명의 수립, 환경분석, 경영자원분석, 마케팅 목표 수립, 학습자 선정 및 접근전략 수립, 마케팅 혼합전략 수립, 실행계획 수립 및 실천, 피드백과 조정의 순환과정으로 이루어진다.

평생교육기관의 경영은 학습자의 참여를 주요 원리로 삼는다. 학습자에 대한 반응의 정도라는 측면에 볼 때 평생교육기관은 무반응조직, 형식적 반응조직, 고도반응조직, 완전반응조직으로 분류할 수 있다. 한편 학습자가 평생교육기관의 경영에 미치는 정도에 따라 기관주도적, 학습자 주도적, 상호협력적 평생교육기관 경영모델로 나눌 수 있다. 평생교육의 원리상 학습자의 참여가 존중되어야 하지만 이것이 곧 학습자들의 요구를 무조건 수용한다는 것을 의미하는 것은 아니다. 학습자의 요구를 수용하되 평생교육의 원리와 평생교육기관의 고유한 목적과 사명을 충분히 고려하여 최대한 반영하는 것이 바람직하다.

📝 연구문제

1. 본인이 잘 알고 있는 기관을 한 곳 선정한 후 본문에 제시된 공공성, 학습자 인격존중, 서비스 지향성의 차원에서 평가해 보시오.
2. 본문에 제시된 학습자의 주도성에 근거한 평생교육기관 경영모델의 유형에 비추어 주변의 여러 평생교육기관을 분류하시오.
3. 본인이 잘 아는 평생교육기관을 대상으로 그 기관의 학습자 반응성 수준을 검토하시오.

📝 참고문헌

강훈, 한상훈(2017). 지방자치단체의 평생교육기관 평가모형 개발 연구. 열린교육연구, 25(2), 65-87.

심재영(2016). 비영리조직경영론. 서울: 한국방송통신대학교출판문화원.

오혁진(2012). 신사회교육론. 서울: 학지사.

윤여각 외(2021). 평생교육론. 서울:한국방송통신대학교출판문화원.

이유재(2019). 서비스마케팅. 경기: 학현사.

정익준(2005). 비영리마케팅. 서울: 형설출판사.

피터 드러커(1995). 비영리단체의 경영. 서울: 한국경제신문사.

한국교육행정학회(2010). 학교경영론. 경기: 교육과학사.

홍부길(1994). 비영리조직 마케팅과 사회 마케팅. 서울: 이화여자대학교 출판부.

Apps, J. W. (1989). Providers of adult and continuing education: a framework. In Sharm B. Merriam and P. M. Cunningham (Ed.), *Handbook of Adult and Continuing Education*. San Francisco: Jossey-Bass Publishers.

Brookfield, S. D. (1986). *Understanding and Facilitating Adult Learning*. San Francisco: Jossey-Bass Publishers.

Davidson, H. (1995). Making needs: towards a historical Sociology of needs in adult and continuing education. *Adult Education Quarterly*, Vol. 45. No. 4.

Galbraith, M. W. (Ed.). (1991). *Adult Learning Method: A Guide for Effective Instruction*. Florida: Krieger Publishing Company.

Knox, A. B. (1991). Educational leadership and program administration. In J. Peters, etc. (Eds.), *Adult Education*. San Francisco: Jossey-Bass Publishers.

Kotler, P., & Fox, K. F. A. (1995). *Strategic Marketing for Educational Institutions*. New Jersey: Prentice Hall.

Strother, G. B., & Klus, J. P. (1982). *Administration of Continuing Education*. California: Wadsworth Publishing Company.

Weidermann (1989). Making customers and quality service a priority. In R. G. Simerly (Ed.), *Handbook of Marketing for Continuing Education*. San Francisco: Jossey-Bass Publishers.

제2부

평생교육기관 경영의 기획

제4장   평생교육기관 가치체계 수립

제5장   평생교육기관 경영환경 및 경영자원 분석

제6장   평생교육시장의 이해와 분석

평생교육기관 가치체계 수립

"비전이 없는 민족은 망한다."라는 말이 있다. 비전은 사람들에게 희망을 주며 나아 갈 방향을 제시해 준다. 이는 평생교육기관의 경우에도 마찬가지이다. 평생교육기관 은 뚜렷한 사명의식과 비전을 가지고 운영되어야 한다. 그리고 이 사명과 비전은 경 영목표로 구체화될 때 의미가 있다. 평생교육기관의 사명, 비전, 목적 및 목표는 곧 평 생교육기관 경영의 가치체계라고 할 수 있다. 이 장에서는 이러한 평생교육기관 경영 가치체계의 구조와 성격 그리고 가치체계 구축방법에 대해 살펴보고자 한다.

학습목표 ▶···

1. 평생교육기관 경영에 있어서의 가치체계의 구조를 설명할 수 있다.
2. 평생교육기관의 사명 범위에 비추어 특정 기관의 사명 진술문을 분석할 수 있다.
3. 평생교육기관 사명의 요건에 맞추어 사명진술문을 작성할 수 있다.
4. 평생교육기관의 현황에 맞추어 경영목적 및 목표를 설정할 수 있다.
5. 평생교육기관의 가치 공유 수준을 유형화할 수 있다.

1. 평생교육기관 가치체계의 구조와 성격

1) 평생교육기관 가치체계의 구조

평생교육기관은 특정한 가치를 추구한다. 이러한 가치는 평생교육기관의 구성원에게 방향감과 목표의식을 심어 준다. 그런데 이러한 가치는 기관의 경영계획을 수립하는 과정에 맞추어 점차 구체화되어 간다. 즉, 그 기관의 설립단계에서 나아가야 할 방향을 제시하는 사명에서부터 매 기간마다 달성해야 할 구체적인 과제를 제시하는 경영목표에 이르기까지 점차 구체적인 양상을 띠게 된다. 이와 같이 사명부터 경영목표에 이르는 요소는 구체성의 수준에서 차이가 있지만 기본적인 가치관에 있어서는 일관성을 띠고 있어야 한다. 즉, 본질은 같지만 구체성의 수준과 기능만 달리할 뿐인 것이다. 이와 같이 하나의 평생교육기관이 가지고 있는 사명에서부터 경영목표에 이르는 가치관의 구조를 평생교육기관 가치체계라고 할 수 있다. 제3장에서 다룬 평생교육기관 경영의 실행원리가 평생교육기관 모두에 해당되는 보편적인 가치라고 한다면, 여기서 다루는 평생교육기관의 가체체계는 각 평생교육기관이 차별적으로 가지고 있어야 할 고유한 가치라고 할 수 있다. 이러한 가치체계는 다음과 같은 요소들로 구성된다.

첫째, 사명(mission)이다. 사명이란 그 조직의 근본적인 존재 이유, 즉 그 기관이 추구하고자 하는 궁극적인 가치를 말한다. 따라서 사명은 이하의 비전, 경영목적, 경영목표 수립의 기본 토대가 된다.

둘째, 비전(vision)이다. 비전이란 그 기관의 사명을 성공적으로 수행하고 있는 기관의 미래상을 말한다.

셋째, 경영목적이다. 경영목적이란 기관의 비전을 구현해 가는 일정 기간 동안에 그 기관이 우선적으로 구현하고자 하는 특별한 가치를 말한다.

넷째, 경영목표이다. 경영목표란 일정 기간에 구현하고자 하는 경영목적을 보다 구체화한 것으로 경영목적의 구현을 확인할 수 있는 지표로서의 역할을 한다.

　이 네 가지 요소는 구체성·현실성 차원에서 차이가 있다. 개별 평생교육기관이 추구하는 가장 궁극적인 가치는 기관의 사명이며, 이러한 사명을 가장 완벽하게 구현하고 있는 기관의 바람직한 미래 모습이 곧 비전이라고 볼 수 있다. 예를 들어, 가난한 사람을 위한 교육을 실시하는 것이 사명이라고 한다면 가난한 사람을 돕기 위해 미래에 한국 최고의 교육 프로그램을 제공하는 평생교육기관으로 성장하는 것은 비전이라고 할 수 있다. 그리고 이러한 비전을 구현하기 위해 현 단계에서 우선적으로 구현하고자 하는 가치가 곧 경영목적이며, 이러한 경영목적을 측정 가능한 형태로 표현한 것이 경영목표라고 할 수 있다. 따라서 기관의 바람직한 가치체계는 앞의 네 가지 요소가 서로 모순되지 않고 일맥상통한 관계를 유지하는 것이라고 볼 수 있다. 다시 말해 비전과 경영목적, 경영목표 모두 가장 궁극적인 사명에 입각하여 일관성을 유지해야 한다. 이러한 관계를 그림으로 표현하면 [그림 4-1]과 같다.

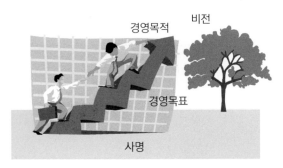

[그림 4-1] 평생교육기관 경영 가치체계의 구조

2) 평생교육기관 사명 및 비전의 성격

(1) 사명 및 비전의 의의

일반적으로 사명이란 한 개인이나 조직의 근본적인 존재 이유, 즉 추구하고자 하는 궁극적인 가치를 말한다. 역사상 위대한 지도자들은 모두 나름대로 투철한 사명감을 가지고 있었다. 예를 들어, 미국의 흑인인권운동가인 마틴 루서 킹(Martin Luther King)은 '모든 사람이 평등하게 살 수 있는 사회의 건설'을 자신의 사명으로 인식하였다. 이러한 사명감을 투철하게 가지고 이에 모순되지 않게 일관적으로 살아가는 것이 위대한 리더가 될 수 있는 핵심적인 요인이라고 할 수 있는 것이다.

이러한 사명은 평생교육기관의 경우에도 같은 의미를 가진다. 평생교육기관도 가치를 지향하는 조직 중의 하나이기 때문이다. 그런 면에서 평생교육기관의 사명이란 그 기관이 교육활동을 통해 궁극적으로 구현하고자 하는 목적을 말한다. 평생교육기관의 사명은 '사회에서 우리 평생교육기관의 역할은 무엇인가?' '우리는 누구에게 봉사하는가?' '우리가 제공하고자 하는 것은 무엇인가?' 등에 대한 대답과 관련 있다. 예를 들어, 우리나라의 대표적인 평생교육기관 중 하나인 가나안농군학교는 '정신과 육체의 빈곤을 벗어나는 이상촌 건설'을 그 기관의 사명으로 인식한다.

사명의 예

마틴 루서 킹(Martin Luther King, Jr : 1929~1968)
미국의 흑인인권운동가
'모든 사람이 평등하게 살 수 있는 사회의 건설'

김용기 장로(1909~1988)
농민운동가 / 가나안농군학교 설립자
'정신과 육체의 빈곤을 벗어나는 이상촌 건설'

평생교육기관에 있어 사명은 그 기관의 존립 이유와 기본 방향을 제공한다는 점에서 매우 중요하다. 따라서 평생교육기관은 그 기관의 사명을 잘 정립해야 하고, 이것이 쉽게 희석되지 않도록 유의하여야 한다. 특히 공익적·복지적 성격이 강한 비영리 평생교육기관의 경우 사명의 중요성은 더욱 크다고 볼 수 있다. 왜냐하면 조직의 성과를 측정하는 기준 면에서 볼 때 영리조직은 '이윤'과 같은 경제적 동기를 우선시하는 것에 반해, 비영리조직은 '사명'을 우선시하기 때문이다.

예수의 사명의식

"예수님은 자신의 사명 선언문을 숙지하고 있었으며, 그 사명으로부터 일탈하지 않으셨다. 예수님은 자신의 사명이 근본적으로 인생의 보다 나은 행로를 인간들에게 가르치는 것이라고 선언하셨다. 예수님은 자신을 교사이면서 치유자로 보셨다. 그는 자신의 사명과 합치되지 않는 '사업기회'는 단호히 거부했다. 그는 문자 그대로 무엇이든 할 수 있었다. 그러나 그는 성전이나 회당을 짓지 않으셨다. 책을 저술하거나 배포하지도 않으셨다. 그는 이 세상에서 병으로 앓고 있는 모든 사람들을 치료하지도 않으셨다. 묘지에 내려가서 모든 죽은 자들을 살리지도 않으셨다. 그는 쇼핑 센터를 건축하지도 않으셨다. 그에게는 명확한 사명이 있었기 때문이다. 예수님은 자신의 사명에 충실하셨다."(로리 베스 존스, 『최고경영자 예수』)

한편 비전이란 그 조직이 미래에 되고 싶어 하는 바람직한 모습을 말한다. 다시 말해 조직이 그들의 사명을 훌륭하게 수행하고 있는 바람직한 미래의 상태를 가능한 한 뚜렷하게 정리한 것을 말한다. 예를 들면, '세계적인 평생

교육 연구기관으로의 도약' '역동적 변화시대에 부응하는 최고전문가 양성 기관' 등이 그것이다.

이러한 기관의 비전은 조직의 구성원으로 하여금 그 조직이 나아갈 방향 성을 보다 분명하게 제시함으로써 조직 구성원의 참여를 제고하고, 조직 구 성원이 그들의 업무를 보다 명확하게 이해하게 하며, 조직 혁신의 추진력을 제공하며, 기관의 현재와 미래를 연결한다는 점에서 의의가 있다.

(2) 사명범위의 결정 요인

평생교육기관의 사명을 명확히 정립한다는 것은 그 기관이 '해야 할 일'과 '할 필요가 없는 일', 더 나아가 '해서는 안 될 일'을 명확히 구분할 수 있다는 것을 의미한다. 이는 곧 그 기관의 사명범위를 명확하게 규명하는 것을 의 미한다. 사명의 범위를 규정하기 위해서는 다음과 같은 요인들을 고려해야 한다.

첫째, 대상집단의 종류이다. 이는 곧 누가 우리 기관의 서비스를 제공받아 야 하는가(who)의 문제이다. 평생교육기관은 그들이 교육 서비스를 제공하 고자 하는 주 대상을 규정해야 한다. 평생교육기관이 모든 잠재적 집단을 대 상으로 교육을 실시하는 것은 거의 불가능하기 때문에 여러 가지 기준을 통 해 집단을 구분하여 주 대상을 선정해야 한다. 예를 들면, 어린이, 10대, 젊 은 독신자, 젊은 기혼자, 어린이가 있는 가족, 중년, 고령자 등의 구체적인 집 단 중에서 어떤 집단을 주 서비스 대상으로 삼을 것인가를 고려해야 한다. 이들 집단 중 어느 정도를 교육대상으로 삼을 것인가에 의해 사명의 범위가 영향을 받게 된다.

둘째, 학습자의 요구이다. 이는 곧 학습자의 어떤 요구를 만족시켜야 하는 가(what)의 문제이다. 평생교육기관은 충족시키고자 하는 학습자 집단의 요 구를 규명해야 한다. 평생교육기관은 처음에 학습자의 요구를 파악할 때 심 사숙고해야 하며 이후 지속적으로 학습자의 요구변화를 면밀히 파악해야 할 필요가 있다. 예를 들어, 학습자가 가지고 있는 기본 요구가 지식 추구, 친교, 사회봉사, 직업능력 향상 중 무엇인가를 파악하여 이 중 어떤 요구를 충족시킬 것인가를 결정해야 한다. 평생교육기관이 충족시키고자 하는 학습자의 요구범위에 따라 사명의 범위도 영향을 받게 된다.

셋째, 학습자의 요구를 충족시키는 방법의 종류이다. 이는 곧 어떤 방식으로 학습자의 요구를 충족시킬 것인가(how)의 문제이다. 평생교육기관은 교육의 목적을 달성하기 위한 방법을 사명에 포함시켜야 한다. 예를 들면, 개인교습, 소그룹활동, 집단지도, 원격교육 등의 방법이 그것이다. 그들 중 어떤 방식을 주된 방식으로 활용할 것인가에 의해 사명의 범위가 영향을 받게 된다.

각 요인이 포괄하는 범위에 따라 전체적인 사명의 범위도 달라지게 된다.

◎ 평생교육기관의 사명범위가 넓은 경우

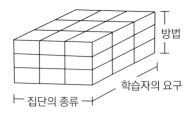

◎ 평생교육기관의 사명범위가 좁은 경우

[그림 4-2] 사명범위의 결정 요인

평생교육기관의 사명범위가 넓은 경우는 그만큼 대상으로 삼는 집단이 다양하고 충족시키고자 하는 학습자의 요구도 다양하며 활용하는 방법도 다양한 경우이다. 이 경우에는 지자체의 평생학습관, 대학부설 평생교육원, 언론기관의 문화센터, 종합사회복지관 등과 같은 대규모의 종합적인 평생교육기관이 포함된다.

반면, 평생교육기관의 사명범위가 좁은 경우는 대상집단, 학습자의 요구, 활용방법이 특화되어 있는 경우이다. 주로 전문화·특화된 소규모의 평생교육기관의 경우에 해당된다. 전체적으로는 사명범위가 좁은 경우라도 대상집단, 충족시키려는 학습자의 요구, 방법 중의 어느 하나는 비교적 다양할 수 있다. 예를 들어, 청소년 문화의 집은 대상집단 면에서는 청소년에 국한되지만 충족시키려는 학습자의 요구는 비교적 다양할 수 있으며 그 방법도 다양할 수 있다. 반면 청소년수련원은 청소년 문화의 집에 비해 충족시키려는 학습자의 요구, 수행방법 등이 모두 비교적 제한된다. 따라서 청소년수련원은 청소년회관에 비해 사명의 범위가 좁다고 할 수 있다.

(3) 평생교육기관 사명의 요건

성공적인 평생교육기관의 사명은 다음과 같은 요건을 갖추어야 한다. 이를 하나씩 살펴보면 다음과 같다.

① 고유성

평생교육기관은 새로운 사명이나 확대된 사명을 추구하기에 앞서 과거 역사에 나타난 그 기관의 명백한 특징을 존중해야 한다. 평생교육기관이 추구해야 할 사명은 그 기관이 가장 잘할 수 있는 것이어야 한다. 그리고 그 기관 사명의 고유성을 잘 유지하여야 한다. 갑작스런 기관 사명의 전환은 그 기관의 존립기반을 흔들리게 할 수 있다. 예를 들어, 만약 농민을 대상으로 영농기술을 가르치는 공공교육기관이 농민을 대상으로 해서는 수지가 맞지 않는다고 도시지역의 근로자를 대상으로 하는 교육을 새로 도입하게 된다면 그 기관의 정체성은 크게 흔들리게 된다. 또한 공공 평생교육기관에서 운영하는 무료강좌의 본래 취지는 제대로 문화의 혜택을 누리지 못하는 저소득 소외계층 주민들을 위한 것인데, 경제적·시간적으로 여유가 있고 학습경험이 많은 계층이 주로 참여하고 있다면 기관의 사명이 제대로 실현되지 못하고 있는 것이다. 따라서 이에 대한 대책이 필요하다.

② 환경에 대한 반응성

평생교육기관의 사명은 환경에 반응하는 것이어야 한다(제5장 1절에서 다룰 경영환경의 분석 참조). 본질적인 가치는 변하지 않는다 하더라도 사명의 범위는 환경의 성격과 그 변화에 따라 민감하게 반응해야 할 필요가 있다. 예를 들어, 학습자는 이미 주로 인터넷이나 모바일을 통해 기본적인 정보수집과 의사소통을 하고 있는데 교육기관에서는 여전히 출석강의식의 방법만을 고집한다면 이는 환경의 변화에 민감하게 반응하지 못하고 있는 것이라고 볼 수 있다.

③ 실행 가능성

평생교육기관은 그 평생교육기관의 경영자원을 고려할 때 결코 성취하기 불가능한 사명을 추구해서는 안 된다. 즉, 평생교육기관은 당연히 고차원의 가치를 지향해야 하지만 일반인의 불신감을 자아내게 할 정도로 사명을 넓거나 높게 규정해서는 안 된다(제5장 2절에서 다룰 경영자원의 분석 참조).

④ 동기부여성

평생교육기관의 사명은 구성원에게 동기를 부여하는 것이어야 한다. 또한 평생교육기관 구성원으로 하여금 그들이 하는 일이 의의가 있고 인류의 삶에 이바지하는 일이라 여길 수 있도록 해야 한다. 그런 의미에서 평생교육기관의 사명은 간단명료하게 표현되어야 하며, 구성원에게 수시로 인식시켜야 한다.

▶▶ 사례: 가나안농군학교 사명의 성격

사명의 고유성

가나안농군학교는 농촌사회의 빈곤과 정신적인 황폐함을 극복하기 위한 사명을 가지고 1962년에 설립되었다. 설립자인 김용기 장로는 일제하에서는 농민 의식 개혁과 농촌의 발전을 통한 조국의 진정한 광복을, 해방 후에는 교육 및 민족운동에 힘쓰는 한편 농촌사회를 포함한 한국 사회의 근대화와 신앙의 생활화 운동에 온 생애를 바쳤다.

가나안농군학교의 설립자 김용기 장로는 일제하의 농민운동을 바탕으로 정치활동에도 참여할 수 있었으나 이를 포기하고 오직 농민을 위한 교육활동에만 매진하게 되었다. 농업기술 교육과 정신교육은 오랜 기간 동안 황무지 개척을 해 온 경험이 있는 가나안농군학교에서만이 할 수 있는 것이었다. 그러나 그 후 농촌진흥청이 설립되어 농민을 대상으로 하는 영농기술 교육을 본격적으로 실시함에 따라 가나안농군학교는 농민을 대상으로 하는 기술교육보다는 정신교육에 보다 치중하게 되었다.

환경에 대한 반응성

이러한 가나안농군학교의 사명은 당시 우리나라의 환경을 반영한 것이다. 당시 가나안농군학교가 파악한 우리나라의 환경은 다음과 같다.

- 경제적 환경: 농업 위주의 가난한 생활
- 문화적 환경: 잘 살아 보겠다는 의지의 부족, 자포자기의 상태, 도덕적 피폐
- 정치적 환경: 국민을 계몽하는 강력한 리더십의 부재
- 종교적 환경: 영과 육, 내세와 현세를 분리하는 이원론적 종교관 팽배

실행 가능성

이러한 사명을 실행 가능하게 했던 당시 가나안농군학교의 경영자원을 살펴보면 다음과 같다. 이러한 경영자원이 없었다면 가나안농군학교의 사명은 실행 불가능했을 것이다.

- 강의시설 및 기숙사: 개척기간 동안 흙벽돌로 지은 교사(校舍)
- 실습시설: 황무지를 개척한 농장
- 교수요원: 김용기 장로 및 그와 함께 개척활동을 해 온 가족들과 동지들
- 교육내용: 오랜 개척활동 및 신앙을 통해 얻어진 가치관 및 각종 지식, 기술, 경험들
- 교육방법: 교수진의 솔선수범하는 태도

동기부여성

가나안농군학교는 그들의 사명과 이념을 노래, 구호, 게시물 등으로 표현하여 구성원 및 학습자에게 수시로 인식시킨다. 예를 들어, 강의 시작 전후에 수시로 이념이 반영된 노래나 구호를 외치며 아침마다 실시하는 구보 중에도 구호를 제창하도록 한다.

가나안농군학교 식사 구호의 예

먹기 위하여 먹지 말고 일하기 위하여 먹자.

일하기 싫거든 먹지도 말자.

음식 한 끼에 반드시 네 시간씩 일하고 먹자.

참조: 오혁진(2016). 한국사회교육사상사. 김용기 편.

(4) 사명진술문의 요건

그 기관이 달성하고자 하는 목적이나 기능, 조직의 주요 고객, 목적을 달성하려고 사용하는 주요 방법을 간결하고 명쾌하게 정리한 것을 사명진술문

⊙ ○○ 평생학습도시 사명진술문의 예

"우리 평생학습도시의 사명은 배움을 통해 성장하고 나눔을 통해 변화하는 희망과 공존, 창조의 평생학습도시를 만들어 간다. 우리는 전 생애에 걸친 평생학습의 중요성을 인식하여 평생학습 확산에 자발적으로 참여하고 실천함으로써 미래의 번영과 안정, 지속가능한 삶의 가치와 행복 추구를 위해 한 단계 도약하는 평생학습도시 OO를 선언한다."

(mission statement)이라고 한다. 잘 정리된 사명진술문은 조직원에게 그들이 나아가야 할 방향성을 제공함은 물론 통일된 목표의식을 심어 줌으로써 비록 조직원들이 널리 분산되어 독자적으로 업무를 수행하더라도 조직의 잠재력을 발휘하게 해 주는 구실을 한다.

표 4-1 사명진술문을 검증하기 위한 지침

구분	질문	증거/수행 지표
기본	그 기관은 명확하게 검증된 목적을 가지고 있는가? 그 기관에 고유한 취지문 또는 사명진술문이 있는가?	인쇄된 진술문
사명 진술문의 공유	사명진술문 작성에 누가 관여하였는가?	진술문 작성과정 기록, 참여 주체들의 활동에 관한 서류
	참여주체들의 관심과 생각이 진술문에 반영되었는가?	참여주체들의 논쟁 및 주장에 대한 기록
	사명진술문이 많은 사람에게 폭넓게 이해되고 있는가?	질문지, 직원안내서, 학습자 안내문
	사명진술문이 사람들에 의해 '소유'되고 있는가?	질문지, 회의기록, 인쇄된 서류
사명 진술문의 인증체계	사명진술문이 인증되었는가? – 외적 인증? – 내적 인증?	내적·외적 인증과 관련하여 확립되어 있고 서류화된 절차
	사명진술문이 얼마나 자주 재검토되는가? – 매년? – 1~3년? – 3~10년?	진술문의 검토 및 평가에 관한 기록
	사명진술문과 관련하여 수행결과를 보고하는 체계를 갖추고 있는가?	보고 시스템에 관한 문서
사명 진술문의 내용	사명진술문에 언급된 주요 고려사항(교육, 훈련, 지역사회, 고용, 접근성, 평등한 기회, 수입, 외적 관계)은 적절한가?	사명/취지문의 세부사항
	사명진술문에 언급된 주요 고려사항이 우선순위에 따라 정해져 있는가?	사명/취지문의 세부사항

사명진술문은 평생교육기관의 방향과 목적을 규정한 가장 기본적인 내용이다. 따라서 평생교육기관의 경영자는 소속 기관의 사명진술문이 제대로 마련되어 운영되고 있는지를 수시로 점검해 보아야 한다. 바람직한 사명진술문은 앞에서 살펴본 기관 사명의 범주와 요건이 명확하게 제시되어 있어야 하며, 기관 구성원이 사명진술문 작성에 참여하고 이를 공유하고 있으며, 기관의 환경과 여건의 변화에 맞추어 수시로 개정되어야 한다. 또한 이러한 사명진술문의 내용이 실제로 평생교육기관의 경영상에 실현되고 있어야 한다. 이러한 내용을 중심으로 사명진술문이 올바르게 정립되고 활용되고 있는지를 검증하기 위한 질문과 그 지표를 정리하면 〈표 4-1〉과 같다.

3) 평생교육기관 경영목적 및 경영목표의 성격

(1) 평생교육기관 경영목적의 성격

평생교육기관의 경영목적은 일정 기간 동안 평생교육 비전의 일부를 구현하기 위해 달성해야 할 여러 가지 과제를 말한다.

평생교육기관의 경영목적은 기관의 사명추구와 관련된 '교육적 영역'과 기관 자체의 효율적 운영과 관련된 '경제적 영역'으로 구성된다. '교육적 영역의 경영목적'이란 학습자 및 사회가 요구하는 교육적 가치를 실현하는 것이라면 '경제적 영역의 경영목적'이란 평생교육기관의 효율적인 운영을 추구하는 것을 의미한다. 예를 들어, 일정 기간 동안 질 높은 강좌의 개설, 교육수료생의 취업증대, 학습자 자치활동의 개선, 교육시설과 설비의 개선 등이 교육적 경영목적이라면 평생교육 후원기금의 증대, 평생교육기관 운영 적자폭의 감소, 실무자 생산성 증대 등은 경제적 경영목적이라고 할 수 있다. 이 두 가지 영역의 경영목적은 궁극적으로 그 기관의 사명을 실천하고, 비전을 실현하기 위해 현 단계에서 이루어야 할 과제들이다. 따라서 기관의 사명을 추구하고 비전을 구현하기 위해서는 이 양자의 경영목적이 단계적으로 완수되어야 한다.

(2) 평생교육기관 경영목표의 성격

평생교육기관 경영목표란 평생교육기관이 특정 기간까지 달성하고자 하는 목적을 보다 구체적으로 규정한 것이다. 이러한 경영목표는 경영목적의 달성을 확인하기 위한 구체적인 지표로 활용된다. 경영목표도 경영목적의 연장선상에서 '교육적 영역의 경영목표'와 '경제적 영역의 경영목표'로 나눌 수 있다. 예를 들어, 학습자의 학습능력 10% 신장, 수료생 취업률 15% 증가 등이 교육적 영역의 경영목표라고 한다면, 상반기 일반관리비 10% 감축, 기금개발 5% 증대 등은 경제적 영역의 경영목표라고 할 수 있다.

경영목표는 조직 구성원의 계층, 즉 최고경영자, 부서관리자, 현장실무자에 따라 그 범주는 다르지만 상하 간 체계적으로 연결된다. 즉, 실무자 개개인의 직무목표가 달성됨으로써 부서의 운영목표가 달성되고, 부서의 운영목표가 달성됨으로써 기관의 전체 경영목표가 달성된다. 그리고 이를 통해 기관의 경영목적이 구현된다.

- 현장실무자−일상적인 업무와 관련된 교직원 개인별 직무목표
- 부서관리자−부서의 업무 운영목표
- 최고경영자−일정한 기간 동안 기관을 이끌어 갈 기관 경영목표

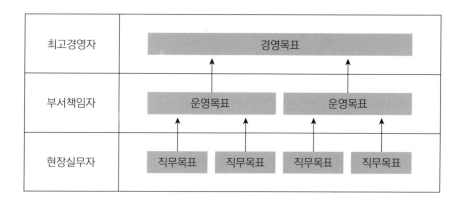

[그림 4-3] 경영계층별 목표의 구성

▲ 평생교육기관 경영계층별 목표의 예: 지역주민을 대상으로 하는 종합적인 평생교육기관인 경우

• 노인교육담당 평생교육실무자 A의 직무목표: 노인 컴퓨터 활용능력 10% 증가
• 노인교육담당 평생교육실무자 B의 직무목표: 프로그램 마케팅 경비 10% 절감
• 노인교육담당부서 책임자: 노인교육 프로그램 참여자 증가율 15% 증가
• 평생교육기관 최고경영자: 노인교육 및 기타 다른 교육 프로그램 참가자 10% 증가

2. 평생교육기관 가치체계의 개발과 공유

1) 평생교육기관 가치체계의 개발

(1) 사명 및 비전의 배경 요인

평생교육기관의 사명 및 비전의 수립에는 평생교육기관의 모조직이나 상부기관, 대상 학습자 집단 그리고 일반 사회의 가치관 등이 작용한다. 이러

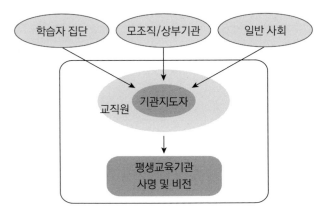

[그림 4-4] 평생교육기관의 사명 및 비전에 영향을 미치는 집단

한 외적 요소들의 영향과 기관 내 구성원인 기관장, 직원 등의 가치관이 작용하여 평생교육기관의 사명이 성립된다. 이를 그림으로 표현하면 [그림 4-4]와 같다.

(2) 평생교육기관 비전의 개발 과정

비전의 성립은 평생교육기관의 사명 및 내적 여건 확인, 평생교육기관 이해관계자 분석, 미래의 조직환경 검토, 대안적 비전 검토, 비전 선택 및 비전 평가의 순으로 이어진다. 이와 관련하여 각 단계별로 고려해야 할 핵심 사항들을 살펴보면 [그림 4-5]와 같다.

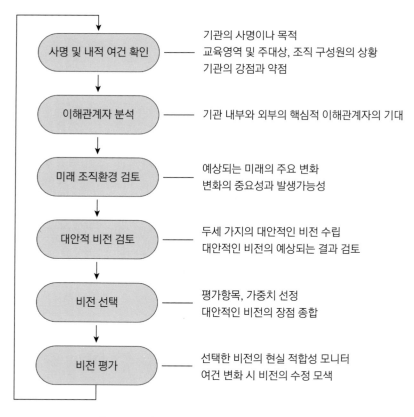

[그림 4-5] 평생교육기관 비전의 수립 과정

앞의 과정을 거쳐 성립된 평생교육기관의 비전은 환경 및 조건의 변화에 의해 변경될 수 있다. 즉, 그 기관이 추구하는 기본 사명과 취지는 변화되지 않는 것이 바람직하지만, 기관의 구체적인 미래상인 비전은 내적 · 외적 여건 변화에 맞추어 적절히 수정해 가는 것이 바람직하다고 볼 수 있다.

(3) 경영목적 및 경영목표의 성립 과정

평생교육기관의 경영목적은 궁극적으로 그 기관의 궁극적인 사명과 비전에 기초해 있지만 현실적으로 기관 외부의 환경과 내부의 경영자원에 의해 제한을 받는다. 즉, 다음의 그림과 같이 평생교육기관의 경영목적은 평생교육기관의 사명과 비전이 특정한 시점과 공간 속에서 환경과 기관 내부여건의 영향을 받아 구체화된 것이다.

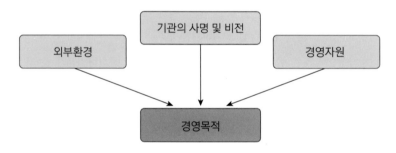

[그림 4-6] 경영목적 성립에 영향을 미치는 요인

경영목적의 성립은 두 단계의 과정을 거친다. 첫째는 현재의 목적이 무엇인가를 분석하는 것이다. 즉, 경영목적 가운데 비일관적 · 모순적인 것을 발견하여 이를 수정하여야 한다. 둘째는 향후의 경영목적을 수립하는 것이다. 이러한 경영목적은 기관 내외의 모든 구성원이 참여하여 경영목적의 목록을 작성하고 그 우선순위를 결정하는 과정을 거쳐야 한다.

경영목적의 성립과 같은 맥락에서 경영목표를 수립하기 위하여 다음의 사항을 반영해야 한다.

- 기대하는 목적 달성 정도를 파악하여 구체적으로 설정한다.
- 설정된 목적을 조작적인 측정 가능한 형태로 재진술한다.
- 환경의 기회와 위협, 기관 내부자원의 강점과 약점 분석(SWOT 분석)을 통해 현실성 있게 설정한다(제5장 참조).
- 과거의 실적에 기초하여 그 연장선에서 설정한다.
- 과거 실적의 연장선에 새롭게 예측되는 추세를 반영하여 설정한다.

2) 평생교육기관 가치체계의 공유

(1) 평생교육기관의 가치체계 내면화에 따른 기관 구성원의 유형화

평생교육기관의 가치체계는 각 구성원들에게 깊이 있게 내면화될 때 발전의 원동력이 된다. 그러나 기관의 가치체계가 모든 구성원에게 긍정적으로 인식되는 것은 아니다. 한편으로는 구성원들에게 가치체계의 내용이 제대로 숙지되지 않을 수도 있고, 다른 한편으로는 구성원들에게 정서적으로 반감을 불러일으킬 수도 있다. 이와 같이 기관의 가치체계에 대한 숙지 정도와 정서적인 반응에 따라 구성원을 유형화시켜 볼 수 있다. 이 유형화에 따라 적절한 대처가 필요하다.

- 동역자: 기관의 가치체계를 잘 이해하고 마음 깊이 내면화하고 있는 사람. 기관 운영에 가장 적극적이고 신뢰감을 주는 존재
- 맹종자: 기관의 가치체계를 잘 이해하지 못하지만 기관에서 하는 일에 무조건 순응하는 사람. 열성이 지나쳐서 오히려 혼란을 일으킬 수도 있음
- 관망자: 기관의 가치체계에 대해서 지식적으로는 잘 알고 있지만 이에 대해 아직 내면적인 동기유발이 안 된 사람. 특별한 계기가 필요함
- 무관심자: 기관의 가치체계에 대해서 잘 알지도 못하며 기관의 가치체계에 대해서도 별 관심이 없는 사람

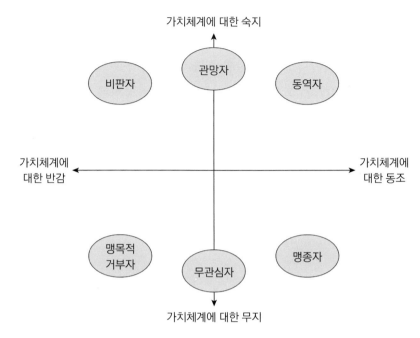

[그림 4-7] 평생교육기관 가치체계의 숙지 정도와 반응양식에 따른 구성원의 유형화

- 비판자: 기관의 가치체계에 대해 잘 알고 있지만 이에 대해 비판적인 입장을 취하는 사람. 기관의 발전을 위해 건설적인 대안을 제시하는 경우도 있음
- 맹목적 거부자: 기관의 가치체계에 대해 잘 알지 못하면서 무조건적으로 기관의 운영 방향에 대해 비판적인 사람

　평생교육기관에서 기관의 고유한 가치관과 각각의 구성원이 가지고 있는 가치관은 반드시 일치하는 것은 아니다. 그러나 이 가치관이 가능한 한 많이 공유될 때 기관이 보다 활성화될 수 있다. 가치관의 종류와 내면화 수준이 다양한 집단 구성원을 사명과 비전을 공유하며 같이 실천에 동참하는 동역자로 변화시키는 것이 곧 평생교육기관 지도자의 역할이라고 볼 수 있다.

(2) 가치체계 공유의 수준

평생교육기관의 가치체계는 모든 구성원이 공유하는 것이 바람직하다. 더 나아가 평생교육기관의 모든 구성원이 가치체계의 구축에 주도적으로 참여하는 것이 바람직하다. 그러기 위해서는 구성원의 능력과 자질이 뒷받침되어야 하며, 지도자의 관점도 보다 민주적이어야 한다. 그러나 모든 평생교육기관에서 구성원의 주도적인 참여가 완벽하게 이루어지는 것은 아니다. 즉, 경우에 따라 평생교육기관의 가치체계 성립에 집단의 구성원이 주도적으로 동참하는 정도가 다른 것이다. 이를 그림으로 표현하면 [그림 4-8]과 같다.

이와 관련하여 가치체계의 공유를 위한 전략적 단계를 제시하면 다음과 같다(피터 셍게 외, 1996: 310-327).

- 통보단계: 리더가 무엇이 가치체계가 되어야 하는지를 주도하고 조직이 그것을 무조건 따라야 하는 단계이다.
- 설득단계: 리더가 무엇이 가치체계가 되어야 하는지를 주도하지만, 조직이 그 필요성을 내면화하도록 노력하는 단계이다.
- 검증단계: 리더가 무엇이 가치체계이어야 하는가에 대해 아이디어는 있지만 시행하기 전에 조직이 어떤 반응을 보일 것인지를 알고 싶은 단계이다.

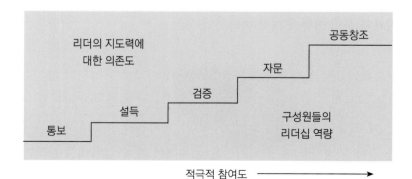

[그림 4-8] 가치체계 공유의 수준

- 자문단계: 리더가 가치체계를 종합하면서 동시에 시행 전에 조직으로부 터 창의적인 제안을 원하는 단계이다.
- 공동창조단계: 리더가 구성원 모두와 협동적 과정을 통해 공통된 가치체 계를 함께 구축하는 단계이다.

[그림 4-8]에서 왼편에 놓일수록 조직은 무엇이 공유되어야 하는 가치체 계인가에 대해 구성원에게 '말을 해야 하는' 강한 리더를 필요로 하게 된다. 반면, 오른편에 놓일수록 구성원의 자율적인 능력이 더욱 많이 요구된다. 궁 극적인 면에서 볼 때, 평생교육기관의 가치체계는 모든 구성원이 공유하는 것이 바람직하다. 성공적인 평생교육기관의 운영을 위하여 평생교육기관의 지도자는 모든 구성원이 역량을 구축하여 가치체계의 구축에 주도적으로 동 참할 수 있도록 노력해야 한다.

📝 요약

평생교육기관의 경영은 일정한 가치체계에 입각해 이루어져야 한다. 평생교육기 관의 사명이란 기관이 경영활동을 통해 실현하고자 하는 기본 가치를 말하며, 비전 이란 기관이 이루려고 하는 미래의 모습을, 경영목적이란 기관이 일정 기간 동안 이 루려고 하는 사업의 결과를, 경영목표란 달성하고자 하는 기관의 목적을 구체화한 것 이다.

사명은 조직의 근본적인 존재 이유이다. 비영리 조직의 가장 두드러진 특징은 바 로 사명을 가장 우선시한다는 것이다. 사명은 대상 집단의 종류, 충족시키고자 하는 고객의 요구, 충족방법에 따라 그 범위가 결정되며, 고유성, 환경에 대한 반응성, 실 행 가능성, 동기부여성 등의 요건을 갖추어야 한다. 비전은 사람들에게 기관의 생생 한 미래의 모습을 보여 주며, 외부환경과 내부 역량의 변화에 따라 재정립될 수 있다. 경영목적이란 조직이 일정 기간 동안 경영활동을 통해 우선적으로 달성하려고 하는 성과 또는 결과를 말한다. 경영목표는 특정 기간까지 달성하고자 하는 경영목적을 보다 구체적으로 규정한 것으로서 조작적이고 측정가능한 형태로 표현된다. 경영목표 는 조직 구성원의 계층, 즉 최고경영자, 부서책임자, 현장실무자에 따라 범위가 다르 게 결정된다.

기관의 사명, 비전, 경영목적과 목표의 가치체계는 구성원의 가치체계와 최대한 공 유되어야 한다. 성공적인 평생교육기관의 운영을 위하여 평생교육기관의 지도자는 궁극적으로 모든 구성원이 가치체계의 구축에 주도적으로 동참할 수 있도록 노력해 야 한다.

📝 연구문제

1. 본인이 평생교육기관에서 일한다고 가정할 때 포기할 수 없는 가치와 양보할 있는 가치 를 열거해 보시오.
2. 우리나라의 유명 평생교육기관 3개를 선택하여 그 기관의 사명을 조사하고, 이를 사명 의 범위와 사명의 요건에 비추어 분석해 보시오.
3. 우리나라의 평생교육기관 중 하나를 골라 그 비전이 시간에 따라 어떻게 변화되어 왔는 가를 검토해 보시오.
4. 주변의 평생교육기관을 대상으로 평생교육 가치 공유 수준을 분석해 보시오.

📝 참고문헌

게리 M. 그로브먼 (2019). 비영리단체의 윤리. 아름다운재단.

로리 베스 존스(2005). 최고경영자 예수. 서울: 한언출판사.

루드비히 캅퍼(1999). 감마모델. 한국감마모델연구소.

마틴 루터 킹(2018). 나에게는 꿈이 있습니다. 서울: 바다출판사.

오혁진(2012). 신사회교육론. 서울: 학지사.

오혁진(2016). 한국사회교육사상사. 서울: 학지사.

정익준(2005). 비영리마케팅. 서울: 형설출판사.

조동성(2007). 21세기를 위한 경영학. 서울: 서울경제경영.

토마스 울프(2012). 21세기 NPO경영 이렇게 하라. 서울: 행복세상.

피터 드러커(1995). 비영리 단체의 경영. 서울: 한국경제신문사.

피터 센게(2014). 학습하는 조직. 서울: 에이지21.

피터 센게 외(1996). 학습조직의 다섯 가지 수련. 필드북. 서울: 21세기북스.

Boone, L. E., & Kurtz, D. L. (1992). *Management*. McGraw-Hill.

Kotler, P., & Fox, K. F. A. (1995). *Strategic Marketing for Educational Institutions*. New Jersey: Prentice Hall.

가나안농군학교 http://www.kor-canaan.or.kr

제5장

평생교육기관 경영환경 및 경영자원 분석

  평생교육기관의 경영은 구체적인 시공간 속에서 이루어진다. 따라서 외부적으로는 환경의 영향을 받으며 내부적으로는 그 기관이 보유하거나 활용할 수 있는 자원의 영향을 받는다. '지피지기 백전불태(知彼知己 百戰不殆)'라는 말이 있듯이 환경의 영향력과 자원의 역량을 충분히 파악한다면 불필요한 시행착오와 자원의 낭비를 없앨 수 있다. 그런데 이러한 환경과 자원은 매우 복합적이다. 따라서 이에 대한 심층적인 분석이 필요하다. 그리고 이러한 분석을 바탕으로 적절한 경영목표와 대안을 마련하는 것이 필요하다. 이번 장에서는 평생교육기관의 경영환경 및 경영자원의 유형과 특성을 살펴보고, 이들의 분석을 통해 적절한 대안을 마련하는 SWOT 분석기법을 고찰해 보고자 한다.

학습목표 ...

1. 평생교육기관 경영의 거시적·미시적 환경의 종류와 그 특징을 분석할 수 있다.
2. 평생교육기관의 환경을 분석하는 기법을 활용할 수 있다.
3. 평생교육기관의 경영자원을 분류하고 그 경쟁지위를 분석할 수 있다.
4. 평생교육기관의 경영전략을 수립하기 위한 SWOT 분석방법을 활용할 수 있다.

1. 평생교육기관 경영환경의 분석

1) 평생교육기관 경영환경 분석의 필요성

평생교육기관의 경영환경이란 평생교육기관의 경영활동에 영향을 미치고 있는 외적 여건을 말한다. 경영환경 자체는 평생교육기관이 통제할 수 없다. 또한 경영환경은 항상 변화한다.

평생교육기관의 성공적인 경영을 위해서는 이렇게 변화하는 환경의 성격을 잘 파악하여 적절히 대처하는 것이 필요하다. 왜냐하면 평생교육기관은 하나의 시스템이기 때문이다. 시스템이란 동일한 목적을 달성하기 위해 사전에 정해진 계획대로 각자의 역할을 수행하는 부분들의 집합을 말한다. 조직을 보는 최근의 관점에 따르면 조직은 환경에 의지하고 환경의 영향력에 의해 통제되는 등 환경과 지속적인 상호작용을 하는 개방시스템이다.

평생교육기관도 이제 환경 속에 살고 있는 하나의 생명체처럼 파악되어야 한다. 개구리를 뜨거운 물에 바로 넣으면 곧 뛰쳐나가지만 차가운 물에 넣은 후 서서히 끓이면 그대로 익어서 죽는다는 교훈과 같이 환경의 변화에 민감하게 반응하지 못하면 도태될 수밖에 없는 것이 현실이다. 그런 의미에서 평생교육기관을 성공적으로 경영하기 위해서는 평생교육기관의 환경을 철저하게 분석하는 것이 필요하다.

2) 평생교육기관 경영환경의 구성요소

이러한 경영환경은 여러 가지 관점으로 분류할 수 있다. 여기서는 거시적 환경과 미시적 환경으로 나누어 제시하고자 한다. 이를 그림으로 표시하면 [그림 5-1]과 같다.

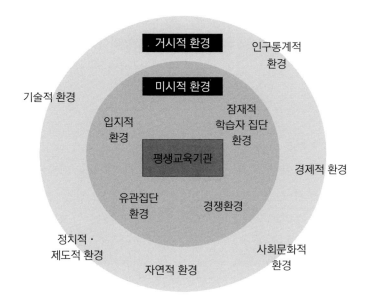

[그림 5-1] 평생교육기관 환경의 구성

(1) 거시적 환경

거시적 환경이란 특정한 평생교육기관에만 영향을 미치는 환경이 아니라 사회 전체 속에 있는 모든 평생교육기관에 공통적인 영향을 미치는 거대하고 광범위한 환경을 말한다. 여기에는 다음과 같은 요소가 포함된다.

① 인구통계적 환경

인구통계적 환경이란 그 사회의 총체적 인구규모, 성별·연령별 인구구조, 지역별 인구분포, 인구증가율, 평균수명, 직업구조, 교육수준분포, 인구이동 등을 의미한다. 이와 같은 인구통계적 요인은 그 상이한 차이로 인해 수많은 서비스를 출현하게 만든다.

② 경제적 환경

경제적 환경이란 평생교육기관의 경영 및 학습자의 참여에 영향을 미치는 국내외 경제 관련 요인을 말한다. 예를 들면, 그 나라의 GNP, 경제성장률, 물가상승률, 소득증가율, 은행금리 등이 포함된다. 더 나아가, 세계의 경제동향도 평생교육기관에 간접적으로 영향을 미치는 거시적 환경이 될 수 있다.

③ 사회문화적 환경

사회문화적 환경이란 사회 구성원의 일반적인 가치관, 생활양식, 전통 내지 관습, 유행 등과 같은 요소를 의미한다. 예를 들면, 대중문화의 흐름, 학벌에 대한 인식, 남녀평등에 대한 인식, 사회계층 간의 인식 차이, 시민의식의 정도, 평생교육에 대한 인식, 교육에 대한 권리 의식 및 주체성의 정도 등이 포함된다.

④ 정치적·제도적 환경

정치적·제도적 환경이란 평생교육에 영향을 미치는 국내외 정치적·외교적·법적·제도적인 동향을 말한다. 예를 들면, 평생교육에 관한 집권정당의 정강·이념 및 정책, 평생교육 관련법의 제정과 개정 동향, 평생교육기관에 직간접적인 영향을 미치는 각종 제도 및 정책의 변화, 평생교육관련 각종 국제협약의 가입 등이 포함된다.

⑤ 기술적 환경

기술적 환경이란 그 사회에서 평생교육의 운영과 관련된 신기술의 내용 및 그 수준을 말한다. 예를 들면, 정보통신기술의 수준, 각종 첨단 교수매체의 개발 정도 등이 포함된다.

⑥ 자연적 환경

자연적 환경이란 평생교육과 관련된 그 사회의 일반적인 기후, 풍토, 전염병, 계절적 요인, 지형조건 등과 같은 조건을 말한다.

(2) 미시적 환경

미시적 환경이란 거시적 환경에 비하여 평생교육기관의 경영에 보다 직접적이고 구체적인 영향을 미치는 주변 환경을 의미한다. 이를 구체적으로 살펴보면 다음과 같다.

① 잠재적 학습자 집단

잠재적 학습자 집단이란 해당 평생교육기관의 프로그램에 직접 참여할 가능성이 있는 학습자 집단을 말한다. 이러한 집단은 아직 평생교육기관 프로그램에 직접 참여하지 않은 채 해당 평생교육기관의 경영에 직접적인 영향을 미친다는 점에서 환경의 일종이라고 볼 수 있다. 따라서 평생교육기관은 이에 대한 면밀한 파악이 필요하다.

잠재적 학습자 집단 환경을 분석하기 위해서는 수요조사와 요구조사가 필요하다. 수요조사란 특정 프로그램에 참여할 의사와 능력이 있는 사람들의 규모를 파악하는 것을 의미한다. 이를 위해 잠재적 학습자 집단의 규모, 인구의 증감 현황, 생애주기, 경제적 상황, 일반적인 가치관, 생활양식, 납부 가능한 수강료의 액수 등이 포함된다. 한편, 요구조사란 학습자 지향적 프로그램 운영을 위해 잠재적 학습자 집단이 구체적으로 원하는 교육 내용 및 방법, 프로그램 운영 방식, 시설 및 설비 등에 대해 파악하는 것을 의미한다.

② 입지적 환경

입지적 환경이란 평생교육기관이 위치해 있는 장소의 물리적·문화적·경제적 조건을 말한다. 즉, 평생교육기관 접근의 용이성, 주변의 문화환경, 주변 지역의 인구밀도 등을 의미한다. 예를 들면, 대중교통수단의 다양성 및 도로망과 같은 교통환경, 평생교육기관 주변의 서점이나 문구판매점, 복사 및 제본업소, 카페나 패스트푸드점과 같은 외식업소의 분포 등이 여기에 포함된다. 구체적으로, 평생교육기관의 입지환경은 다음과 같은 점을 고려해야 한다.

- 주변에 잠재적 학습자 집단이 충분히 존재하는가?
- 채광이 좋은가?
- 찾기 쉬운 위치에 있는가?
- 대중교통으로 갈 수 있는가?
- 주변환경이 쾌적한가?
- 주변에 충분한 문화시설이 있는가?

③ 유관집단

유관집단 환경이란 특정 평생교육기관의 활동에 관심을 갖고 지원하거나 통제하는 외부 집단을 말한다. 여기에는 다음과 같은 하위집단이 포함된다.

- 후원집단: 평생교육기관의 경영을 위해 재정후원 및 자원봉사자 파견을 통해 뒷받침하는 집단(후원회, 중앙정부, 지방자치단체, 교육청, 각종 기금 및 재단, 기업체, 동창회, 종교단체, 사회단체 등)
- 교육이수자 채용집단: 평생교육기관에서 이수한 학습자들을 채용하거나 활용하는 집단(기업체, 정부, 지자체, 일반 사회단체 등)
- 외부 전문가집단: 평생교육기관의 프로그램 운영 및 경영을 위해 강의를 하거나 자문을 해 주는 외부 강사 및 전문가(자문기구, 학회 등)
- 규제집단: 평생교육기관의 경영활동이 적절하게 이루어질 수 있도록 법적 · 제도적 · 사회적으로 통제하는 집단(정부, 지자체, 각급 의회, 시민단체, 언론기관 등)

유관집단에 대한 분석 방법은 다음과 같다. 먼저, 종류별로 유관집단의 목록을 구체적으로 작성한다. 다음으로, 그 집단들과 우리 기관과의 관계와 문제점, 개선방안 등에 대해 분석한다. 이를 위해 [그림 5-2]의 양식을 활용하는 것이 효율적이다.

유관기관/ 집단/조직명	유관기관/집단/ 조직의 종류	우리 기관에 도움을 줄 수 있는 요인	해당 기관과의 관계에서 개선해야 할 점	대응전략

[그림 5-2] 유관집단 환경에 대한 분석표 양식

④ 경쟁환경

경쟁환경이란 같은 교육수요자로부터 관심과 선택을 얻기 위해 경합하는 외부 집단과 조직을 의미한다.

이러한 경쟁은 다차원적으로 이루어진다. 따라서 평생교육기관의 경영자는 경쟁의 차원을 높여서 생각해야 한다. 경쟁대상은 단순히 똑같은 내용의 프로그램을 제공하는 기관만을 의미하지 않는다. 전통적인 평생교육기관의 경우 같은 내용이라도 기존과 다른 형태와 방식으로 프로그램을 제공하는 기관, 예를 들면 기존의 출석식 프로그램이 아닌 원격교육을 실시하는 사이버 교육기관도 경쟁대상이고, 더 나아가 다른 내용의 프로그램을 제공하는 기관도 이 분야의 관심으로부터 학습자들을 전환시킬 수 있다는 점에서 경쟁대상이다. 심지어는 교육기관이 아닌 다른 레저, 취미 활동 기관들도 잠재적 학습자 집단의 시간과 관심을 두고 경쟁한다는 면에서 역시 경쟁대상이 될 수 있다. 이와 같이 경쟁은 같은 차원에서만 일어나는 것이 아니라 전방위적으로 일어나는 것이다.

예를 들어, 만약 A 대학 평생교육원이 주로 여성을 대상으로 하는 교양중심의 프로그램을 운영하고 있다면 여성집단의 한정된 시간과 관심이 투입될 수 있는 모든 분야가 경쟁대상이라고 볼 수 있다. 그 경쟁의 차원을 살펴보면 다음과 같다. 뒤에 제시되는 것일수록 보다 상위의 경쟁 차원이라고 볼 수 있다.

- 동일한 프로그램을 제공하는 동일한 유형 기관 사이의 경쟁
  - 예 같은 교양중심의 프로그램을 제공하는 같은 유형 기관과의 경쟁

    A 대학 평생교육원 vs B 대학 평생교육원
- 유사한 프로그램을 제공하는 다른 유형 기관과의 경쟁
  - 예 같은 교양중심의 프로그램을 제공하는 다른 유형 기관과의 경쟁

    A 대학 평생교육원 vs 백화점 문화센터, 언론기관 문화센터, 주민자치센터 등
- 상이한 교육욕구 충족 기관과의 경쟁
  - 예 일반교양이 아닌 다른 교육욕구 충족을 위한 프로그램 제공 기관과의 경쟁

    A 대학 평생교육원 vs 취업 위주의 직업전문학교
- 상이한 인간욕구 충족 기관과의 경쟁
  - 예 교육욕구 이외에 다른 욕구를 충족시키기 위한 기관과의 경쟁

    A 대학 평생교육원 vs 여행사

그런데 여기서 유의할 점은 보다 상위 차원의 경쟁대상에 대해서 같은 차원의 경쟁대상들은 경쟁자라기보다는 오히려 협조자라고 볼 수 있다는 점이다. 즉, 같은 영어회화 학원끼리는 서로 경쟁관계라고 볼 수 있지만, 원격교육을 통한 영어회화 프로그램 제공기관에 대해서는 오히려 동반자의 관계라고 볼 수 있는 것이다. 선의의 경쟁과 협조가 여기에도 적용된다고 볼 수 있다. 마치 각 프로야구팀은 서로 경쟁관계이지만, 프로축구, 프로농구와의 경쟁에 대해서는 프로야구팀끼리의 협조관계가 필요한 것과 같다. 이러한 평생교육기관의 경쟁에 영향을 미치는 요인을 살펴보면 다음과 같다.

첫째, 새로운 평생교육기관의 진출이다. 경쟁력 있는 새로운 평생교육기관은 프로그램의 탁월한 질과 운영방식 및 지명도 등을 통해 쉽게 진입장벽을 넘을 수도 있다.

둘째, 대체 프로그램의 출현이다. 새로운 분야의 프로그램이 도입됨으로

써 기존 프로그램 제공 기관에게 타격을 줄 수 있다.

셋째, 학습자의 수요 정도이다. 해당 프로그램의 공급에 비해 수요가 적을수록 경쟁이 치열해진다.

아울러, 경쟁환경의 분석을 위해 고려할 점은 다음과 같다.

- 경쟁기관의 수
- 경쟁기관의 강점과 약점(프로그램 강사, 직원, 시설, 시스템 등)
- 경쟁기관의 수강료
- 경쟁기관의 미래전략

3) 평생교육기관 경영환경의 분석방법

(1) 위협분석

환경의 위협이란 조직 목적의 달성에 장애가 되는 외부의 바람직하지 않은 도전을 의미한다. 평생교육기관은 여러 가지 거시적·미시적 환경에 의해 부정적인 영향을 받을 가능성이 있다. 따라서 평생교육기관은 이러한 위협요소가 무엇이며 어떻게 작용할 수 있는지를 판단하여 적절히 대처해야한다.

이러한 위협의 평가기준으로는 위협이 미치는 영향력의 잠재적 강도와 위협적인 사태의 발생확률을 들 수 있다. 잠재적 강도란 만약 그 위협이 구체화될 때 평생교육기관이 입게 될 피해 정도를 의미한다. 발생확률이란 그러한 위협이 실제로 일어날 확률을 의미한다.

잠재적 강도의 강약과 발생확률의 고저를 종합적으로 고려할 때 다음과 같이 네 가지의 유형으로 나누어 볼 수 있다. 즉, 발생할 확률도 높고 부정적인 영향도 큰 경우(A), 발생할 확률은 낮지만 한번 발생하면 큰 피해를 보는 경우(B), 발생할 확률은 높지만 그 영향력이 적은 경우(C), 발생할 확률도 낮고 그 영향력도 적은 경우(D)이다([그림 5-3] 참조).

발생확률

고   저

<table>
<tr><td rowspan="2">잠재적
강도</td><td>강</td><td>A</td><td>B</td></tr>
<tr><td>약</td><td>C</td><td>D</td></tr>
</table>

[그림 5-3] 위험 매트릭스

이 위험상황의 유형에 따라 평생교육기관의 대처방안도 달라지게 된다. 이와 같이 위험상황 유형별 사례와 대처방법을 정리하면 〈표 5-1〉과 같다.

표 5-1   위협상황의 유형 및 대처방법

유형	상황	예	대처방법
A	발생할 확률도 높고 부정적인 영향도 큰 경우	장마철에 청소년 산악훈련 프로그램을 갖는 경우	우선적으로 회피
B	발생할 확률은 낮지만 한 번 발생하면 큰 피해를 보는 경우	프로그램 진행 중 천재지변이 발생할 경우 – 대관령에서 스키교실을 열었는데 눈이 오지 않는 경우	대안 마련 후 진행
C	발생할 확률은 높지만 그 영향력이 작은 경우	여름방학에 축구교실 운영하기 – 덥고 비가 올 확률이 높지만 교육에 큰 영향 없음	무시하거나 여력이 있는 경우에 대처
D	발생할 확률도 낮고 그 영향력도 작은 경우	특별히 신경을 쓰지 않게 되는 대부분의 경우	계획대로 실시

(2) 기회분석

환경의 기회적 요소란 특정 평생교육기관이 보다 경쟁상의 우위를 확보할 수 있도록 영향을 미치는 환경의 긍정적인 측면을 말한다. 평생교육기관은 여러 가지 거시적 · 미시적 환경의 긍정적인 점을 활용할 수 있다. 평생교육기관의 기회분석이란 평생교육기관의 경영에 유리하게 활용할 수 있는 환경의 긍정적인 측면이 무엇인지 파악하는 것을 의미한다.

이러한 기회분석의 평가기준으로는 잠재적 매력과 성공확률을 들 수 있다. 잠재적 매력이란 특정한 환경이 기회로 작용할 경우 그 긍정적인 영향력의 정도를 말한다. 좋은 기회가 되기 위해서는 이를 잘 활용하였을 경우에 평생교육기관에게 줄 수 있는 매력이 커야 한다. 다음으로, 성공확률은 이러한 기회를 활용하여 성공할 수 있는 가능성의 정도이다. 좋은 기회가 되기 위해서는 그것을 통해 성공할 가능성이 높아야 한다.

이 두 가지 조건을 종합적으로 고려할 때 다음과 같이 네 가지의 유형을 살펴볼 수 있다. 즉, 성공할 확률도 높고 성공했을 때 기관에게 유익이 큰 경우(A), 성공할 확률은 낮지만 한 번 성공했을 시 기관에게 유익이 큰 경우(B), 성공할 확률은 높지만 기관에게 그 유익이 그리 크지 않은 경우(C), 성공할 확률도 높지 않고 기관에게 돌아올 유익도 별로 없는 경우(D)다.

성공확률

		고	저
잠재적 매력	강	A	B
	약	C	D

[그림 5-4] 기회 매트릭스

이러한 기회상황의 유형에 따라 평생교육기관의 대처방안도 달라지게 된다. 이와 같이 기회상황 유형별 사례와 대처방법을 정리하면 〈표 5-2〉와 같다.

표 5-2 기회상황의 유형 및 대처방법

유형	상황	예	대처방법
A	성공할 확률도 높고 성공했을 때 기관에게 유익이 큰 경우	정부의 지원을 직접 받아 우리 기관의 핵심프로그램을 실시하는 경우	우선적으로 실시
B	성공할 확률은 낮지만 한번 성공했을 때 기관에게 유익이 큰 경우	정부에서 공모하는 평생교육사업에 응모하는 경우	실패해도 결정적인 타격을 보지 않는 경우 신중하게 도전
C	성공할 확률은 높지만 기관에게 그 유익이 그리 크지 않은 경우	누군가로부터 지원을 받을 수 있게 됨으로써 사업은 성공할 가능성이 높지만 그 사업이 우리 기관의 이미지 제고나 역량 제고에 별로 도움이 되지 않는 경우	대안이 없는 경우에 차선책으로 실시
D	성공할 확률도 높지 않고, 기관에게 돌아올 유익도 별로 없는 경우	정부의 공모사업에 지원하여 기관의 고유한 설립취지에 맞지 않는 프로그램을 실시하는 경우	

〈연습〉 다음은 노인을 대상으로 인터넷 교육을 실시하는 교육기관의 경영과 관련된 환경을 기술한 것이다. 이와 관련하여 각 환경의 종류와 일반적인 기회 또는 위협 여부를 파악하면 다음과 같다.

① 노인들을 대상으로 하는 평생교육기관이 늘고 있다. (경쟁적 환경, 위협적 요소)
② 노인들의 인구가 전반적으로 늘고 있다. (인구통계적 환경/잠재적 학습자 집단 환경, 기회적 요소)
③ 구입해야 할 컴퓨터의 가격이 오르고 있다. (경제적 환경, 위협적 요소)
④ 노인교육에 대한 지원법이 마련될 예정이다. (정치제도적 환경, 기회적 요소)
⑤ 평생교육에 대한 노인들의 관심이 증가하고 있다. (사회문화적 환경/잠재적 학습자 집단 환경, 기회적 요소)

2. 평생교육기관 경영자원의 분석

1) 경영자원의 의미와 분석의 필요성

(1) 경영자원의 의미

평생교육기관의 경영자원이란 평생교육기관이 소정의 목적을 달성하기 위한 경영활동에 투입하거나 활용하는 모든 자산, 능력, 정보, 지식 등의 요소를 의미한다. 그 기관이 활용할 수 있는 모든 유형적·무형적인 자원이 이에 해당된다. 환경이 평생교육기관에 영향을 미치되 본질적으로 기관이 직접 통제할 수 없는 것임에 비해 경영자원은 목적을 달성하기 위해 기관이 적절히 통제, 활용할 수 있는 요소이다.

(2) 경영자원 분석의 필요성

모든 위대한 지도자는 각기 자신의 장점을 극대화하고 자신의 약점을 최대한 보완함으로써 위업을 달성할 수 있었다. 아무도 완벽한 인간은 없다. 다만 자신의 능력을 정확히 파악하고 이를 최대한 성장시키고 발휘하는 능력이 필요하다.

평생교육기관의 경우도 마찬가지이다. 평생교육기관의 내부 자원을 분석하는 일차적인 목적은 조직이 보유한 자원과 능력의 강점과 약점을 파악하여 강점은 살려 나가고 약점은 보완하는 것과 아울러 이 자원들을 적재적소에 활용하는 것이다. 다음으로는 평생교육기관에 해당되는 경영자원의 종류와 특성을 파악하고 이를 경영에 활용하는 방안에 대해 살펴보고자 한다.

자신이 가지고 있는 자원을 정확히 파악하고 있었던 예수님

예수님은 이미 존재하고 있는 것들로부터 자신이 필요로 하는 것을 창조할 수 있는 놀라운 능력을 가지고 계셨다. 예수님은 손에 있는 것을 취하여 에너지와 우주의 원리를 자유로이 구사하여 자신이 필요로 하는 것을 창조하셨다. (예를 들면, 한 소년이 가지고 있었던 물고기 두 마리와 떡 다섯 덩이를 자원으로 삼아 5천 명이 먹고 남을 분량의 떡을 만드는 기적을 이룬 사건 등) 예수님의 창조적인 능력은 믿음의 에너지와 자신이 실질적으로 소유한 자원에 대한 예리한 파악에서 기인된 것일지도 모른다. (로리 베스 존스, 『최고경영자 예수』)

2) 평생교육기관 경영자원의 종류

(1) 교육시설

교육시설이란 교육이념에 기초한 교육목적과 목표를 달성하고, 이를 위한 제반기능을 원활히 수행하는 데 필요한 공간 및 설비를 말한다. 교육시설은 계획된 학습의 성과가 달성될 수 있도록 환경을 조성하여 교육활동을 최선으로 지원함을 목적으로 한다. 이러한 평생교육기관의 교육시설은 다음과 같이 분류할 수 있다.

- 건물 및 주변 대지: 건물, 주차장, 운동장 등
- 각종 교육실
  - 일반 강의실
  - 특별실: 각종 실습실, 회의실, 멀티미디어실, 도서실, 자료실, 상담실, 강당, 체육관 등
- 편의시설: 식당, 매점, 휴게실, 화장실 등
- 기타시설: 행정실, 기관장실, 관리실
- 각종 교구: 교육기자재, 자료

평생교육기관시설은 그 자체가 교육의 매체요 도구이면서 학습자의 성장과 발달을 지원하고 촉진하는 생활환경이다. 평생교육 프로그램의 대상과 내용이 다양해지고 교육시설에 대한 학습자의 욕구가 다양화·고도화되고 있음에도 불구하고, 상당수의 평생교육시설은 양적인 면과 질적인 면에서 이에 부응하지 못하고 있는 실정이다. 아무리 훌륭한 교육계획과 발전적 프로그램이라 하더라도 이를 지원할 시설과 설비가 동시적으로 갖추어지지 않는다면 기대하는 성과를 거두기가 어렵다. 따라서 평생교육기관의 경영자는 보다 양질의 평생교육시설을 확보하고 이를 효율적으로 활용하기 위해 노력해야 한다.

(2) 금전적 자원

금전적 자원이란 경영활동을 위해 투입되는 화폐를 말한다. 금전적 자원의 원천으로는 설립자의 출자금, 각종 지원금, 학습자의 수강료 등이 포함된다. 평생교육기관의 안정적인 운영을 위해서는 학습자의 수강료만으로 경영이 충분히 유지되는 것이 필요하다. 그럴 때 평생교육기관은 별도의 기금개발 노력에 매달릴 필요 없이 학습자를 위한 양질의 프로그램 개발과 서비스 제공에 역량을 집중할 수 있다. 그러나 현실적으로 볼 때 이는 매우 어려운 실정이다. 그리고 교육복지의 차원에서 가능한 한 학습자의 부담을 덜어주는 것이 바람직하다. 따라서 대부분의 평생교육기관은 학습자의 수강료 이외에 경영에 필요한 예산을 추가로 확보하고 있는 것이 현실이다. 그 대상은 주로 정부나 기업, 각종 기금, 개인후원자 등이다. 따라서 이러한 자금의 원천을 파악하고 이를 확보하기 위한 노력을 기울이는 것도 평생교육기관의 중요한 경영과제 중의 하나이다.

(3) 인적 자원

인적 자원이란 평생교육활동을 수행하기 위해 활용할 수 있는 사람의 지식, 능력, 태도의 총합을 의미한다. 최근 들어 물리적 자원이나 자본에 비해 인적 자원의 중요성이 더 크게 인식됨에 따라 인적자원개발(HRD: Human Resource Development)이 강조되고 있다. 이러한 인적 자원은 다음과 같은 특성을 가진다.

첫째, 능동성이다. 인적 자원으로부터의 성과는 인적 자원의 욕구와 동기, 태도와 행동 그리고 만족감 여하에 따라 결정되고 인적 자원의 행동동기와 만족감은 경영관리에 의하여 조건화된다. 따라서 인적 자원은 능동적이고 반응적인 성격을 지니고 있다.

둘째, 개발의 무한성이다. 인적 자원은 다른 자원과는 달리 자연적인 성장과 성숙은 물론 오랜 기간 동안에 걸쳐서 개발될 수 있는 많은 잠재능력과 자질을 보유하고 있다.

평생교육기관의 맥락에서 이러한 인적 자원에는 다음과 같은 요소가 포함된다.

- 평생교육기관에 속한 모든 직원(전일제, 시간제): 경영자, 관리자, 실무자 등
- 평생교육기관의 내외부 강사
- 자원봉사자

(4) 지적 자원

지적 자원이란 기관의 경영에 활용되는 축적된 정보, 경험, 기능, 노하우 등을 의미한다. 자원으로 활용되는 지적 자원은 다음과 같은 위계로 구성된다.

- 자료(data): 일상생활에서 감각기관을 통해 들어오는 자극, 바탕이 되는 재료
- 정보(information): 어떠한 사업 및 활동을 수행하기 위해 수집, 분석된

자료

- 지식(knowledge): 개개의 정보가 체계화되고 일반화됨으로써 형성된 신념. 어떤 대상을 연구하거나 배우거나 또는 실천을 통해 얻은 명확한 인식이나 이해. 반드시 학문적인 것만을 의미하는 것은 아님
- 지혜(wisdom): 많은 지식이 내면화됨으로써 사물을 이해하고 문제를 효과적으로 해결하는 데 바탕이 되는 안목

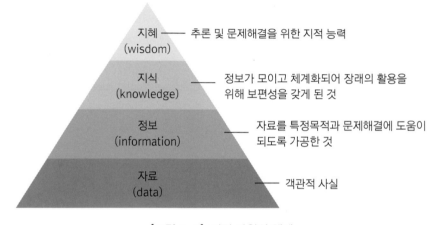

[그림 5-5] 지적 자원의 체계

　최근에는 이러한 지적 자원의 중요성이 강조됨에 따라 지식경영(knowledge management)이라는 용어가 일반화되고 있다. 지식경영이란 기업이나 종업원 개개인이 지니는 지식을 체계적으로 발굴하여 기업 내부의 보편적인 지식으로 발전시켜 기업 전체의 경쟁력을 향상시키는 경영활동을 말한다. 현대 사회가 산업사회에서 지식기반사회로 전환됨에 따라 기관에서 습득한 정보와 기관의 관계자들이 축적한 지식은 성공적인 경영을 위한 가장 핵심적인 자원으로서의 의미를 갖는다. 평생교육기관의 경우에도 개개인의 경험을 통해 얻어진 지식과 기술이 조직에 축적된 후 이후의 관계자들에게도 전달됨으로써 반복되는 수고와 시행착오를 줄일 수 있다.

앞에서 언급한 평생교육기관 경영자원의 유형을 정리하면 〈표 5-3〉과 같다.

표 5-3   평생교육기관 경영자원의 유형

종류	의미	예
교육시설	교육활동을 하기 위한 시설과 설비	강의시설, 편의시설, 교육기자재
금전적 자원	경영활동을 위해 투입되는 금전	수강료, 기금, 후원금 등
인적 자원	교육활동을 수행하거나 지원하는 사람	강사, 직원, 자원봉사자, 자원인사
지적 자원	기관이 소유하고 있는 유용한 정보, 축적된 지식 및 노하우	독특한 교육기법, 요구분석·프로그램 개발 및 운영 기법, 정보망

3) 평생교육기관 경영자원의 분석과 경쟁력 강화 전략

(1) 경쟁력 있는 경영자원의 요건

평생교육기관을 효율적으로 경영하기 위해서는 우리 기관이 소유하고 있는 경영자원의 경쟁력을 분석해 보아야 한다. 일반적으로 경쟁력 있는 경영자원이 갖추어야 할 요건에는 유용성, 희소성, 불완전한 모방성, 불완전한 대체성을 들 수 있다(조동성, 2007). 이를 평생교육기관의 맥락에서 살펴보면 다음과 같다.

첫째, 유용성이다. 유용성이란 경영자원이 소기의 목적을 달성하는 데 요긴하게 활용될 수 있음을 의미한다. 일단 경영자원은 그 자체로 유용할 때 경영자원으로 계속 활용될 수 있다. 예를 들면, 우리 기관이 잘 가르치는 강사와 유익한 프로그램을 보유하고 있는 경우이다.

둘째, 희소성이다. 이는 경영자원이 수량적인 측면에서 풍부하지 않아 확보하기가 어려운 경우를 의미한다. 어떤 자원의 유용성이 높다고 하더라도 희소성이 없을 경우 그 자원은 경쟁우위의 원천이 되기 어렵다. 다른 기관이 그 자원을 보유하고 있지 않을수록 자원의 희소성이 증대되고, 그러한 자원을 보유한 기관은 보유하지 않은 기관에 비해 경쟁우위를 갖게 된다. 예를 들면, 우리 지역에서는 우리 기관과 유사한 프로그램을 실시하고 있는 기관이 거의 없는 경우이다.

셋째, 불완전한 모방성이다. 이는 그 경영자원에 포함된 기술, 지식 등의 가치가 다른 기관에 의해 쉽게 모방될 수 없는 경우를 말한다. 유용하면서 희소한 자원이라 하더라도 장기적으로 다른 기관들이 이 자원을 획득할 수 없을 때, 즉 완전하게 모방할 수 없을 때 비로소 경쟁우위를 지속적으로 유지할 수 있다. 예를 들면, 우리 기관과 비슷한 유형의 프로그램을 제공하는 기관이 있다 할지라도 그 프로그램을 운영하는 데 필요한 특별한 노하우를 단기간에 모방할 수 없는 경우가 이에 해당된다.

넷째, 불완전한 대체성이다. 이는 특정한 자원이 희소해서 구하기도 어렵고, 모방하기도 어려울 뿐만 아니라 다른 자원으로 대체하려고 해도 대체할 만한 다른 경영자원을 쉽게 찾을 수 없는 경우이다. 아무리 유용한 자원이라도 그것을 동등하게 대체할 수 있는 자원이 있다면 그 자원은 상대적으로 경쟁력을 잃게 된다. 그 기관이 보유하고 있는 자원과 동등하게 취급되는 대체자원이 존재하지 않을 때 그 자원이 지속적인 경쟁우위를 가질 수 있다. 예를 들면, 특허를 가진 특정한 학습진단 척도를 활용하기 어려워 다른 학습진단척도를 활용하려 했지만 적절한 대체물을 찾기 어려운 경우이다.

이런 맥락에서 볼 때 평생교육기관의 경영요소는 앞의 요소를 모두 갖춘 것일수록 높은 경쟁지위를 가진다고 볼 수 있다. 이를 정리하면 〈표 5-4〉와 같다. 평생교육기관의 경영자는 이러한 분석을 통해 그 기관 경영자원의 경쟁지위를 파악하고 있어야 한다.

| 표 5-4 | 경쟁력 있는 경영자원의 특성과 경쟁지위 |

자원의 특성				경쟁지위
유용성	희소성	불안전한 모방성	불완전한 대체성	
×	×	×	×	경쟁열위
○	×	×	×	동등한 경쟁
○	○	×	×	일시적 경쟁우위
○	○	○	○	지속적 경쟁우위

〈연습〉경영자원의 경쟁지위를 분석하기 위해 다음의 분석표를 활용하는 것이 유익
하다. 종류별로 경영자원의 구체적인 예를 들고, 그 자원이 해당되는 조건에
부합하면 ○표, 그렇지 않으면 ×표를 한다.

대응전략		유용성	희소성	불완전한 모방성	불완전한 대체성	경쟁지위
종류	구체적인 내용					
교육시설						
자금						
인적 자원						
지적 자원						

[그림 5-6] 경영자원의 경쟁지위를 분석하기 위한 양식

(2) 경영자원의 경쟁지위 강화 전략

앞에서 제시된 분석틀에 의해 우리 기관 경영자원의 경쟁지위를 파악한
후에는 그 지위를 지속적으로 유지·강화하기 위한 노력을 해야 한다. 이를
구체적으로 살펴보면 다음과 같다.

첫째, 미래의 핵심자원에 대한 정확한 평가를 해야 한다. 평생교육기관의 경영자는 그 조직이 미래에 어떠한 자원을 경쟁력의 기반으로 삼을 것인지 평가하고 판별해야 한다.

둘째, 자원에 대한 지속적 투자를 해야 한다. 모든 자원은 소멸하는 속성이 있다. 따라서 평생교육기관이 지속적으로 성공을 거두기 위해 핵심자원에 대한 지속적인 투자가 필요하다.

셋째, 자원의 지속적 개량이다. 자원의 가치는 영속적인 것이 아니다. 한때 중요하게 여겨지던 것도 중요성에 변화가 오게 마련이다. 예를 들어, 한때 우수한 프로그램과 유명 강사를 확보하고 있다고 하더라도 시간이 지나면 학습자들의 욕구를 충족시켜 주지 못하게 되는 경우가 많다. 따라서 평생교육기관은 기존 자원을 개량하기 위해 끊임없이 노력해야 한다.

넷째, 자원의 효율적 배분이다. 주어진 조건하에서 목적을 최대한 효율적으로 달성하기 위해 여러 가지 경영자원을 적절한 방식으로 조합해야 한다. 재정이 한정되어 있을 경우, 인적 자원, 물적 자원 등에 투입하는 재정을 가장 효율성 높은 방식으로 배분해야 한다. 예를 들어, 시설을 확장하는 것보다 교직원의 수를 늘리는 것이 주어진 목적달성을 위해 더 효율적이라면 시설 자원보다 인적 자원의 배분 비율을 높이는 것이 바람직하다.

다섯째, 외부자원의 적절한 활용이다. 많은 경우 평생교육기관은 시설을 장기 임대해서 사용하거나 공공기관 등 다른 기관의 시설을 일시적으로 빌려쓸 수 있다. 또한 교육에 필요한 모든 자원을 자기 기관에서 모두 충당하려고 하는 것이 아니라 다른 기관들과 상호협력하여 효율성을 높이는 것이 필요하다. 이는 파트너십과 아웃소싱을 통해 이루어진다. 파트너십이란 공유 가능한 목적을 수행하기 위해 구체적인 역할과 책임을 나누고 자원을 공유하는 협조관계를 말한다. 아웃소싱이란 한 기관이 수행하는 다양한 활동 중에서 전략적으로 중요하면서도 가장 잘할 수 있는 분야에 모든 자원을 집중시키고 나머지 활동들의 기획에서부터 운영까지 일체를 해당 분야의 다른 기관에 의뢰함으로써 기관의 경쟁력을 제고시키는 것을 의미한다.

> ◯ **참고: 공공기관 자원활용의 법적 근거**

「평생교육법」에 의하면 공공기관은 평생교육기관이 공공기관의 교육자원을 활용할 수 있도록 되어 있다. 이를 구체적으로 살펴보면 다음과 같다.

  ☐ **교육시설 자원 활용에 관한 법적 근거**

"평생교육을 실시하는 자는 평생교육을 위하여 공공시설을 그 본래의 용도에 지장이 없는 범위 안에서 관련 법령이 정하는 바에 따라 이용할 수 있다."(「평생교육법」 제7조 '공공시설의 이용', 제1항)

"각급학교의 장은 학생·학부모와 지역 주민을 대상으로 교양의 증진 또는 직업교육을 위한 평생교육시설을 설치·운영할 수 있다. 평생교육시설을 설치하는 경우 각급학교의 장은 관할청에 보고하여야 한다." (「평생교육법」 제30조 '학교부설 평생교육시설', 제1항)

  ☐ **외부 인적 자원활용에 관한 법적 근거**

"국가 및 지방자치단체는 각급학교·평생교육기관 등이 필요한 인적 자원을 활용할 수 있도록 하기 위하여 대통령령이 정하는 바에 따라 강사에 관한 정보를 수집·제공하는 제도를 운영할 수 있다." (「평생교육법」 제22조 '정보화 관련 평생교육의 진흥', 제2항)

3. 경영환경과 경영자원에 대한 종합적 분석: SWOT 분석

1) SWOT 분석의 의미와 목적

(1) SWOT 분석의 의미

평생교육기관의 경영자는 자신이 속한 기관의 경쟁력을 유지하고 성과를 보다 향상시키기 위해 노력해야 한다. 이를 위해 적절한 경영전략이 요구된다. 경영전략이란 기관이 참여하고 있는 사업에서 지속적으로 경쟁우위를 확보하고 나아가 최고의 교육프로그램을 최적의 조건으로 제공함으로써 경영성과를 높이려는 합리적이고 체계적인 경영활동을 말한다. 경영전략은 특히 중장기적 관점에서 기관의 불확실한 경영환경의 미래를 예측하고 자신들의 능력과 지식을 개발·활용하려는 계획적이고 포괄적인 일체의 노력을 포함한다.

　SWOT 분석은 이러한 경영전략의 차원에서 기관 내부의 경영자원과 기관외부의 경영환경과 관련된 사항을 종합적으로 다룬다. 기관 내부의 경영자원 분석은 평생교육기관이 활용할 수 있는 경영자원의 강점과 약점을 분석하는 것이다. 여기서 S는 'strength'의 약자로서 우리 기관이 활용할 수 있는 경영자원의 강점을 말한다. 반면 W는 'weakness'의 약자로서 우리 기관 경영자원의 약점을 말한다. 한편, 경영환경 분석은 평생교육기관에 영향을 미치는 환경의 긍정적 측면과 부정적 측면을 분석하는 것이다. 여기서 O는 'opportunity'의 약자로서 우리 기관에 미치는 환경의 기회적 요소를 의미한다. 반면, T는 'threat'의 약자로서 우리 기관에 미치는 환경의 위협적 요소를 의미한다. 앞의 내용을 종합적으로 나타내면 [그림 5-7]과 같다.

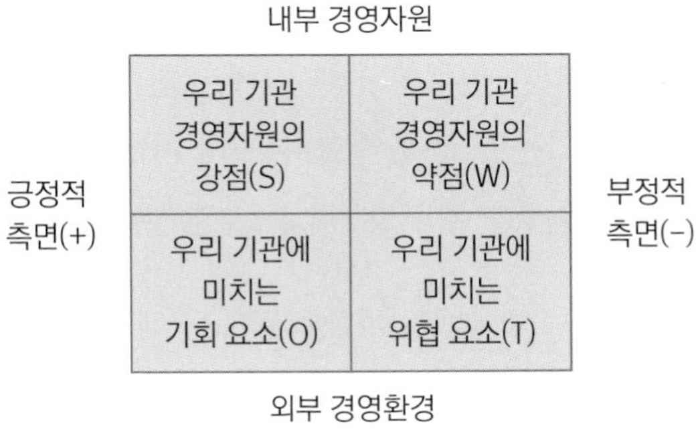

[그림 5-7] SWOT 분석의 내용

(2) SWOT 분석의 목적

　SWOT 분석은 경영전략을 기획(planning)하는 핵심적인 과정 중의 하나이다. 기획이란 조직의 사명과 비전을 구현하기 위해 구체적인 목표를 수립하고, 이러한 목표를 달성하기 위한 구체적인 방법과 수단을 모색하여 의사결정을 내리는 과정을 의미한다. 경영환경과 경영자원의 종합적 분석이라고 할 수 있는 SWOT 분석은 이러한 기획과정의 핵심요소라고 할 수 있다. 평생교육기관에서 SWOT 분석의 목적을 구체적으로 살펴보면 다음과 같다.

첫째, 현실성 있는 프로그램 개발의 기초가 된다. 평생교육기관의 경영자는 평생교육기관의 사명과 비전에 부합하는 평생교육 프로그램을 개발하고 운영하는 데 기초가 되는 평생교육기관의 역량과 외부환경을 분석함으로써 현 시점에서 가장 적합한 프로그램을 개발할 수 있다. 즉, 기회를 최대한 활용하고 위협의 효과를 감소시키며, 기관의 강점을 최대한 살리되 약점을 감안하는 현실적인 경영목표를 수립할 수 있는 것이다.

둘째, 기존의 프로그램 운영 목표의 점검 및 평생교육기관의 경영상의 문제점을 파악하는 데 기초가 된다. 현재 수행 중인 경영목표가 환경 및 여건의 변화에 맞추어 적절히 변화되고 있는지를 검토하고, 새롭게 제기되는 문제점을 파악하여 적절한 대안을 마련할 수 있다. 따라서 SWOT 분석은 경영목표를 처음 수립하는 단계뿐만 아니라 경영과정 중에 주기적으로 실시할 필요가 있다.

궁극적으로 SWOT 분석은 현재의 상황 속에서 현재의 경영자원을 가지고 최대의 효과를 얻을 수 있는 전략을 수립하는 데 기초가 된다. 이는 곧 한정된 재원으로 최대의 효율성을 추구할 수 있는 경영활동 우선순위의 결정을 의미한다.

2) SWOT 분석의 절차

(1) 경영자원과 관련된 사항 분석: 강점(S)과 약점(W)

우리 기관 경영자원의 강점과 약점을 종류별로 구체적으로 기술한다. 앞에서 살펴본 경영자원 분석의 내용과 방법을 참고로 하여 우리 기관의 경영자원 항목의 강점과 약점을 치밀하게 분석한다.

종류	강점(strength)	약점(weakness)
교육시설		
금전적 자원		
인적 자원		
지적 자원		

(2) 경영환경과 관련된 사항 분석: 기회(O)와 위협(T)

우리 기관 경영환경의 기회와 위협 요소를 종류별로 구체적으로 기술한다. 역시 앞에서 다룬 거시적 · 미시적 환경의 여러 가지 요소를 대상으로 우리 기관에 미치는 긍정적인 면과 부정적인 면을 각각 기회와 위협 영역에 포함시킨다.

종류		기회(opportunity)	위협(threat)
거시적 환경	인구통계적 환경		
	경제적 환경		
	사회문화적 환경		
	정치적 · 제도적 환경		
	기술적 환경		
	자연환경		
미시적 환경	잠재적 학습자 집단 환경		
	유관집단 환경		
	경쟁환경		

(3) 각 상황에 대한 대안 모색

평생교육기관 경영환경과 경영자원의 총체적인 분석을 통해 기관이 대처할 수 있는 대안의 유형을 〈표 5-5〉와 같이 네 가지로 분류할 수 있다. 즉, 기회활용을 위해 강점을 활용하는 경우(공격적 전략), 기회활용을 위해 약점을 보완하는 경우(방향전환전략), 위협을 극복하기 위해 강점을 활용하는 경우(난국타개전략), 위협을 극복하기 위해 약점을 보완하는 경우(방어적 전략)이다. 기관이 가지고 있는 경영환경의 긍정적·부정적인 상황과 각 경영자원의 강점과 약점이 복합적으로 조합됨으로써 기관이 수행해야 할 종합적이고 구체적인 대안이 도출될 수 있다.

표 5-5   SWOT 분석을 통한 대안의 유형

경영자원 경영환경	강점(S)	약점(W)
기회(O)	공격적 전략(S-O전략) 좋은 기회를 살리기 위해 현재의 강점을 적극 활용함	방향전환전략(W-O전략) 좋은 기회를 살리기 위해 현재의 약점을 적극 보완함
위협(T)	난국타개전략(S-T전략) 위협을 극복하기 위해 현재의 장점을 적극 활용함	방어적 전략(W-T전략) 위협을 극복하기 위해 현재의 약점을 적극 보완함

예를 들어, SWOT 분석 결과 기관의 상황이 다음과 같을 때 취할 수 있는 적절한 대안을 가능한 한 구체적으로 제시해 보면 다음과 같다.

기관의 종류: 노인을 대상으로 컴퓨터 교육을 실시하는 민간 평생교육기관
- 강점: 우리 기관의 강사는 다른 기관에 비해 매우 우수하다.
- 약점: 우리 기관의 시설은 낙후된 편이다.
- 기회: 노인교육에 대한 정부의 지원이 늘어날 계획이다.
- 위협: 노인을 대상으로 하는 평생교육기관이 급속히 늘고 있다.

▲ 적절한 대안의 예
- 정부기관에 대해 우리 기관 강사의 우수성을 적극적으로 홍보한다.
- 정부에 대해 우리 기관 시설 개선의 시급성을 알린다.

- 우리 기관의 강사가 우수함을 학습자에게 적극 홍보한다.
- 낙후된 시설 개선을 위해 우선적으로 투자한다.
- 다른 노인교육기관과 협력한다. 특히 시설이 좋지만 강사가 우수하지 못한 기관과 협력한다.

이 외에도 다양한 대안이 제시될 수 있다. 평생교육기관은 이러한 대안 가운데 효율성이 높고 현실성이 높은 대안을 선택하여 우선적으로 실시해야 한다.

📝 요약

하나의 시스템으로서의 성격을 가진 평생교육기관을 효과적으로 경영하기 위해서는 변화하는 환경을 잘 파악하고 이에 적절하게 대처해야 한다.

평생교육기관의 경영환경은 크게 거시적 환경과 미시적 환경으로 나뉜다. 거시적 환경에는 인구통계적 환경, 경제적 환경, 사회문화적 환경, 정치법률적 환경, 기술적 환경, 자연적 환경 등이 포함된다. 다음 평생교육기관의 경영에 직접적인 영향을 미치는 미시적 환경에는 잠재적 학습자 집단 환경, 유관집단 환경, 경쟁환경 등이 포함된다. 환경을 올바르게 분석하기 위해서는 환경이 평생교육기관에 미치는 위협적인 요소와 기회적인 요소를 종합적으로 고려하여 위협적인 요소가 적고 기회적인 요소가 강한 방향으로 경영을 이끌어 나가야 한다.

경영자원이란 조직이 소정의 목적을 달성하기 위해 투입하거나 활용하는 요소를 말한다. 조직의 경영자원을 분석하는 목적은 조직이 보유한 자원과 능력을 평가하여 경쟁우위의 원천이 되는 강점과 약점을 파악함으로써 효율적인 전략을 수립하기 위한 것이다. 평생교육기관의 경영자원에는 크게 교육시설, 금전적 자원, 인적 자원, 지적 자원이 있다. 경영자원은 자원의 유용성, 희소성, 불완전한 모방성, 불완전한 대체성의 조건을 모두 갖추고 있을 때 가장 경쟁력이 높다고 볼 수 있다. 이러한 경영자원을 개발하기 위해서는 자원에 대한 정확한 평가, 자원에 대한 지속적 투자, 자원의 개량, 외부자원의 적절한 활용이 필요하다.

이러한 경영자원과 경영환경을 종합적으로 분석하는 SWOT 분석방법은 기관 경영목표 실현의 가능성과 문제점 인식, 현실성 있는 경영목표 설정의 기초, 효율적인 경영전략 수립의 기초로서의 의미를 갖는다.

📝 연구문제

1. 특정한 평생교육 학습자 집단(예를 들면, 노인, 여성, 청소년 등)을 선정한 후 이들을 대상으로 하는 평생교육기관에 미치는 환경의 긍정적 측면과 부정적 측면을 거시적 환경의 구성요소별로 분석하시오.
2. 하나의 평생교육기관을 선택한 후 그 기관의 경쟁대상을 다차원적으로 분석해 보시오.
3. 특정한 평생교육기관을 대상으로 경영자원의 유형별로 경영자원의 경쟁지위를 분석해 보시오.
4. 본인이 잘 알고 있는 평생교육기관(또는 자신의 가정이나 본인 개인도 가능)을 대상으로 SWOT 분석을 종합적으로 실시해 보시오.

📝 참고문헌

로리 베스 존스(2005). 최고경영자 예수. 송경근 역. 서울: 한언출판사.

윤순봉(1999). 통합적 관점으로 보는 지식경영. 지식경영과 한국의 미래. 지식경영심포지움자료집. 삼성경제연구소.

정익준(2005). 비영리마케팅. 서울: 형설출판사.

조동성(2007). 21세기를 위한 경영학. 서울: 서울경제경영.

Boone, L. E., & Kurtz, D. L. (1992). *Management*. McGraw-Hill.

Kotler, P., & Fox, K. F. A. (1995). *Strategic Marketing for Educational Institutions*.

New Jersey: Prentice Hall.

Strother, G. B., & Klus, J. P. (1982). *Administration of Continuing Education.* California: Wadsworth Publishing Company.

제6장

평생교육시장의 이해와 분석

평생교육 프로그램을 필요로 하는 학습자와 이를 제공하는 평생교육기관과의 만남을 통해 평생교육시장이 형성된다. 최근 평생교육에 대한 수요가 커짐에 따라 평생교육시장도 그만큼 커지고 있다. 그러나 평생교육시장의 규모는 프로그램의 성격, 잠재적 학습자 집단의 성격에 따라 크게 변동하며, 그 변화양상도 매우 복잡하다. 따라서 평생교육기관을 효율적으로 운영하기 위해서는 이러한 평생교육시장의 성격을 제대로 파악해야 한다.

이번 장에서는 시장으로서의 학습자 집단의 기본 성격을 파악하고 학습자 집단을 세분화하는 방법과 시장의 규모를 파악하는 방법을 살펴보고자 한다.

학습목표 ▶···

1. 평생교육시장의 기본 성격과 수요에 따른 변동가능성을 설명할 수 있다.
2. 평생교육시장을 효율적으로 세분화하는 기준을 설명할 수 있다.
3. 평생교육 학습자들의 시장규모를 예측하는 방법을 활용할 줄 안다.

1. 평생교육시장의 성격

1) 평생교육시장과 수요와의 관계

(1) 시장의 기본 의미

본래 시장이란 경제학적인 의미에서 특정 제품과 서비스의 수요와 공급을 통해 가치의 교환이 이루어지는 추상적인 장을 말한다. 일반적으로 시장이 형성되기 위해서는 다음의 조건을 갖추어야 한다(홍부길, 1994).

첫째, 둘 이상의 당사자가 존재한다. 이는 곧 수요자와 공급자를 의미한다.

둘째, 쌍방은 상호 가치 있는 것을 소유하고 있어야 한다. 만일 한쪽이 상대방이 가치 있다고 인식하는 자원을 소유하고 있지 않으면 교환은 성립되지 않는다.

셋째, 쌍방은 의사소통과 전달(delivery)을 할 수 있어야 한다. 교환이 이루어지려면 양자는 먼저 상호 의사전달이 가능해야 한다. 즉, 무엇을 줄 수 있고, 언제, 어디서 그리고 어떻게 교환되는가를 기술할 수 있어야 한다. 이와 함께 쌍방은 서로에게 가치 있는 것을 전달할 수단을 발견해야 한다.

넷째, 쌍방은 상대방이 요청한 것을 수용하거나 거부할 자유가 있어야 한다. 교환은 쌍방의 자발적 행동을 전제로 한다. 이렇게 되어야만 거래는 쌍방에게 이익을 증대시킨다. 쌍방은 교환을 자유롭게 함으로써 거래 시작 전과 비교해서 보다 가치 있는 것을 더욱 많이 획득한다.

평생교육도 일반적으로 위의 네 가지 조건을 충족시킨다고 볼 수 있다. 평생교육도 프로그램을 필요로 하는 학습자와 이를 제공하는 평생교육기관과의 만남과 가치의 교환을 통해 이루어진다. 따라서 경제학적인 관점에서 본다면 평생교육의 경우도 일종의 시장이 형성되어 있다고 볼 수 있다. 다만 일반 기업의 경우 수요자가 제품과 서비스를 구입하는 대가로 금전적 비용을 제공하는 것이 일반적이라면, 평생교육기관의 경우 때로 무료 프로그램을 제공하는 경우도 있다는 것이다. 그런 경우 평생교육기관은 별도로 자원개발을 위한 별도의 원천을 개발해야 한다. 또한 특별한 경우 학습자가 무료로 프로그램에 참여하는 경우에도 학습자는 시간과 노력이라는 비용을 지출해야 하며, 평생교육기관에 대한 관심과 호응이라는 가치를 제공할 수 있다. 이러한 가치는 평생교육기관의 존립을 위한 기본 근거라고 볼 수 있다. 따라서 무료 프로그램인 경우에도 평생교육기관이 학습자에게 제공받는 가치는 존재하고 있다. 따라서 평생교육도 일종의 시장으로서의 기본 성격을 가지고 있는 것이다.

(2) 평생교육시장 수요의 의미와 성격

여기서는 평생교육시장과 수요의 성격부터 파악하고자 한다. 경제학적인 면에서 수요(demand)란 구매능력을 갖춘 소비자가 특정한 재화나 용역을 구매하고자 하는 의도나 계획을 갖고 있는 것을 의미한다. 그리고 구매능력이 뒷받침되지 못하는 경우는 수요에 포함되지 않는다. 평생교육의 경우 구매력은 평생교육기관 프로그램에 실제로 참여할 수 있는 가능성을 의미한다. 여기에는 금전적인 요소뿐만 아니라 학습자의 시간, 교통편, 학습자의 주변여건 등이 포함된다. 평생교육의 경우 학습자가 직접 프로그램에 참여할 수강료를 충당하지 못하더라도 재정적인 재원을 받는 경우 '구매력'을 갖추게 된다고 볼 수 있다. 이럴 때 학습자의 참여가능성이 제고된다. 따라서 평생교육 프로그램의 수요는 학습자의 관심과 참여가능성에 의해 결정된다고 볼 수 있다.

평생교육 프로그램의 수요 = 학습자의 관심 + 참여가능성

한편, 수요량(quantity demanded)이란 일정한 기간 동안 소비자가 가격을 치르고 구입할 의사와 능력이 있는 재화나 서비스의 양을 의미한다. 따라서

수요량을 말할 때에는 기간을 반드시 명시해야 한다.

평생교육에 있어 프로그램의 수요량은 특정한 프로그램에 참여할 수 있는 수요자의 수로 표현된다. 특정한 프로그램에 참여하고자 하는 잠재적 학습자의 수가 많을수록 개설되어야 하는 프로그램의 수도 늘어나므로 프로그램의 수요량은 커지게 된다.

그런데 평생교육 프로그램의 수요량은 고정된 것이 아니라 어디에서, 언제, 어떻게 제공되는지에 따라 달라진다. 이는 최소 수요량과 최대 수요량의 관계를 통해 파악할 수 있다. 프로그램 최소 수요량이란 평생교육기관에서 특별한 노력을 하지 않더라도 특정 프로그램에 기본적으로 참여하기를 희망하는 학습자의 수를 말한다. 한편, 프로그램 최대 수요량이란 평생교육기관이 아무리 특정 프로그램의 수요를 늘리기 위해 마케팅 비용을 많이 투입하더라도 더 이상 수요가 증가하지 않는 학습자의 수를 말한다.

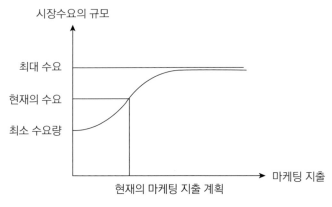

[그림 6-1] 평생교육 프로그램 수요량의 변화

최대 수요량과 최소 수요량 사이의 변화 정도에 따라 평생교육시장을 확장성 시장과 비확장성 시장으로 유형화해 볼 수 있다. 먼저, 확장성 시장이란 시장의 규모가 마케팅 비용에 의해 크게 영향을 받는 시장을 말한다. 말하자면 최대 수요량과 최소 수요량의 차이가 매우 큰 경우에 해당된다. 일반적인 교양 및 여가활동 프로그램의 경우 마케팅 활동에 의해 수요량의 변화가 비교적 큰 편이다. 반면, 비확장성 시장이란 학습자의 시장 진입 장애가 높아 시장규모가 마케팅 비용에 의해 크게 영향을 받지 않는 경우를 말한다. 다시 말해, 최소 수요량과 최대 수요량의 차이가 매우 작은 경우에 해당된다. 예를 들면, 대학원 과정과 같이 기관의 과정개설이나 학습자의 진학이 비교적 제한을 많이 받는 경우 비확장성 시장이라고 볼 수 있다. 따라서 학습자의 입장에서는 프로그램의 공급이 제한되어 있기 때문에 다른 시장에 진입하거나 유사 프로그램을 이용해야 한다.

(3) 수요의 실효성에 따른 시장의 수준

특정 프로그램에 대한 학습자의 수요가 실제로 교육참여로 이어지는 정도에 따라 교육시장은 다차원적인 성격을 가진다(Kotler & Fox., 1995). 이를 평생교육의 맥락에 적용하여 범위가 넓은 개념부터 살펴보면 다음과 같다.

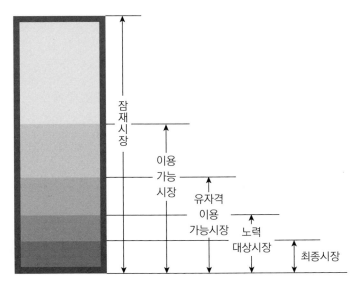

[그림 6-2] 평생교육 프로그램 시장의 수준

첫째, 잠재시장이다. 잠재시장이란 특정한 프로그램에 관심을 가지고 있는 모든 집단을 말한다. 예를 들면, 웹마스터 전문교육 프로그램에 관심을 가지고 있는 모든 학습자는 잠재시장에 해당된다고 볼 수 있다.

둘째, 이용가능시장이다. 이는 프로그램에 대한 관심은 물론, 실제로 그 프로그램에 참여하여 경비를 지불할 수 있는 소득과 물리적·시간적으로 프로그램에 참여할 수 있는 접근 가능성을 가지고 있는 집단의 규모를 말한다. 예를 들면, 앞의 잠재시장 중에서 수강료를 지불할 수 없는 사람, 프로그램에 시간이 맞지 않아서 참여할 수 없는 사람, 교통편이나 거리, 신체적인 불편, 주위의 반대, 사회적인 제약 등으로 인해 참여할 수 없는 사람을 제외한 시장이 곧 이용가능시장이다. 경제적인 어려움이 있는 학습자가 외부의 경제적·행정적 지원을 받아 교육프로그램에 참여할 수 있는 경우에도 이용가능시장에 포함된다고 볼 수 있다.

셋째, 유자격 이용가능시장이다. 이는 특정한 프로그램에 대한 관심, 소득, 접근성과 더불어 제공기관에서 제시하는 자격 요건을 갖추고 있는 시장을 말한다. 예를 들면, 앞의 이용가능시장 중에서 교육기관에서 컴퓨터 관련 업무 경력 1년 이상을 참여 조건으로 제시했을 경우, 경력 1년 미만을 제외한 시장이 이 경우에 해당된다.

넷째, 노력대상시장이다. 이는 유자격 이용가능시장 중에서 기관의 관심과 현실적인 범위 안에서 실제로 참여를 유도하기 위한 노력이 시도된 집단을 의미한다. 예를 들면, 앞의 유자격 이용가능시장 중에서 기관이 주로 교육활용능력이 우수한 학습자를 대상으로 프로그램을 운영하고자 홍보한 경우 그러한 학습자가 곧 노력대상시장이라고 할 수 있다.

다섯째, 최종시장이다. 이는 실제로 프로그램에 참여한 학습자 집단을 의미한다. 예를 들면, 위의 웹마스터 교육과정에 실제로 참여한 학습자 집단이 곧 최종시장이다.

이와 같이 평생교육시장은 학습자의 실제적인 참여여건과 평생교육기관이 제시하는 조건 및 의지에 따라 다층적인 구조를 갖는다. 따라서 평생교육기관은 평생교육시장의 규모를 정확히 파악하기 위해 학습자의 참여여건과 평생교육기관이 제시하는 조건을 정확히 파악할 필요가 있다.

2) 학습자의 참여 관련 요소

앞에서 살펴보았듯이 평생교육시장의 규모는 결국 학습자의 참여에 의해 결정된다. 학습자의 참여에 영향을 미치는 대표적인 두 가지 요소는 학습자의 참여동기와 참여 장애요인이다. 사람들은 각자 몇 가지의 기본적인 동기들을 가지고 있다. 또한 상황에 따라 그 동기의 정도도 다르다. 이러한 참여동기가 강하게 작용할 때 평생교육시장의 규모는 커지게 된다. 또한 학습자는 평생교육시장에 참여하기 위해 여러 가지 장애요인을 극복해야 한다. 이러한 참여장애요인을 극복할 수 있도록 최대한 도와줄 때 학습자의 수요는 더욱 커지게 된다. 따라서 성공적인 평생교육기관의 경영을 위해서는 학습자의 참여동기와 참여장애요인에 대한 이해가 필수적으로 요구된다. 여기서는 이러한 참여요인에 대해 보다 구체적으로 살펴보고자 한다.

(1) 참여동기

참여동기란 학습자가 평생교육기관 프로그램에 실제적으로 참여하게 된 원동력을 의미한다. 학습자의 참여동기는 여러 가지 관점에서 분류할 수 있지만 가장 대표적인 것으로 미국의 성인교육학자인 홀(C. O. Houle)의 분류를 들 수 있다. 그는 광범위한 조사 연구를 통해 성인학습자의 참여동기를 목표지향형 동기, 활동지향형 동기, 학습지향형 동기로 분류하였다. 그 후 몰스테인(B. R. Morstein)과 스마트(J. Smart)는 이를 좀 더 세분화하여 여섯 가지 요인을 제시하였다. 이를 비교하여 제시하면 다음의 〈표 6-1〉과 같다 (권두승, 2000).

이러한 참여동기는 모든 사람이 조금씩 다 가지고 있지만 사람마다 가장 핵심적인 동기는 다를 수 있다. 외적으로 보기에는 동질적으로 보이는 학습

표 6-1	학습자 참여동기의 유형		
홀의 유형화		몰스테인과 스마트의 유형화	
목표지향형 동기	외부적 기대	• 공식적인 권위를 가진 사람의 기대사항을 수행하기 위해	
	직업적 진보 (전문성 향상)	• 직장에서 더 좋은 지위를 차지하기 위해 • 직무의 효율성을 높이기 위해	
활동지향형 동기	사회적 관계	• 개인적 교제와 우정에 관한 요구를 충족시키기 위해 • 새로운 친구를 사귀기 위해	
	도피/자극	• 지루함으로부터 벗어나기 위해 • 남은 생을 뭔가 다르게 살기 위해	
	사회적 복지	• 사회에 봉사할 수 있는 능력의 향상을 위해	
학습지향형 동기	인지적 흥미	• 단지 알고 싶은 욕구를 충족시키기 위해	

[그림 6-3] 평생교육 프로그램 참여동기의 다양성

자들도 내적으로 보면 매우 다양한 참여동기를 가지고 있으며 가장 핵심적인 참여동기가 다른 경우도 많은 것이다. 이러한 참여동기에 따라 학습자들이 평생교육기관에게 요구하는 바도 달라지기 마련이다. 따라서 평생교육기관은 학습자의 참여동기에 따라 적절한 경영전략을 활용해야 한다.

(2) 학습자 참여 장애요인

학습자 참여 장애요인이란 학습자로 하여금 평생교육 프로그램에 참여하는 데 방해가 되는 여러 가지 요인을 말한다. 성인학습자의 평생교육 참여 장애요인의 종류에 대해서는 여러 가지 이론이 있으나 가장 대표적이고 포괄적으로 다음의 네 가지 요인이 제시된다(Brookfield, 1986; Henry & Basile, 1994; Cross, 1988).

첫째, 상황적 장애요인(situational barriers)이다. 이는 개인의 재정여건, 시간의 부족, 주부인 경우 탁아시설의 부족과 같은 사회경제적 여건을 주로 말한다.

둘째, 개인성향 장애요인(dispositional barriers)이다. 이는 학습자가 갖고 있는 심리적인 것으로서 교육 프로그램에 대한 부정적 · 소극적 태도나 신념 등을 말한다.

셋째, 기관 장애요인(institutional barriers)이다. 이는 특정 평생교육기관 자체가 갖고 있는 단점으로 수업이 실시되는 시간, 기관의 위치, 통학시간, 대중교통 서비스, 주차시설, 등록방법 등이 학습자의 참여에 장애가 되는 경우를 의미한다.

넷째, 정보 장애요인(informational barriers)이다. 이는 평생교육기관이 프로그램 관련 정보전달을 소홀히 취급하는 것뿐 아니라 각 학습자가 사용 가능한 정보를 탐색하는 데 실패하는 경우도 포함된다.

표 6-2 　성인학습자의 평생교육 참여 장애요인

종류	내용
상황적 장애요인	교육경비 부담, 가사 · 직장 등 타업무 병행 부담 가정 · 직장의 이해 협조 부족
개인성향 장애요인	학습에 대한 열의 부족, 이전 학습경험에 대한 부정적 이미지, 부정적 자아감 등
기관 장애요인	프로그램의 길이, 수강 자격조건, 시간표의 구성, 시설여건, 교수요원의 능력과 태도, 프로그램 운영방식 등의 부적합성, 기관에 대한 부정적인 이미지 등
정보 장애요인	홍보 및 광고 소홀, 정보매체의 제한, 정보내용 이해의 어려움, 정보전달범위의 한계

(3) 학습자의 참여동기와 참여 장애요인을 고려한 경영전략

이러한 참여 장애요인 중 일반적으로 시간과 비용과 같은 상황적 장애요인이 참여 여부에 가장 큰 영향을 미치는 요인이라고 지적되고 있다. 그러나 학습자에 따라서 핵심적인 참여 장애요인은 달라질 수 있다. 이러한 참여 장애요인은 학습자의 참여 여부에 직접적인 영향을 미치게 된다. 따라서 평생교육기관 경영자의 입장에서 볼 때 학습자의 참여장애요인에 대한 이해가 필수적으로 요구된다.

평생교육기관의 경영을 통해 가장 우선적으로 해결해야 하는 직접적인 장애요인은 역시 기관 장애요인과 정보 장애요인이라고 할 수 있다. 이는 주로 기관자체가 야기시키고 있는 장애요인이기 때문이다. 그러나 상황적 장애요인이나 개인성향 장애요인에 대해서도 이를 극복하고 해소하기 위한 노력을 해야 한다. 상황적 장애요인과 개인성향 장애요인은 평생교육기관의 입장에서는 일종의 환경적 요인에 해당하지만 평생교육기관이 가지고 있는 경영자원을 효과적으로 활용함으로써 극복할 수 있도록 노력해야 한다. 이러한 노력은 공공성과 학습자 존중, 서비스 지향성을 추구해야 할 평생교육기관의 의무이자 책임이라고 할 수 있다. 이런 맥락에서, 학습자 집단을 참여동기와 주요 참여 장애요인의 두 가지 기준으로 구분할 경우 각각의 집단에 대해 활용할 수 있는 기본 프로그램 운영전략을 제시하면 〈표 6-3〉과 같다.

표 6-3 학습자의 참여동기 - 참여 장애요인별 프로그램 운영전략 매트릭스

참여 장애요인 \ 참여동기	사회적 관계	외부기대 부응	사회봉사 참여	직업적 향상	일상생활 탈출	지적 흥미
자신감 부족 두려움	• 인간관계 예비훈련 프로그램 실시 • 꾸준한 관심과 격려	• 외부의 기대에 대한 정확한 인식 • 학습자의 현 수준에 대한 평가 및 학습 안내	• 선행학습자의 체험담 소개	• 기초과정부터의 착실한 학습 안내	• 삶에 대한 성찰 기회 제공	• 학습의 즐거움에 대한 인식 제고

프로그램 및 기관에 대한 반감	• 참여자에 대한 긍정적인 소개 • 성공적인 사회적 관계에 대한 사례 소개	• 외부기대자의 추천, 홍보	• 사회저명활동가의 추천 • 사회봉사활동에 대한 현황 소개	• 성공적인 선행학습자의 추천이나 홍보	• 프로그램의 흥미와 유익에 대한 홍보	• 프로그램의 질적 우수성에 대한 홍보
시간적 제약	• 가능한 시간대별로 학습자 집단 구성 • 지역별 네트워크 구성	• 외부기대자에 대해 협조 요청(유급 교육 휴가)	• 참여자의 시간대에 맞춘 학습활동 전개	• 직무교육의 활용 • 직장 내 학습조직 활용 • 직장 단위 프로그램 유도	• 가족단위, 직장단위 프로그램 개발	• 교육방송, 통신 매체 활용 • 자기주도학습에 대한 안내
경제적 제약	• 경비가 적게 드는 사회활동 실시 • 자체 기금 조성 유도 • 무료 이용 시설에 대한 안내	• 외부기대자에 대해 재정적 지원 요청	• 봉사기관의 재정지원 요구 • 공적기금 재단에 지원요청	• 직장의 재정적 지원 유도 • 대규모 학습집단 구성으로 단가를 낮춤	• 자원봉사적 강사섭외 • 저렴한 기관이나 프로그램에 대한 안내	• 교육방송, 도서관, 박물관 등의 저렴한 교양 프로그램 활용 • 소그룹 구성

2. 평생교육시장의 세분화

1) 평생교육시장 세분화의 의미와 요건

(1) 평생교육시장 세분화의 의미와 전제

일반적으로 시장 세분화란 대중집단을 일정 기간에 걸쳐서 특정 제품 및 서비스의 마케팅 활동에 대한 반응이 유사할 것으로 예상되는 집단으로 나누는 작업을 말한다. 평생교육의 맥락에서 볼 때 시장 세분화란 잠재적 학습자 집단을 특정한 평생교육 프로그램에 대해 비슷한 요구를 갖고 있을 것으로 예상되는 하위집단으로 구분하는 것을 의미한다. 이러한 시장 세분화에는 수요자들이 나이, 소득, 개성, 취미, 욕구 등의 유사한 특질을 기준으로 구분될 수 있다는 것과, 그 기준에 따라 다른 하위 집단과 상이한 수요 양상을 나타낸다는 것이 전제되어 있다.

(2) 평생교육시장 세분화의 필요성

평생교육시장의 세분화는 교육에 있어서 학습자의 특성에 맞는 개별화 교수전략과 일맥상통한다. 즉, 평생교육의 방법에 있어서도 학습자의 특성을 고려하여 분류한 후 그에 따라 가장 적절한 방식을 활용하는 것이 효과적인 것처럼, 평생교육기관의 경영에 있어서도 '같으면 같게, 다르면 다르게' 접근하는 방식이 필요한 것이다. 이러한 평생교육시장 세분화의 필요성을 좀 더 구체적으로 살펴보면 다음과 같다.

첫째, 해당 평생교육기관에 적합한 시장을 선정할 수 있다. 평생교육기관은 자신의 강약점을 평가함으로써 자신이 최적의 교육 서비스를 제공할 수 있는 가장 적합한 세분시장을 우선적으로 검토할 수 있다. 다시 말해 우리 기관이 가지고 있는 장점을 가장 효과적으로 발휘하며 우리의 약점에 대해 덜 민감한 학습자 집단을 선택할 수 있는 것이다.

둘째, 평생교육기관의 자원을 효율적으로 배분할 수 있다. 이는 여러 개의 세분시장을 동시에 관리하는 경우에 해당된다. 평생교육기관은 시장 세분화를 통해 우리 기관의 경영자원을 고르게 활용할 수 있는 세분시장을 선택함으로써 경영자원의 전체적인 효율성을 높일 수 있다.

셋째, 평생교육 시장변화에 효율적으로 대처할 수 있다. 이는 잠재적 교육 수요자 집단을 세분화함으로써 세분시장별로 변화하는 시장수요에 창조적으로 대응할 수 있음을 말한다. 예를 들어, 경제불황이라는 환경의 변화가 닥쳤을 때 특정한 교육 프로그램에 대해 성별, 연령별, 소득별, 참여동기별로 어느 세분시장이 보다 민감하게 수요가 변화하는지와 그 세분시장별로 각각 어떤 욕구를 가지고 있는지 파악함으로써 선별적으로 대처할 수 있다.

(3) 평생교육시장 세분화의 현실적 요건

이와 같이 평생교육시장 세분화는 여러 면에서 이점을 제공해 줄 수 있다. 그러나 시장 세분화는 다음의 요건을 갖출 수 있을 때 실질적인 효력을 발휘할 수 있다. 이를 살펴보면 다음과 같다.

첫째, 세분시장의 측정가능성이다. 이는 곧 세분화된 잠재적 학습자 집단의 프로그램 참여 특성을 파악할 수 있어야 한다는 것이다. 예를 들어, 성별로 시장 세분화를 했을 경우 남성과 여성의 프로그램 참여 특성을 파악할 수 없다면 성별 시장 세분화는 의미가 없다.

둘째, 세분시장에 대한 접근가능성이다. 즉, 세분화된 목표시장에 프로그램을 전달할 수 있어야 한다는 것이다. 예를 들어, 낙도 및 오지에 살고 있는 사람이 많이 있고, 그들이 독특한 교육수요를 가진 세부집단으로 분류될 수 있다 하더라도 실제로 프로그램을 낙도에 제공할 수 없을 때 이러한 시장 세분화는 큰 의미가 없다.

셋째, 세분시장의 실질성이다. 세분된 잠재적 학습자 시장의 단위는 독자적인 마케팅 프로그램을 실행할 수 있을 정도로 가치가 보장되어야 한다. 즉, 재정적인 면에서 특별한 마케팅 활동을 수행해도 될 정도로 수요가 높은 세분시장이거나, 최소한 교육적인 면에서 특별히 세분화하여 접근할 필요가 있는 의미 있는 세분시장이어야 한다.

넷째, 세분시장의 신뢰성이다. 각 세분시장은 일정 기간에 걸쳐 일관성 있는 특성을 지녀야 한다. 세분시장의 특성이 일관성 없이 급변한다면 적절한 마케팅 노력을 기울일 수 없으므로 이러한 시장 세분화는 큰 의미가 없다.

2) 평생교육시장 세분화의 기준

평생교육시장 세분화는 평생교육기관의 효율적 경영을 위해 매우 필요한 전략이다. 그런데 평생교육시장을 세분화하기 위해서는 평생교육 차원에서 유의미한 세분화 기준을 적용하는 것이 필요하다. 평생교육 차원에서 시장 세분화를 위해 유의미하게 활용할 만한 기준을 정리하면 다음과 같다(Tarr, 1989).

(1) 지리적 자료(geographic data)

지리적 자료는 평생교육시장을 세분화하기 위한 가장 기본적인 자료이다. 대표적인 지리적 자료를 살펴보면 다음과 같다.

- 학습자 거주지역의 일반적인 성격
  - 행정구역
  - 인구규모 및 밀도: 대도시, 중소도시, 마을
  - 주요 산업: 상업, 공업, 농업, 어업, 광업 등
  - 기후
- 학습자가 거주하는 일정한 지역 내 유사한 프로그램을 제공하는 평생교육기관의 수(평생교육기관의 수가 많은 지역의 학습자와 그렇지 못한 학습자는 프로그램에 대한 요구가 다르다고 볼 수 있다.)
- 학습자 거주지역과 평생교육기관까지의 통학 소요시간 및 거리(통학거리와 시간은 학습자의 접근성에 영향을 미치며, 그 차이에 따라 프로그램에 대한 요구도 상이하다고 볼 수 있다.)

(2) 인구통계학적 자료(demographic data)

평생교육에 있어서도 인구통계학적 변수들은 시장세분화의 가장 일반적인 기준의 하나이다. 일반적으로 인구통계학적 변인과 소비욕구, 선호도 사이에는 매우 높은 상관관계가 높은 것으로 나타나고 있다. 또한 인구통계학적 자료는 정의, 수집, 측정하기가 보다 쉬우며, 비교적 다른 시장 세분화 자료보다 저렴한 비용으로 수집할 수 있다는 점에서 이점이 있다. 이러한 인구통계학적 자료의 종류를 좀 더 자세하게 살펴보면 다음과 같다.

- 자연적 특성: 연령, 성별, 장애인/비장애인, 장애종류, 인종, 민족 등
- 가정적 특성: 가족 수, 가족관계, 가정생활주기(신혼가정, 자녀형성기, 자녀 성장기, 자녀결혼기, 자녀분가기, 독신생활기 등)
- 사회경제적 지위: 수입, 직업, 교육수준 등
- 기타: 국적, 종교 등

(3) 심리적 자료(psychographic data)

평생교육에 있어서 심리적 자료는 학습자의 성격, 태도, 신념, 동기, 욕구, 기대에 관한 자료를 말한다. 심리학적 자료는 인구학적 자료보다 추상적이고 측정하기가 쉽지 않음에도 불구하고 시장을 의미 있게 세분화하는 기준으로 그 중요성이 커지고 있다. 특히 현대사회에서는 연령, 직업, 성별보다는 공통된 생활방식이나 사고방식이 학습자 집단을 구성하는 데 더 중요하다는 주장도 있다(Tarr, 1989). 이런 맥락에서 심리적 자료의 유형을 좀 더 구체적으로 살펴보면 다음과 같다.

- 학습자의 일반적인 성격: 외향적, 내성적(MBTI 등의 활용)
- 학습자의 참여동기
- 자신의 학습능력에 대한 태도: 긍정적, 부정적
- 이전의 학습경험에 대한 인식: 긍정적, 부정적

(4) 행동적 자료(behavioristic data)

이는 프로그램을 이용하는 학습자의 행태와 관련된 것이다. 여기에는 다음과 같은 것이 포함된다.

- 학습자가 참여하는 프로그램의 수
- 해당 프로그램 분야에 대한 학습자의 학습경험 정도: 초심자에서 전문가 수준까지 포함

- 해당 교육기관에 대한 학습자의 참여 기간: 처음 우리 기관에 찾아 온 학습자부터 오랫동안 꾸준히 관계를 맺어 온 학습자까지 포함
- 해당 교육기관에 대한 학습자의 충성도
  - 우리 기관만을 선호하며 참여하는 학습자
  - 우리 기관을 포함한 2개 또는 3개의 기관에 꾸준히 참여하는 학습자
  - 우리 기관에서 다른 기관으로 옮기려는 학습자
  - 우리 기관을 포함한 어떠한 기관에도 관심을 기울이지 않는 학습자

평생교육기관은 앞의 시장 세분화 기준을 프로그램의 성격에 따라 적절히 활용함으로써 보다 적합하게 학습자 집단을 선정하고 지원하기 위한 경영활동을 수행할 수 있다.

3. 평생교육 수요의 측정

1) 수요측정의 의의와 기본 원리

(1) 수요측정의 의의

평생교육 프로그램을 효율적으로 운영하기 위해서는 그 프로그램에 참여할 가능성이 있는 잠재적 학습자의 수요를 미리 파악하는 것이 필요하다. 다시 말해 새로운 프로그램을 개설할 수 있을 정도로 학습자의 수요가 충분한지, 어느 집단의 수요가 특히 많은지, 어떤 프로그램에 대해 학습자의 수요가 많은지 등을 파악함으로써 교육의 효과를 높이고 경영자원을 효과적으로 활용할 수 있는 기초를 마련하게 된다.

(2) 시장수요의 측정 원리

시장수요의 예측은 수요에 영향을 미칠 수 있는 모든 환경적 요소를 고려

한 후 그 요소가 어느 정도나 수요에 영향을 미칠지를 가늠하는 과정을 거친다. 이를 위해 평생교육기관의 거시적·미시적 환경 요소의 동향과 영향력을 치밀하게 분석해야 한다. 이러한 환경적 요소가 수요에 미치는 영향력을 보다 정확히 측정하기 위해 각종 조사방법과 연구결과가 활용될 수 있다. 이와 관련하여 수요 예측의 근거가 될 수 있는 사항을 예시하면 다음과 같다.

- 학습자가 무엇이라고 말하는지를 알아봄: 학습자가 직접 말한 내용을 조사 분석함
  - 학습자가 해당 프로그램에 대해 어느 정도나 필요하다고 말하고 있는가?
  - 학습자가 우리 기관에 대해 어떻게 평가하고 있는가?
  - 학습자가 우리 기관에 얼마나 참여하겠다고 말하고 있는가?
- 학습자가 무엇을 하고 있는지를 분석함: 프로그램과 관련한 학습자의 행태를 조사·관찰·분석함
  - 우리 기관의 해당 프로그램과 관련된 분야에 종사하고 있는 사람이 얼마나 되는가?
  - 해당 프로그램 분야의 평생교육기관에 참여하고 있는 학습자의 수가 얼마나 되는가?
  - 사람들은 어떤 방식으로 이루어지는 평생교육 프로그램에 참여하고 있는가? (출석강의, 원격교육, 소집단활동, 학습동아리 등)
- 학습자가 과거에 무엇을 했는가를 알아봄: 학습자의 과거 프로그램 참여 관련 통계자료로부터 미래 수요를 예측함
  - 우리 기관의 해당 프로그램 참여 학습자의 수는 과거에 어떻게 변화되어 왔는가?
  - 해당 프로그램 분야의 평생교육기관에 참여하고 있는 학습자의 수가 어떻게 변화되어 왔는가?
- 일부 잠재적 학습자에게 미리 물어 봄: 해당 프로그램의 내용과 성격에 대해

일부 학습자에게 미리 알려주고 다음의 내용을 물어봄으로써 수요를 대략적으로 예측해 봄

- 응답자와 유사한 성격의 학습자가 해당 프로그램에 얼마나 참여할 것으로 생각하는가?
- 학습자의 수요를 늘리기 위해 보완해야 할 점은 무엇인가? 그 경우 어느 정도나 수요가 늘 것으로 생각하는가?

• 해당 분야 전문가에게 물어봄: 학습자 집단이나 프로그램 내용 분야 전문가에게 다음의 질문을 통해 해당 교육 프로그램 동향에 대한 자문을 얻음

- 대상 집단의 교육적 수요가 어떻게 변화하고 있는가?
- 해당 프로그램 분야 교육수요의 국제적 동향은 어떠한가?

• 학습자 시장을 테스트함: 소규모의 학습자 집단을 대상으로 새로운 프로그램을 시도함으로써 반응과 수요를 예측해 봄

- 해당 프로그램에 대한 학습자의 참여 양상은 어떠한가? 참여학습자의 지리적 · 인구통계학적 · 심리적 행동별 세분집단의 규모는 어떠한가?
- 해당 프로그램의 학습자 참여 장애요인은 무엇인가?
- 참여 장애요인에 대한 대응에 따라 학습자의 참여율은 어떻게 변화되는가?

앞의 사항을 분석하기 위해 문헌분석, 관찰, 면담, 집단토의, 설문지 등의 조사방법이 복합적으로 사용될 수 있다. 이와 같이 다양한 경로와 방법을 종합적으로 사용함으로써 보다 정확한 수요예측을 할 수 있다.

2) 지역 간 수요의 비교

(1) 지역 간 수요 규모 분석의 목적

평생교육기관은 일반적으로 특정한 지역을 기반으로 운영된다. 때로 평생교육기관은 주변의 지역을 대상으로 지역 간 수요의 규모를 파악할 필요가

있다. 그 필요성을 보다 자세히 살펴보면 다음과 같다.

먼저, 새로운 평생교육 프로그램을 제공하는 장소를 선정하는 데 기초가 될 수 있다. 특정한 지역에서 평생교육 프로그램을 운영하는 경우 수요가 많은 지역을 우선적으로 고려해야 하는 것이 일반적이라고 볼 수 있다.

또한, 지역별로 마케팅 활동의 정도를 결정할 때도 필요하다. 즉, 기존의 평생교육기관에 대해 지역별 잠재적 참여자 규모를 파악함으로써 차후 경영전략 수립을 위한 기초자료로 활용할 수 있다. 예를 들어, 프로그램에 참가할 가능성이 많은 학습자 집단이 도시지역보다 농촌지역 출신인 경우가 더 많다고 예측될 경우 농촌지역 출신 학습자를 위한 제반사항을 보다 비중 있게 준비할 수 있다. 반대로 수요가 적을 것으로 예상되는 지역에 대해서는 집중적인 마케팅 활동을 함으로써 수요를 증가시킬 수 있다.

(2) 지역 간 수요 규모의 파악 방식

평생교육 프로그램에 대한 수요를 지역별로 비교하는 방식을 살펴보면 다음과 같다(Kotler & Fox, 1995).

① 단일요인지수(one factor index)의 활용

평생교육에 대한 수요를 가장 잘 반영할 수 있는 하나의 요인을 파악한 후 이를 바탕으로 지역별 시장수요의 규모를 비교하는 것을 의미한다. 예를 들면, ○○평생학습도시에서 노인 대상 취업교육 프로그램에 대한 수요를 파악할 때 그 지역 내의 만 65세 이상 인구수를 대표적인 요인으로 활용할 수 있다. 단일요인지수를 활용하여 지역 간 수요의 규모를 파악하는 사례를 살펴보면 다음과 같다.

단일요인지수를 활용하여 지역 간 수요의 규모를 파악하는 사례를 살펴보면 다음과 같다.

사례: 단일요인지수의 활용
(○○평생학습도시 노인 대상 취업교육 프로그램의 지역별 잠재시장 추정)

지역	만 65세 이상 인구수(명)	비율(%)
A지역	4,000	20
B지역	2,000	10
-	-	-
-	-	-
합계	20,000	100

앞의 사례에서 나타난 바와 같이 A지역의 만 65세 이상 인구수는 20%에 해당하고 B지역의 만 65세 이상 인구수는 전 지역의 비해 인구수의 10%이다. 이럴 경우 A지역의 수요지수는 B지역의 2배가 된다.

② 복합요인지수의 활용

지역시장의 잠재적 규모를 하나의 요인으로만 파악하는 것에는 위험의 소지가 있다. 따라서 가능한 한 영향을 미칠 수 있는 여러 요인을 동시에 파악하는 것이 필요하다. 이와 같이 지역시장의 잠재적 규모를 대표적으로 잘 반영할 수 있는 2개 이상의 요인을 파악한 후 이를 수치화하여 시장수요를 예측하는 지수로 활용하는 것을 복합요인지수의 활용이라고 할 수 있다. 2개 이상 요인의 중요성 차이에 따라 가중치를 부여하는 것도 가능하다.

하나의 사례로서 차상위계층 노인에게 취업교육을 무료로 제공하는 프로그램의 경우 지역별 잠재시장 수요에 결정적인 영향을 미치는 요소를 만 65세 이상 인구의 수와 중위소득 50% 이하인 인구의 수라고 가정하여 지역별 복합요인 지수를 계산하면 다음과 같다.(단, 시장수요에 미치는 두 요인에 미치는 두 요인의 영향력이 동일하다고 가정할 경우).

앞의 표에 의하면 두 요인의 영향력이 동일하다고 가정할 때 A지역보다 B지역의 시장수요가 더 높다고 볼 수 있다.

사례: 단일요인지수의 활용
　(○○평생학습도시 노인 대상 무료 취업교육 프로그램의 지역별 잠재시장 추정)

지역	만 65세 이상 인구 수 (요인1)		중위소득 50%이하 인구 수 (요인2)		복합요인 지수㉓
	사례수(명)	비율(%)㉮	사례수(명)	비율(%)㉯	
A지역	4,000	20	2,000	5	12.5
B지역	2,000	10	8,000	20	15
-	-				-
-	-				-
합계	20,000	100	40,000	100	100

〈주〉 ㉮ =(각 지역 65세 이상 인구수 ÷ 합계: 20,000) × 100

　　㉯ =(각 지역 중위소득 50% 이하 인구수 가구의 수 ÷ 합계: 40,000) × 100

　　㉰ =(㉮ + ㉯) ÷ 2(요인 총수)

③ 거리부가지수

대부분의 평생교육기관은 특정한 지역에 기초해 있기 때문에 다른 요인과 더불어 거리가 매우 중요한 영향을 미칠 수 있다. 따라서 기존의 통계적인 요인 외에 통학거리를 중요하게 고려할 필요가 있는 경우 이를 적절히 반영할 수 있다. 이것이 곧 거리부가지수이다. 앞의 사례의 경우 거리가 평생교육기관의 참여에 상당한 영향을 미친다고 할 때 평생교육기관과의 거리에 따라 지역별 수요가 변할 수 있다.

(3) 지역 간 수요규모와 마케팅 비용과의 관계

이와 같은 수요분석을 통해 지역 간 수요규모를 파악할 수 있다. 평생교육기관은 이러한 수요 규모에 맞추어 적절한 마케팅 활동을 전개할 수 있다. 그런데 A지역이 B지역보다 2배의 시장잠재성을 가지고 있다 하더라도 이것이 곧 A지역이 B지역보다 2배의 마케팅 노력을 필요로 한다는 것을 의미하는 것은 아니다. 즉, 시장잠재력이 높다고 하더라도 오히려 더 적은 마케팅 비용을 투입해도 무방한 경우도 있고, 시장잠재력이 낮더라도 더 많은 마케팅 비용을 투입함으로써 수요를 늘려야만 하는 경우도 있는 것이다. 따라서 각 지역에 대한 마케팅 비용은 투입되는 촉진(promotion)의 결과에 대해 각 지역사회가 어떠한 반응을 나타낼 것인가를 먼저 파악한 후 이에 맞게 적절하게 투입되어야 한다. 예를 들어, 앞에서 예를 든 A지역의 특수한 여건상 홍보가 어려울 경우에는 B지역보다 2배 이상의 마케팅 비용이 들 수도 있고, 그 반대의 경우에는 오히려 B지역보다도 더 적은 마케팅 비용으로 더 많은 수요를 창출할 수 있다.

2) 평생교육 수요측정의 실제

(1) 연쇄비율법(chain ratio method)

연쇄비율법이란 일정한 평생교육시장을 이론적·통계적 근거가 있는 비율로 차례로 곱해 감으로써 수요규모를 파악하는 방식을 말한다. 연쇄비율법을 활용하여 수요를 파악하기 위해서는 정확한 기초 통계자료가 먼저 준

사례: 연쇄비율법
　　(A지역의 여성 주민 중 대학 평생교육원에 진학할 학습자의 수 추정)

추정 근거(가상의 상황)	예측된 총인구수(명)	통계 출처
1. A지역 여성 수	10,300	구청자료
2. 평생교육원에 참여하기를 희망하는 여성의 평균 비율이 15%라고 할 때 0.15×10,300	1,545	표본조사, 관련 연구논문
3. 평생교육원 수강료 납부 가능자: 평생교육원 수강료를 낼 수 있는 경제력을 갖춘 가구수가 전체의 50%에 해당된다고 할 때 0.5×1,545	773	통계연보, 표본조사
4. 수학능력이 있는 인구수: 평생교육원에서 요구하는 수학능력을 갖춘 여성의 비율이 일반적으로 전체 여성의 50%에 해당한다고 할 때 0.5×773	387	평생교육원 자료, 관련 연구논문

비되어야 한다. 이러한 통계자료는 각종 통계연보, 표본조사 및 관련 분야 연구결과에서 수집할 수 있다.

(2) 시계열 방법

시계열 방법이란 과거의 일정한 흐름을 바탕으로 미래를 예측하는 것이다. 평생교육의 미래 수요 예측을 위해 시계열 분석방법을 활용할 때 고려할 변수를 살펴보면 다음과 같다.

첫째, 경향(Trend: T)이다. 이는 과거부터 현재까지 시장규모의 전반적인 변화수준과 비율을 반영한다. 예를 들면, 해당 프로그램에 대한 학습자 수의 장기동향 등이 포함된다.

둘째, 주기(Cycle: C)이다. 이는 규칙적인 주기를 가지고 수요에 영향을 미치는 요인을 말한다. 예를 들면, 거시적으로는 월드컵이나 올림픽, 지역축제 등과 같은 각종 정기적 문화행사, 대통령ㆍ국회의원ㆍ지자체 선거와 같은 정치행사 그리고 불경기와 호경기의 교차와 같은 경제적인 변화 주기, 하루 단위(시간대별)ㆍ주간 단위(요일별)ㆍ연간 단위(월별)의 주기적인 변화도 이에 포함된다. 이러한 요인들이 평생교육 수요에 미치는 영향을 조사하는 것이 필요하다.

셋째, 계절(Season: S)이다. 봄, 여름, 가을, 겨울에 따라 수요에 미치는 영향이 일정하게 나타나는 경우 이를 반영해야 한다.

넷째, 돌발적인 사건(Erratic events: E)이다. 이는 자연재해나 전쟁, 사고나 파업 등과 같이 예측할 수 없는 경우와 특별한 경향성을 띠지 않는 요인을 포함한다.

이러한 요인을 고려하여 미래의 수요를 적절히 파악하기 위해서는 과거의 각종 경향에 대한 풍부한 자료를 확보하는 것이 우선된다. 따라서 평상시 과거의 자료를 체계적으로 정리하는 것이 그만큼 중요하다고 볼 수 있다.

시계열 분석의 간단한 사례를 제시하면 다음과 같다.

▶▶ 사례: 전국 평생교육 종사자 대회를 연다고 할 때

(다음의 수치는 모두 가상의 경우임)

   작년 참가자: 2,300명

   장기 참가경향(T): 매년 참가자가 평균 5% 늘어나는 추세

      2,300 × 1.05 = 2,415명

   경기가 하강주기(C)에 있을 때 참가자가 평균 20% 줄어듦

      2,415 × 0.8 = 1,932명

   당일 비가 오면 참가자가 평균 15% 줄어듦

    – 비가 오는 경우: 1,932 × 0.85 = 1,642명

    – 비가 오지 않는 경우: 1,932명

   천재지변이 일어나는 경우 : 대회 불능, 임시대처 방안 모색

(3) 통계적인 수요분석

평생교육 수요 현황에 대한 안정적인 자료가 상당히 축적되면 수요에 영향을 미치는 변인들과 그 영향력의 정도를 통계학적으로 추출할 수 있다. 즉, 통계학에 있어서의 다중회귀분석 함수를 도출할 수 있는 것이다. 예를 들어, 만약 이러한 통계학적 분석을 통해 특정 기관에 대한 평생교육수요에 수입, 연령, 종교, 성별 등의 요인이 유의미한 영향을 미치고 있음을 파악했다면 다음과 같은 다중회귀분석 함수를 도출할 수 있다.

$$Y(\text{수요규모}) = aX_1(\text{수입}) + bX_2(\text{연령}) + cX_3(\text{종교}) + dX_4(\text{성별}) + e$$

이렇게 과거의 축적된 자료를 통해 평생교육 수요 함수가 도출되면 이를 통해 새로운 상황에서의 수요를 예측할 수 있다. 즉, 해당 기간 참여대상자의 수입, 연령, 종교, 성별 평균수치를 대입함으로써 대략적인 수요규모를 계산해 낼 수 있는 것이다. 그러나 이 경우 새로운 돌발변수가 작용하게 되

는 경우에는 큰 오차를 가져오게 되므로 전반적인 경향성을 파악하는 기초
자료로 활용하는 것이 바람직하다고 볼 수 있다.

📝 요약

　평생교육기관을 경영하기 위해서는 참여가능성이 있는 학습자 집단의 성격과 그
규모를 잘 파악해야 한다. 먼저 평생교육시장의 기본 성격을 파악하고 학습자 집단
을 여러 가지 기준으로 세분화하여 각각의 세분시장에 적절한 대처를 해야 한다. 평
생교육시장을 세분화하는 기준으로는 지리적 자료, 인구통계학적 자료, 심리적 자료,
행동적 자료 등이 활용된다. 그리고 학습자의 시장 참여에 영향을 미치는 참여동기와
참여 장애요인을 파악하는 것도 필요하다. 그리고 효율적인 마케팅 활동을 하기 위해
서는 학습자의 시장규모를 정확히 예측하는 것이 필요하다. 정확한 학습자 집단 시장
규모를 파악하기 위해서는 각종 통계자료와 연구결과의 활용과 표본조사 등이 필요
하다.

📝 연구문제

1. 특정한 평생교육기관에서 제공하는 프로그램을 대상으로 수요의 실효성에 따른 시장
   수준별로 대략적인 학습자 인원규모를 추산해 보시오.
2. 본인이 잘 알고 있는 평생교육기관 프로그램의 잠재적 시장을 근거가 있는 기준으로 세
   분화하고 각 세부집단별로 어떤 전략을 활용해야 할지를 비교해 보시오.
3. 본인이 참여하고 있는 기관이나 조직에서 매년 실시하고 있는 프로그램이나 행사의 참
   여 예상 인원을 여러 가지 근거에 의해 예측해 보시오.

📝 참고문헌

권두승(2000). 성인학습 지도방법의 이론과 실제. 서울: 교육과학사.

정민승(2010). 성인학습의 이해. 서울: 한국방송통신대학교출판부.

정익준(2005). 비영리마케팅. 서울: 형설출판사.

홍부길(1994). 비영리조직 마케팅과 사회 마케팅. 서울: 이화여자대학교 출판부.

Brookfield, S. D. (1986). *Understanding and Facilitating Adult Learning*. San Francisco: Jossey-Bass Publishers.

Cross, K. P. (1988). *Adult as Learners*. San Francisco: Jossey-Bass Publishers.

Henry G. T., & Basile, K. C. (1994). "Understanding the Decision to Participate in Formal Adult Education". *Adult Education Quarterly*, vol. 44, no. 2, winter.

Kotler, P., & Fox, K. F. A. (1995). *Strategic Marketing for Educational Institutions*. New Jersey: Prentice Hall.

Strother, G. B., & Klus, J. P. (1982). *Administration of Continuing Education*. California: Wadsworth Publishing Company.

Tarr, D. L. (1989). Learning More About Your Market: Sources and Uses of Data. *Handbook of Marketing for Continuing Education*(Simerly, R. G. and Associates). San Francisco: Jossey-Bass Publishers, 1989.

제3부

평생교육기관 경영의 기본 과제

제7장 평생교육기관의 프로그램 관리

제8장 평생교육기관의 인사관리

제9장 평생교육기관의 조직관리

제10장 평생교육기관의 재무관리

제7장

평생교육기관의 프로그램 관리

평생교육기관은 기본적으로 교육 프로그램을 학습자들에게 제공하는 기관이다. 평생교육 프로그램은 그 기관의 교육목적을 구현하기 위한 수단임과 동시에 그 기관을 지속시켜 나가기 위한 존립의 근거이기도 하다. 따라서 평생교육기관은 양질의 프로그램 그 자체를 개발하는 것 못지않게 이를 시의적절하고 효율적으로 개발·관리하는 것이 필요하다. 객관적으로 좋은 프로그램이라 하더라도 재정적인 압박을 받는 프로그램이나 학습자가 참여하기 어려운 프로그램만 개설되어 있다면 평생교육기관 경영의 입장에서 매우 심각한 문제를 불러일으킬 수 있다.

따라서 이 장에서는 경영 차원에서 평생교육기관의 여러 프로그램을 어떻게 관리할 것인가에 대해 다루고자 한다.

학습목표 ▶ · · ·

1. 평생교육기관 경영 차원에서 프로그램군의 구성요소와 구성방식의 유형을 설명할 수 있다.
2. 평생교육 프로그램의 생애주기에 따른 경영전략을 선택할 수 있다.
3. 프로그램을 효율적으로 관리하기 위한 여러 가지 분석방법을 활용할 수 있다.

1. 프로그램군의 구성요소와 구성방식

1) 프로그램군의 구성요소

일반적으로 평생교육기관은 여러 개의 프로그램을 동시에 운영하게 된다. 이러한 프로그램의 집단을 프로그램군이라고 할 수 있다. 이러한 프로그램군은 여러 가지 기준에 의해 분류할 수 있다. 외형적으로 관계가 없어 보이는 프로그램들도 내적으로는 나름대로의 깊은 관련성을 가지고 있다. 평생교육기관의 프로그램군이 구성되어 있는 상태는 프로그램 계열의 수, 각 계열에 속한 프로그램의 수, 프로그램 계열 간의 일관성 등에 의해 살펴볼 수 있다.

먼저, 프로그램 계열은 프로그램군을 내용별, 대상별 또는 전달경로 등의 기준으로 나눈 것을 의미한다. 예를 들어, 내용을 기준으로 하는 경우 어학계열, 컴퓨터계열, 스포츠계열 등으로, 대상집단에 따라서는 청소년계열, 여성계열, 노인계열 등으로, 경로에 따라서는 출석강의계열, 현장학습계열, 원격교육계열 등으로 프로그램군을 나눌 수 있다. 어떤 기준으로 프로그램군을 계열화할 것인가는 기관의 상황에 따라 다르다. 어느 것으로 하든 프로그램 관리상의 효용성을 우선적인 기준으로 활용하는 것이 바람직하다. 또한

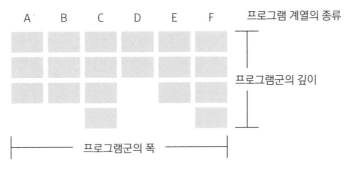

[그림 7-1] 평생교육 프로그램군의 구성요소

프로그램의 수가 많은 경우 1차 기준 이외에 다른 기준을 추가로 활용함으로써 보다 작은 계열로 세분화할 수 있다.

표 7-1 프로그램 구성의 예		
프로그램 계열	세부분야	프로그램명
스마트폰	기초	• 스마트폰 기초 활용교육 • 스마트폰 사용법 익히기
	중급	• 스마트폰을 사진과 동영상 활용 • 언택트 스마트폰 활용법
	고급	• 스마트폰으로 유튜브 즐기기 • 스마트폰 동영상앨범 제작
어학	영어	• 영화보면서 영어 공부하기 • 미국사회 이야기로 즐겁게 배우는 영어밖의 영어
	일어	• 여행 일본어 회화
인문학	정규과정	• 이미지로 알아내는 자아 • 라이벌로 보는 한국사 • 세상을 읽는 힘: 철학
	공개특강	• 그림으로 읽는 인문학 • 인문학 입문, 철학과 역사의 만남
	단기과정	• 서양고전을 통해 본 인간
요리	정규과정	• 제빵자격증반 • 영화요리 따라잡기
	공개특강	• 만능양념장으로 만드는 간편 요리특강
	단기과정	• 누구나 따라하는 세계요리 레시피 • 아빠요리교실 • 초보자도 따라하는 명품요리

참조: 서울 K평생학습센터

한편, 프로그램군의 폭은 평생교육기관 내에서의 프로그램 계열의 수를 의미한다. 다시 말해 평생교육기관 내에 프로그램 계열의 다양성 정도가 곧 프로그램군의 폭이라고 할 수 있는 것이다. 초창기 평생교육기관의 규모가 작거나 프로그램 개설 수가 적을 때에는 프로그램군의 폭이 좁은 경우가 많다. 그러다가 점차 프로그램의 수가 늘어나고 범위가 확대됨에 따라 프로그램군의 폭도 넓어지게 되는 것이 일반적이다. 그러나 일부 평생교육기관의 경우 제한된 자원을 집약적, 효율적으로 활용하기 위해 의도적으로 프로그램의 폭을 극히 제한적으로 유지하는 경우도 있다.

프로그램군의 깊이는 각 프로그램 계열에 속한 프로그램의 수를 의미한다. 일반적으로 프로그램 실시기관이 특정분야에서 경험과 노하우가 축적될수록 같은 유형의 프로그램을 심화 · 세분화시키는 경향을 나타낸다. 예를 들면, 영어회화의 경우 초급과정, 중급과정, 고급과정 프로그램이 연차적으로 개설되거나 구체적인 목적, 교육방법, 학습대상의 특성에 따라 영어회화 프로그램이 세분화되는 것을 의미한다. 이러한 세분화된 프로그램이 누적되어 일정한 관련성을 가지게 될 때 별도의 세부프로그램 계열로 분류될 수 있다.

한편, 프로그램군의 일관성은 각 프로그램 계열 사이의 상호관계성을 의미한다. 이는 기관의 정체성과 관계가 깊다. 예를 들어, 프로그램 계열이 어학과 청소년 중심으로 일관성이 있을 때 어학중심 청소년 교육기관으로서의 정체성이 높아진다고 할 수 있다.

2) 프로그램군 구성방식의 유형

평생교육기관이 프로그램의 관리 차원에서 택할 수 있는 프로그램군 구성방식의 유형은 제공 가능한 프로그램 계열의 종류나 대상으로 삼고자 하는 주요 학습자 집단의 범위 등에 의해 결정된다. 이를 대별하면 [그림 7-2]에 나타난 바와 같이 단일집중방식, 프로그램전문화방식, 집단전문화방식, 다중전문화방식, 전체포괄방식 등의 다섯 가지 유형으로 나뉜다.

단일집중방식은 하나의 특정한 프로그램을 특정한 한 집단만을 대상으로 전문적으로 실시하는 방식이다. 기관의 규모가 매우 영세한 경우나 기관 설

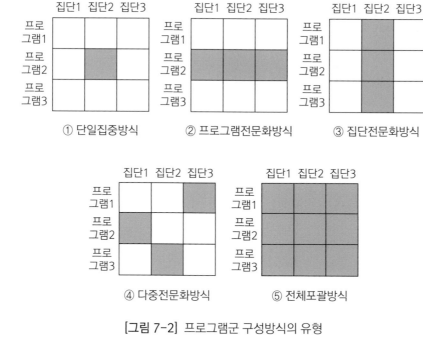

[그림 7-2] 프로그램군 구성방식의 유형

립 초기단계에 이 방법을 사용하는 것이 바람직하다.

　프로그램전문화방식은 특정한 내용의 프로그램을 다양한 학습자 집단을 대상으로 운영하는 방식이다. 이 방식은 프로그램의 깊이가 깊어지는 것과 밀접한 관계를 가진다. 즉, 처음에는 특정한 프로그램을 가장 접근하기 쉬운 집단에게 제공하다가 점차 프로그램에 대한 전문성과 노하우가 축적되면서 다른 집단에게도 비슷한 내용의 프로그램을 보급하는 방법을 의미한다. 인터넷 교육 프로그램을 예로 들면, 처음에는 성인만을 대상으로 실시하다가 점차 청소년, 노인에게도 실시하게 되는 경우가 이에 해당한다.

　집단전문화방식은 특정한 학습자 집단을 대상으로 다양한 내용의 프로그램을 제공함으로써 프로그램의 폭을 확장시켜 나가는 방식이다. 즉, 처음에는 특정한 집단에게 가장 제공하기 쉬운 프로그램부터 제공하다가 특정 학습자 집단에 대한 전문성과 노하우가 축적되면 점차적으로 프로그램의 내용을 다양화하여 제공하는 것이다. 예를 들어, 청소년 회관에서 처음에는 청소년 대상으로 각종 교양교육을 실시하다가 점차 다양한 취미교실, 상담교육도 실시하게 되는 경우가 이에 해당한다. 이는 특정 대상에 대한 전문성을 바탕으로 프로그램을 심화 · 확대해 나가기에 보다 유리한 방식이다.

다중전문화방식은 특정한 프로그램의 내용과 특정한 학습자 대상에 얽매이지 않고 그 기관에서 가장 잘 다룰 수 있는 프로그램의 내용과 대상을 선별하여 운영하는 방식이다. 이 경우에는 프로그램의 폭과 깊이가 선별적으로 확대된다. 예를 들어, 청소년 대상으로는 인터넷 교육, 주부 대상으로는 요리교육을 특화해서 실시하는 경우가 이에 해당한다. 이는 순발력 있게 환경에 대처할 수 있다는 점에서 장점이 있지만 자칫 그 기관의 특성을 잃게 될 우려도 있다.

전체포괄방식은 다양한 종류의 프로그램을 집단유형에 관계없이 폭넓게 제공하는 방식이다. 이 방식은 마치 프로그램을 백화점 식으로 운영하는 방법이라고 볼 수 있다. 즉, 모든 학습자 집단을 대상으로 모든 유형의 프로그램을 제공하는 방식이다. 이러한 유형의 프로그램군 구성방식은 평생교육기반이 약한 지역사회에 대규모의 평생교육기관이 진출할 때 활용하는 경우가 많다. 즉, 종합사회복지관이나 지방자치단체가 설립한 평생학습관 등이 이런 유형에 속한다. 그러나 최근 평생교육기관이 증가함에 따라 장기적으로는 전문화 방식으로 재편성되는 것이 바람직하다고 볼 수 있다.

앞의 다섯 가지 유형 중 어느 것이 가장 바람직하다고 말하기는 어렵다. 단, 평생교육이 발전됨에 따라 기관별로 특화되고 전문화되는 경향이 일반적이라고 볼 수 있다. 이러한 경향은 민간 평생교육기관뿐만 아니라 공공 평생교육기관의 경우에도 마찬가지이다. 특히 최근 들어 평생학습관이나 평생학습센터와 같은 공공 평생교육기관이 확대되고 있다. 이 기관은 지역주민을 위해 다양한 프로그램을 무료 내지 매우 저렴한 수강료로 운영하고 있다. 그러나 이 기관은 각 기관별로 프로그램의 내용이 대동소이해서는 안 되고, 특화된 프로그램을 전문성 있게 제공해야 할 과제를 안고 있다. 지방자치단체의 평생학습관은 인근의 다른 평생교육기관이 할 수 없는 특화된 프로그램을 선정해서 실시하는 것이 필요하다. 또한 각 읍·면·동마다 설치된 평생학습센터도 서로 협의를 통해 기관마다 특화된 프로그램을 개발하고 서로 연계하는 방법을 활용하는 것이 보다 효과적·효율적인 프로그램 관리방법이라고 할 수 있다.

2. 프로그램의 생애주기에 따른 프로그램 관리

1) 프로그램의 생애주기

평생교육기관 경영의 관점에서 프로그램을 효율적으로 관리하기 위해서는 프로그램의 생애주기를 이해해야 한다. 사람에게 생애가 있듯이 프로그램에도 생애가 있다. 즉, 프로그램도 새로운 수요에 의해 개발되어서 일정 기간 유지되다가 결국은 수요가 없어짐에 따라 시장에서 사라지게 된다. 사람도 생애주기에 따라 필요로 하는 것이 다르듯이 프로그램도 생애주기에 따라 관리하는 방식이 다를 수밖에 없다. 따라서 효율적인 프로그램의 관리를 위해서는 특정한 평생교육 프로그램이 현재 어떠한 주기에 해당되는지를 파악하는 것이 우선적으로 필요하다. 평생교육 프로그램의 생애주기는 다음의 [그림 7-3]과 같이 도입기, 성장기, 성숙기, 쇠퇴기로 나누어 볼 수 있다. 각 주기별로 그 성격을 구체적으로 살펴보면 다음과 같다.

도입기는 새로운 프로그램이 시장에 처음 도입되는 시기이다. 이 시기에는 프로그램 시장의 규모가 매우 작고 경쟁적인 위치에 있는 기관도 거의 없다. 새로운 프로그램의 도입은 우선 한정된 학습자 집단을 대상으로 이루어지고, 상황에 따라 서서히 그 대상을 넓혀 가는 방법을 많이 취한다. 따라서 새로운 프로그램의 도입기에는 혁신적인 학습자가 선도적으로 프로그램에 참여하기 시작하나 좀처럼 학습자의 참여가 급증하지 않는다. 이 시기에 프

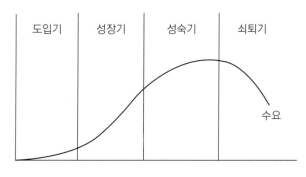

[그림 7-3] 프로그램의 생애주기

로그램을 보급시키는 데 있어서 나타날 수 있는 장애요인은 정보 부족, 새로운 프로그램에 대한 학습자의 두려움 등이다.

성장기는 프로그램 시장이 빠른 속도로 커지는 시기이다. 이 시기에는 혁신적인 학습자가 시험적으로 프로그램에 참여하는 단계에서 벗어나 계속적으로 반복 참여하는 단계로 이행해 가며 많은 수의 새로운 학습자가 프로그램 시장에 대거 참여하게 된다. 또한, 동일한 프로그램을 운영하는 평생교육기관의 수가 증가하기 시작한다.

성숙기는 프로그램 시장의 양적 성장속도가 둔화되면서 질적으로 향상되는 시기이다. 이 단계에서는 앞서 프로그램을 개설한 기관과 나중에 프로그램을 개설한 기관 사이에 프로그램의 질적인 차이가 거의 없어지게 된다. 따라서 학습자의 지속적인 참여를 유지하려는 노력을 집중적으로 기울이게 된다.

쇠퇴기는 프로그램에 대한 수요가 점차 감소되는 시기이다. 프로그램의 쇠퇴기를 초래하는 원인으로는 프로그램에 관심을 가지는 인구의 절대적인 감소, 학습자의 욕구변화, 기술의 변화에 의한 대체 프로그램의 도입 등이 있다.

2) 프로그램의 생애주기에 따른 경영의 과제

앞에서 다룬 평생교육 프로그램의 생애주기에 따라서 평생교육기관의 경영과제와 전략이 달라지게 된다.

먼저, 도입기 프로그램에 대한 평생교육기관의 기본 경영과제는 해당 프로그램 시장에 성공적으로 진입하는 것이다. 즉, 해당 프로그램에 대한 최초 학습자 참여집단을 확보하는 것이다. 프로그램의 도입기에 성공을 거두지 못하는 원인을 구체적으로 제시하면 다음과 같다.

- 해당 프로그램에 대한 수요조사의 부적절성
- 해당 프로그램을 개발 · 운영할 수 있는 인력과 전문성의 부족
- 해당 프로그램의 운영을 지원할 수 있는 조직적 시스템의 미비
- 예상보다 많은 프로그램 개발 · 운영비
- 새로운 프로그램에 대한 홍보 부족
- 해당 프로그램에 대한 치열한 경쟁

따라서 평생교육기관의 이에 대한 적절한 판단과 대응이 필요하다. 도입기의 경우 일반 대중을 대상으로 하는 홍보보다는 해당 프로그램에 관심을 가질 만한 잠재적 학습자 집단을 대상으로 하는 집중적인 홍보가 보다 바람직하다.

성장기 프로그램에 대한 평생교육기관의 기본 경영과제는 새로운 시장을 확보하는 것이다. 이를 위해 교육 프로그램의 질을 향상시킴과 동시에 보다 적극적인 홍보 및 광고가 필요하다. 또한 프로그램의 수강료를 가능한 한 낮춤으로써 보다 많은 학습자가 부담 없이 참여할 수 있도록 하는 것도 필요하다.

성숙기 프로그램에 대한 평생교육기관의 기본 경영과제는 학습자 시장을 유지하는 것이다. 이를 위해 학습자의 요구, 유사 평생교육기관의 동향, 환

경의 변화 등을 계속적으로 점검하여야 한다. 또한 프로그램의 질을 지속적으로 향상시키고 내용을 차별화함으로써 해당 프로그램의 지위를 유지해야 한다.

쇠퇴기 프로그램에 대한 평생교육기관의 기본 경영과제는 추가 비용 없이 학습자 시장을 유지하거나 효율적으로 프로그램을 종료하는 것이다. 이를 위해 추가적인 마케팅 비용을 지출하지 않은 채 기존 학습자의 참여를 가능한 한 유지시키는 것이 필요하다. 또한 특정 프로그램에 지속적인 관심을 나타내는 소수의 일부 학습자 집단을 위해 계속적으로 프로그램을 유지하는 것도 고려할 만하다. 그러나 학습자의 참여가 거의 없이 운영비용만 지속적으로 드는 경우에는 전략적인 차원에서 해당 프로그램을 폐지하는 것도 필요하다.

이 내용을 바탕으로 프로그램의 생애주기별 특징 및 경영전략을 정리하면 〈표 7-2〉와 같다.

표 7-2 프로그램의 생애주기별 특징과 경영전략

구분	프로그램 생애주기의 단계			
	도입기	성장기	성숙기	쇠퇴기
기본 경영과제	남들보다 먼저 관심을 가질 만한 특수 학습자 집단에게 프로그램을 홍보함	일반 학습자 집단들이 프로그램에 관심을 갖도록 홍보함	프로그램의 지위를 유지하고 다른 기관과의 차별성을 강화함	철수준비: 해당 프로그램을 적절하게 종결시킴
경쟁환경	경쟁의 중요성이 약함	소수의 경쟁기관이 점차 경쟁을 치열하게 함	많은 경쟁기관이 학습자 시장을 확보하기 위해 경쟁함	많은 기관이 빠져나감으로써 경쟁이 약해짐
홍보전략	선도적으로 참여할 수 있는 학습자의 욕구를 표적으로 삼음	대중시장에 프로그램의 유익함을 최대한 알림	유사한 프로그램과의 차별성을 강조함	프로그램의 우수성을 지속적으로 강조함

3. 통합적 프로그램군 관리전략

1) 통합적 프로그램군 관리의 의미와 의의

어떤 평생교육기관이든지 자금을 투입하여 육성할 프로그램이 필요함과 동시에 일정한 정도 재정에 도움이 되는 프로그램도 필요하다. 이러한 프로그램을 적절히 조합하여 균형 잡힌 프로그램의 조합에 성공한 기관만이 안정된 성장을 지속할 수 있다. 비영리 평생교육기관의 경우 모든 재원을 재정적 지원을 통해서만 충당할 수 없는 경우에는 일정한 정도 수익을 창출할 수 있는 프로그램과 당분간 재정의 투입을 집중적으로 해야 할 프로그램을 명확히 구분하여 적절한 배분을 해야 한다.

이와 같이 평생교육기관은 프로그램 현황을 파악하고 적절한 관리방법을 모색하기 위해서 여러 가지 기준에 의한 통합적 프로그램군 관리전략이 필요하다. 통합적 프로그램군 관리전략이란 평생교육기관에서 진행 중인 여러 가지 프로그램을 일정한 기준에 의해 통합적으로 평가·분석하고 이에 적절한 관리전략을 수립하는 것을 의미한다. 이러한 전략들에는 프로그램의 핵심성과 품질에 따른 관리전략, 프로그램에 대한 선호도와 지명도에 따른 관리전략, 경쟁기관 프로그램과의 경쟁위치 파악에 따른 관리전략 등이 있다. 평생교육기관의 효율적인 경영을 위해서는 이러한 프로그램 분석 및 관리전략을 적절히 활용해야 한다.

2) 통합적 프로그램군 관리전략의 유형

(1) 프로그램의 핵심성과 품질에 따른 관리전략

프로그램의 핵심성과 품질에 따른 관리전략은 비영리적·공공적 성격이 강한 평생교육기관에서 우선적으로 활용해야 할 전략이라고 할 수 있다.

먼저, 프로그램의 핵심성은 프로그램의 내용이 기관 고유의 사명을 반영하는 정도를 의미한다. 핵심성을 기준으로 프로그램을 분류하면, 핵심 프로그램, 이차적 프로그램, 부수적 프로그램으로 나눌 수 있다. 핵심 프로그램은 기관의 사명과 목적에 매우 부합되는 프로그램을 의미한다. 다시 말해 질적인 면이나 학습자의 만족도 면에서 유리한 경우는 물론 다소 불리하더라도 기관의 고유한 사명과 목적을 구현한다는 차원에서 계속적으로 운영·발전시킬 필요가 있는 프로그램을 말한다. 이차적 프로그램은 기관의 사명 또는 목적과 간접적으로 관련되는 프로그램을 의미한다. 이 프로그램의 경우 질적인 면이나 학습자의 만족도 면에서 다른 기관보다 경쟁력이 있다면 계속적으로 유지할 필요가 있다. 이차적 프로그램은 핵심 프로그램으로 발전시키거나 핵심 프로그램으로 학습자를 유도하기 위한 중간 경유 프로그램으로도 활용할 수 있다. 부수적 프로그램은 기관의 사명이나 목적과 무관하게 운영되는 프로그램을 의미하며, 과거에 특정한 목적으로 개설되었으나 기관의 목적이 수정된 이후에도 계속 남아 있는 프로그램의 경우도 해당된다. 부수적 프로그램은 질적인 면이나 학습자의 만족도 면에서 다른 기관과 비교해서 탁월한 경쟁력이 있는 경우 이외에는 기관의 정체성 측면에서 제외하는 것이 바람직하며, 특히 학습자에게 부정적인 인상을 주는 경우에는 시급히 제외시키는 것이 바람직하다.

프로그램의 객관적 품질은 기관의 사명 및 목적과의 일치성과는 관계없이 프로그램 자체의 질적 수준 및 완성도, 강사 및 직원의 능력, 시설의 우수성, 서비스 정도 등을 종합적으로 반영한다. 평생교육기관 내에서 프로그램의 핵심성과 질의 객관적 우수성은 별개이다. 예를 들어, 내용은 핵심적이지만 질적인 면에서는 다른 기관 및 프로그램과 비교해서 떨어질 수도 있다는 의미이다.

프로그램의 핵심성과 품질 두 기준에 비추어 볼 때 기관 내의 각종 프로그램을 [그림 7-4]와 같은 매트릭스로 표시할 수 있다.

핵심성

		높음	중간	낮음
품질	높음	프로그램명: A	B	C
	중간	D	E	F
	낮음	G	H	I

[그림 7-4] 프로그램의 핵심성과 품질에 의한 매트릭스

[그림 7-4]에서 표시된 프로그램의 위치가 A에 가까울수록 존속·발전시켜야 하는 반면, I에 가까울수록 폐지시킬 필요가 커진다. G에 가까운 프로그램은 프로그램의 목적을 유지하면서 질적인 향상을 위해 노력해야 하며, C에 가까운 프로그램은 프로그램이 가지고 있는 방법적, 과정적 수월성을 최대한 살리면서 프로그램의 목적과 내용을 기관의 고유한 사명과 최대한 일치시키기 위해 노력해야 한다. 그러나 모든 프로그램을 A로 유지하는 것에는 막대한 예산과 노력이 들어간다. 따라서 발전 가능성이 높은 프로그램부터 우선적으로 다루는 것이 효율적인 관리전략이라고 볼 수 있다.

(2) 지명도-선호도에 따른 프로그램 관리전략

지명도-선호도에 따른 프로그램 관리전략은 일반 학습자에게서 그 기관의 프로그램에 대한 이미지(선호도)와 홍보상태(지명도)를 직접적으로 파악함으로써 이에 대한 적절한 프로그램 관리전략을 세우는 것을 의미한다. 앞의 방법이 전문가의 관점에서 프로그램을 분류하는 것이라면 이는 학습자의 관점에서 분류한다는 점에서 이전 것보다 학습자중심적인 관리방법이라고 할 수 있다.

구체적인 방법을 살펴보면, 먼저 각 기관 또는 프로그램에 대한 일반 잠재적 학습자의 '지명도'를 측정한다. 이때는 다음과 같은 척도를 사용할 수 있다.

| 들어본 적 없음 | 들어 봤음 | 조금 앎 | 꽤 많이 앎 | 매우 잘 앎 |

일반 잠재적 학습자의 지명도를 측정한 후에는 각 기관 또는 프로그램에 대한 일반 잠재적 학습자의 '선호도'를 측정한다. 이때는 다음과 같은 척도를 사용할 수 있다.

| 매우 비호응적 | 비호응적 | 무관심 | 대체로 호응적 | 매우 호응적 |

그리고 앞의 결과를 종합하여 매트릭스로 나타내면 [그림 7-5]와 같다.

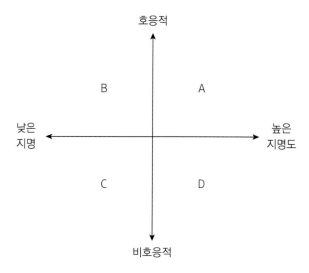

[그림 7-5] 지명도-선호도에 따른 프로그램 매트릭스

A 유형은 선호도와 지명도가 모두 높은 최선의 상태에 있는 프로그램이므로 계속 그 상태를 유지하기 위해 노력해야 한다. B 유형은 선호도는 높으나 지명도는 낮은 프로그램이므로 지명도를 높여 나가기 위해 홍보, 광고에 총력을 기울여야 한다. C 유형은 비호응적이면서 지명도도 낮은 프로그램으로 낮은 지명도를 유지하면서 왜 사람들이 비호응적인지 파악해서 수정해야 한다. D 유형은 비호응적이면서 지명도는 높은 상태로 현재로서는 최악의 상태에 있는 프로그램이라 할 수 있다. 따라서 이 경우에는 획기적인 변모를 위해 우선 지명도를 낮추면서 그들의 단점을 시급히 고쳐 나가는 전략을 사용해야 한다.

평생교육기관의 경우 그 기관의 핵심적인 프로그램이 반드시 학습자에게 선호도가 높거나 지명도가 높은 것은 아니다. 따라서 평생교육기관은 우선적으로 그 기관의 핵심 프로그램의 선호도와 지명도를 파악한 후 이를 개선하기 위해 노력해야 한다.

(3) 프로그램의 경쟁적 위치선정 전략

프로그램의 경쟁적 위치선정 전략(Competitive Positioning Strategy)은 동일한 목표 시장을 대상으로 자신의 기관이 제공하는 프로그램과 경쟁적 위치에 있는 기관이 제공하는 프로그램의 차이점을, 학습자 집단이 가지고 있는 평가기준에 근거해 파악함으로써 가장 효율적인 접근 방식을 모색하는 방법이다. 즉, 학습자의 관점에서 기관이 다른 기관과 비교해서 우월한 점과 열등한 점을 파악하고 자기 기관에 가장 적절한 접근 방식을 찾아내는 전략이라 할 수 있다(부록 6 참조).

이 전략의 구체적인 방법은 다음과 같다. 먼저, 학습자 집단이 프로그램의 품질을 평가하고 선택하는 데 결정적인 영향을 미치는 중요한 준거를 파악한다. 예를 들면, 수강료, 강사의 수준, 시설 등이 될 수 있다. 그 다음, 그 준거들 중 가장 중요한 것을 선별하여 각 준거에 대해 학습자가 우리 기관과 경쟁기관에 가지고 있는 만족도 또는 선호도를 측정한다. 예를 들어, 가장 중요한 선택기준이 수강료에 대한 만족과 강사능력인 경우, 1에서 10점까지의 척도를 사용하여 매트릭스상에 각 기관의 위치를 표시하면 다음과 같이 표현할 수 있다.

◆ 프로그램의 경쟁적 위치선정 전략 적용 사례(2개의 준거만 적용한 경우)

구분	우리 기관	경쟁기관 A	경쟁기관 B
수강료 만족	4	6	3
강사능력 만족	5	3	6

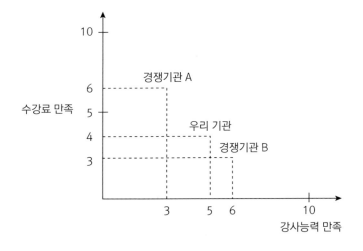

수강료 만족과 강사능력 만족의 두 측면에서 볼 때 세 기관은 각각 상이한 측면에서 경쟁력을 가지고 있다. 수강료 만족의 측면에서 상대적으로 가장 경쟁력이 높은 위치에 있는 기관은 경쟁기관 A이다. 한편, 강사능력 만족측면에서 상대적으로 가장 경쟁력이 높은 기관은 경쟁기관 B이다. 우리 기관은 두 측면에서 모두 중간쯤에 해당된다. 따라서 우리 기관이 이 시장에서최고의 경쟁력 우위를 확보하기 위해서는 수강료 만족 수준에서 최소한 경쟁기관 A와 비슷한 수준 이상이어야 하며, 강사능력 만족 면에서는 경쟁기관 B와 비슷한 수준 이상이어야 한다. 그러나 기관 경영자원의 여건상 이 두

가지 측면에서 모두 경쟁기관을 초월하기 어려운 경우에는 전략적인 측면에서 어느 한쪽 경쟁기관에 대해서만이라도 확고한 경쟁력 우위를 확보한 후 순차적으로 다른 경쟁기관에 대해서도 상대적으로 경쟁력 우위를 확보하는 방안이 필요하다.

이 경우 우리 기관이 경쟁기관 A보다 경쟁력 우위를 확보하기 위해서는 강사능력 측면에서는 현상을 유지하면서 수강료 만족도를 경쟁기관 A와 최소한 비슷한 수준으로 끌어올리기 위한 투자를 집중적으로 할 필요가 있다. 그럴 경우 우리 기관은 경쟁기관 A보다 수강료 만족도 면에서는 비슷하나 강사능력 면에서 확실한 우위를 점함으로써 절대적인 경쟁력 우위를 갖게 된다. 이 경우 우리 기관은 경쟁기관 B와 시장을 나누게 된다. 즉, 수강료 만족을 보다 중시하는 학습자 집단은 우리 기관에 참여하게 될 것이며 강사능력을 보다 중시하는 학습자 집단은 계속 경쟁기관 B에 참여하게 될 것이다. 만약 우리 기관이 수강료 만족도 면에서 얻은 역량을 바탕으로 강사능력에 대한 만족도를 높이기 위한 노력을 계속 기울이면 경쟁기관 B에 대해서도 절대적인 우위를 차지하게 될 것이다.

지금까지 살펴본 프로그램군 관리전략의 용도와 특징을 비교하여 정리하면 〈표 7-3〉과 같다.

표 7-3 통합적 프로그램군 관리전략들의 비교

구분	프로그램의 핵심성과 품질에 따른 관리전략	지명도-선호도에 따른 프로그램 관리전략	프로그램의 경쟁적 위치 선정전략
용도	우리 기관 프로그램의 정체성과 품질 수준을 분석하여 프로그램 유지의 우선순위 및 개선방안 마련	잠정적 학습자에 대한 홍보전략 모색, 프로그램에 대한 이미지 파악 및 개선	학습자의 주관적 평가 준거를 바탕으로 경쟁기관과의 경쟁력 파악 및 개선방안 모색
특징	평생교육 프로그램의 본질과 이념 중심	학습자가 가지고 있는 이미지 중시	학습자의 평가 준거 중시

📝 요약

평생교육기관은 양질의 프로그램 자체를 개발하는 것 못지않게 이를 시의적절하고 효율적으로 관리하는 것이 필요하다.

평생교육기관 프로그램군의 구성은 프로그램 계열의 수, 각 계열에 속한 프로그램의 수, 프로그램 계열 간의 일관성 등에 의해 다양한 형태로 나타난다. 또한 대상으로 하는 프로그램의 수와 시장의 범위와의 관계에 따라 프로그램 구성방식은 단일집중방식, 프로그램전문화방식, 집단전문화방식, 다중전문화방식, 전체포괄방식의 유형으로 나뉘어진다.

또한 프로그램의 도입기, 성장기, 성숙기, 쇠퇴기에 따라서도 상이한 경영전략이 요구된다. 평생교육기관의 프로그램 현황을 파악하고 적절한 관리방법을 모색하기 위해서는 여러 가지 기준에 의한 통합적 프로그램군 관리전략이 필요하다. 여기에는 프로그램의 핵심성과 품질에 따른 통합적 관리전략, 프로그램에 대한 선호도와 지명도에 따른 관리전략, 경쟁기관 프로그램과의 경쟁위치 파악에 따른 관리전략 등이 있다. 평생교육기관의 효율적인 경영을 위해서는 이러한 프로그램 분석 및 관리전략을 적절히 활용해야 한다.

📝 연구문제

1. 우리 주변에 있는 평생교육기관 한 곳을 예로 들어 그 프로그램들의 생애주기를 구분하시오.
2. 한 기관을 예로 들어 그 기관의 프로그램군을 핵심성과 품질의 기준에 따라 구분하시오.
3. 우리 주변의 평생교육기관을 대상으로 그 기관의 프로그램군 구성유형이 무엇인지를 분석하시오.

📝 참고문헌

정익준(2005). 비영리마케팅. 서울: 형설출판사.

조동성(2007). 21세기를 위한 경영학. 서울: 서울경제경영.

지호준, 이재범(2018). 알기 쉽게 배우는 21세기 경영학. 서울: 집현재.

Kotler, P., & Fox, K. F. A. (1995). *Strategic Marketing for Educational Institutions.* New Jersey: Prentice Hall.

Simerly, R. G., & Associates (1989). *Handbook of Marketing for Continuing Education.* San Francisco: Jossey-Bass Publishers.

Strother, G. B., & Klus, J. P. (1982). *Administration of Continuing Education.* California: Wadsworth Publishing Company.

제8장

평생교육기관의 인사관리

미래학자 앨빈 토플러(A. Toffer)는 다가오는 정보화시대에는 사람이야말로 건물과 공장을 대신해서 이윤창조활동에 있어 가장 중요한 자산이 될 것이라고 하였다. 즉, 가치를 창출하기 위한 기업의 모든 활동이 이제는 사람, 즉 인적 자원에 달려 있다는 것이다.

이는 평생교육기관의 경우에도 마찬가지이다. 평생교육 자체가 인적 자원개발의 성격을 가지고 있지만 다른 한편 평생교육기관 안에도 인적 자원이 포함되어 있다. 따라서 평생교육기관도 일반 조직처럼 내적으로 인적 자원을 잘 관리해야 하는 것이다. 이런 맥락에서 이번 장에서는 평생교육기관의 인사관리 방법에 대해 살펴보고자 한다.

학습목표 ...

1. 인사관리의 의미와 인사관리자의 역할에 대하여 설명할 수 있다.
2. 평생교육기관의 실무자들에 대한 인사관리의 구성요소와 방법을 활용할 수 있다.
3. 평생교육기관 자원봉사자 모집과 관리를 실행할 수 있다.

1. 평생교육기관 인사관리의 기본 성격

1) 평생교육기관 인사관리의 의미

평생교육기관은 결국 사람들에 의해 움직이는 조직이다. 따라서 평생교육기관 경영자의 주요 과제는 이러한 사람들을 잘 지원하고 관리하는 것이다. 평생교육기관도 하나의 조직으로서 나름대로 인사관리 활동이 이루어져 왔다. 그런데 최근 평생교육기관의 규모가 커지고 기능이 복잡해짐에 따라 평생교육기관에서의 인사관리의 중요성이 더욱 커지고 있다. 따라서 평생교육기관에서의 인사관리에 대한 보다 체계적인 접근이 필요하다.

일반적인 의미에서 인사관리는 경영활동의 한 영역으로서 조직의 목표 달성을 위한 인적 자원의 확보 · 개발 · 보상 · 유지를 위해 기획 · 조직 · 지휘 · 조정 · 통제하는 활동이다. 인사관리와 관련하여 최근에는 '인적 자원관리(Human Resource Management)'라는 개념이 보편화되고 있다. 인적 자원관리란 기존의 '인사관리'보다 기관의 성공적인 경영에 있어서 사람의 중요성이 더욱 커지고 있음을 반영한 것이라고 볼 수 있다. 인적 자원관리는 구체적으로 인적 자원계획, 인적 자원확보, 인적 자원개발, 인적 자원활용 등의 하위영역으로 구성된다.

이런 맥락에서 볼 때 평생교육기관의 인사관리는 평생교육기관에서 필요로 하는 인적 자원을 계획 · 확보 · 개발 · 활용하는 평생교육기관 경영의 중요한 요소라고 할 수 있다. 평생교육기관에서의 인사관리 대상은 협의의 대상과 광의의 대상으로 나눌 수 있다. 협의의 대상에는 프로그램 개발자, 프로그램 운영자, 일반 직원 등이 속한다. 여기에는 전일제 직원과 시간제 직원이 모두 포함된다. 한편 광의의 대상으로는 앞의 대상을 포함하여 외부 강사, 자원봉사자, 이사회원 등이 포함된다.

2) 인사관리의 목적과 실행원리

(1) 인사관리의 목적

평생교육기관 인사관리의 목적은 평생교육기관을 생산성 높은 학습공동체로 만드는 것이다. 즉, 외적으로는 평생교육기관으로서의 조직 목적을 효과적·효율적으로 달성할 수 있도록 인력을 적절히 활용하는 것이며, 내적으로는 조직의 구성원들이 보람과 만족을 느끼고, 유대감을 형성하면서 성장하도록 돕는 것이다. 이를 위해 다음의 두 가지 가치가 동시에 추구되어야 한다.

첫째, 합리성이다. 합리성이란 인사관리의 객관적 측면과 관련되는 가치로서 평생교육기관의 사명과 목적을 효과적·효율적으로 추구하는 것을 의미한다.

둘째는 인간존중이다. 이는 인사관리의 주관적 측면과 관련되는 가치로서 평생교육기관 구성원 사이의 갈등을 극복하고 구성원의 자기성장 및 자아실현을 추구하도록 돕는 것을 의미한다.

이 두 가지 가치가 조화롭게 구현될 때 평생교육기관은 교육적 사명의 실천은 물론 구성원 간의 유대감 강화와 자기성장도 더욱 효과적으로 이룩할 수 있다. 이는 곧 평생교육기관 학습공동체의 구현을 의미한다.

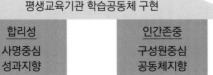

[그림 8-1] 평생교육기관 인사관리의 목적

(2) 평생교육기관 인사관리의 실행 원리

인사관리의 기본 원리는 곧 직무요건과 인력을 일치시키는 것이라고 볼 수 있다. 즉, 일과 사람을 일치시키는 것이다. 한편으로는 직무 수행에 필요한 요건을 파악하고, 다른 한편으로는 실무자의 능력과 태도를 평가한 결과를 바탕으로 적절한 직무에 적절한 인력을 배치해야 한다. 만약 직무요건에 비해 인력이 미흡한 경우에는 신규인원을 보충하거나 기존의 인력에게 교육훈련을 통해 이를 보충해 주어야 하며, 현 직무의 요건에 비해 인력이 과도할 경우에는 인력을 다른 곳으로 분산시키거나 보다 상위의 직무를 맡기는 것이 바람직하다.

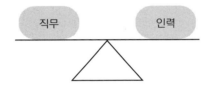

[그림 8-2] 인사관리의 기본 원리

또한 바람직한 인사관리는 조직 구성원의 개별적인 특성을 고려해야 한다. 그 기준으로는 구성원이 가지고 있는 직무에 대한 전문적 능력과 일에 대한 성취동기(열정)를 들 수 있다. 이 두 가지 기준의 정도에 따라 조직 구성원은 각각 스타형, 성실형, 문제형, 낙후형으로 분류될 수 있다. 조직 구성원의 현재 상태가 어디에 있든지 인사관리의 전개방향은 기본적으로 능력 많고 성취동기가 높은 구성원, 즉 스타형의 인력을 확보하고 개발하는 것이라고 볼 수 있다. 이를 그림으로 표현하면 [그림 8-3]과 같다.

인사관리상의 유의할 점은 조직 구성원의 약점에 너무 초점을 맞추어서는 안 된다는 것이다. 오히려 인사관리는 조직 구성원의 강한 면을 최대한 활용하는 방향으로 나가야 한다. 또한 학습공동체를 지향하는 평생교육기관의 인사관리를 위해서는 단기적인 성과를 얻는 데만 급급해서는 안 된다는 것이다. 구성원의 실수도 존중해 주어야 하며, 동기부여(motivation)를 통해 계속적인 자기계발을 할 수 있도록 기회를 만들어 주어야 한다.

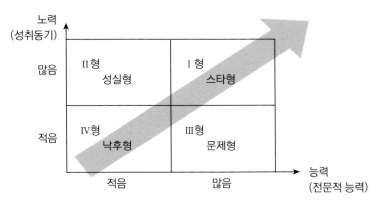

[그림 8-3] 인사관리의 전개방향

2. 평생교육기관 일반 실무자의 인사관리

1) 평생교육기관 일반 실무자의 직무

평생교육기관의 일반 실무자는 프로그램의 기획 및 운영에 실질적인 책임을 지고 있는 내부 직원을 의미한다. 예를 들면, 프로그램 개발자, 프로그램 운영자, 내부 강사, 사무직원 및 기능직원 등이 이에 속한다. 이와 관련하여 평생교육법상에 나타난 평생교육사의 역할을 보다 구체적으로 기술하면 다음과 같다([그림 8-4] 참조).

- 평생교육 프로그램의 기획과 관련된 프로그래머로서의 역할
- 개발된 교육과정을 효율적으로 진행하는 운영자로서의 역할
- 교육과정의 효과를 분석하고 평가하는 평가자로서의 역할

- 학습자에게 학습정보를 제공하고 진로개발을 지원하는 상담자로서의 역할
- 개발된 교육과정을 학습자에게 전달하고 강의하는 교수자로서의 역할

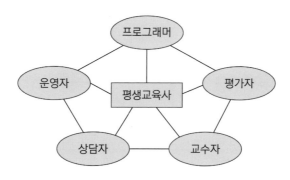

[그림 8-4] 평생교육사의 역할

이러한 역할을 바탕으로 평생교육사의 구체적인 직무를 분석할 필요가 있다. 평생교육사의 직무를 주요 책무와 그 과업들로 구성하면 〈표 8-1〉과 같다.

표 8-1 평생교육운영 관련 국가직무능력표준(NCS)

구분	능력단위	수준	능력단위요소
평생교육 프로그램 기획 · 개발 · 평가	평생교육 상황분석	5	사전조사, 잠재적학습자 분석, 상황분석결과 보고
	평생교육 요구분석	5	요구조사 계획, 요구조사도구 개발, 요구조사 실시, 요구조사결과 보고
	평생교육 자원분석	5	인적자원 조사, 물적자원 조사, 재정자원 조사, 정보자원 조사
	평생교육 프로그램 설계	5	교육목표 설정, 교육내용 구성, 교수학습방법 선정, 교수매체 선정
	평생교육 교수 학습 자료 개발	6	교재 개발, 교수학습지도안 작성, 교수학습보조 자료 제작

평생교육 프로그램 기획 · 개발 · 평가	기관 프로그램 통합 관리	6	프로그램군 분석, 프로그램 운영 모니터링, 프로그램 운영 현황 분석, 프로그램 개편 기획
	평생교육 프로그램 평가	5	평가계획 수립, 평가도구 개발, 평가담당자 교육, 프로그램 운영과정 평가, 프로그램 운영결과 평가, 평가결과 분석, 평가결과 피드백
	평생학습 결과 인정	5	학습계좌제 운영, 학점은행제 운영, 독학사 운영, 초중등학력인정, 선행학습인정
평생교육 프로그램 운영 · 상담 · 교수	평생교육 프로그램 홍보	5	홍보 준비, 홍보 실행, 홍보결과 분석
	평생학습 설계	5	학습이력 파악, 학습자 특성 파악, 학습경로 설계
	평생교육 인적자원 관리	5	학습자 관리, 교강사 관리, 자원봉사자 관리
	평생교육 실무행정	3	문서작성, 문서관리, 회계처리, 평생교육정보망 운영
	평생교육 교수업무 실행	7	교수계획서 작성, 교수자료 제작, 교수학습 실행, 학업성취도 평가
	학습동아리 운영	5	학습동아리 조직, 학습동아리 지원, 학습동아리 컨설팅, 학습동아리 성과 확인
	평생교육 조직 운영	6	조직 진단, 학습조직 운영, 구성원 역량 개발
	프로그램 현장 관리	3	평생교육 행사 운영 지원, 학습환경 관리, 학습자 안전 관리
	평생교육 네트워크 관리	5	네트워크 유형 파악, 네트워크 구축, 네트워크 운영, 네트워크 유지 관리
	평생교육 현장실습 관리	5	실습생 선발, 실습프로그램 개발, 실습 운영, 실습결과 평가

출처: 고용부 · 한국산업인력공단 · 한국평생교육총연합회(2016a, 2016b) p. 49 재구성

2) 평생교육기관 일반 실무자 인사관리의 실제

평생교육기관 일반 실무자에 대한 인사관리의 구체적인 방법은 기관의 유형 및 성격에 따라 다소 차이가 있지만 대체로 다음과 같은 기본 요소를 포

함한다. 그 구성요소는, 첫째, 필요한 적정인원의 파악, 둘째, 인력수급, 셋째, 기관 내 인적 자원의 개발, 넷째, 교직원들의 업무수행평가, 다섯째, 보상관리, 여섯째, 인사이동 등이다. 다음에서는 이러한 기본 요소를 구체적으로 살펴보고자 한다.

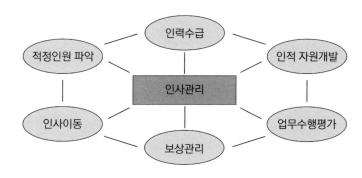

[그림 8-5] 인사관리의 구성요소

(1) 적정인원 파악

적정인원 파악은 평생교육기관의 운영을 위해 세부조직별로 요청되는 인적 자원에 대한 수요를 예측하는 것을 의미한다. 이러한 예측을 할 경우, 장기예측의 경우에는 평생교육기관의 거시적·미시적 환경 요인을 고려해야 하며, 단기예측의 경우에는 당장 시행하려고 하는 프로그램상의 인원계획, 예산의 뒷받침 등을 고려해야 한다.

(2) 인력수급

인력수급은 세부조직별로 현재의 인력과 필요한 인력 간의 차이를 해소하는 활동을 의미한다. 평생교육기관에서 필요한 인력을 보완하는 방법에는 새로운 교직원을 채용하는 방법 이외에도 연장근무, 임시직 고용(아르바이트), 아웃소싱, 자원봉사자의 확보 등 여러 가지 방법이 있을 수 있다. 기관경영의 효율성 차원에서 볼 때 새로운 교직원의 채용은 오히려 가장 최후의 방법이라고 볼 수 있다. 이외에도 인적 자원개발을 위한 교육, 이직의 방지 등도 넓은 의미에서 인력 확보 방법 중의 하나라고 볼 수 있다.

인력 확보 시의 기준으로는 직무와의 관련성, 대상자의 적성·인성·관심·전문분야, 장기적인 인력 계획 일정 등이 있다. 한편, 인력 충원의 접근 방식으로는 일중심의 접근방식(먼저 일을 기획하고 나서 그 일을 맡을 사람을 찾는 것), 사람중심의 접근방식(좋은 사람을 찾아 놓고 일을 맡기는 방식), 관리망 접근방식(일과 사람을 다 강조하되 상황에 따라 인력을 구성하는 방식)으로 나누어 볼 수 있다.

표 8-2 부족인력의 보완방법		
방법	속도	효과성
연장근무	빠르다	높다
임시직 고용(아르바이트)	빠르다	높다
아웃소싱	빠르다	높다
자원봉사자 확보	느리다	중간
새로운 직원 채용	느리다	낮다

또한 새로운 교직원을 직무에 배치하기 위해서는 다음과 같은 사항이 고려되어야 한다.

- 교직원이 수행해야 할 업무내용을 정확하게 하라.
- 교직원의 자기 계발을 위해 계속 돌봐 주라.
- 교직원 각 개인의 재능을 점검하라.
- 지원자의 능력과 기능 등 모든 것을 지원서에 기입하도록 하라.
- 반드시 사전 상담을 하라.

(3) 인적 자원개발

인적 자원개발은 교직원 개개인의 잠재능력을 개발할 수 있도록 하는 동시에 현재의 직무를 보다 원활히 수행할 수 있도록 기관 차원에서 지원하는 활동이다.

인적 자원개발을 실시 시기, 실시의 판단자, 성과의 판단 시기 등을 종합적으로 고려하여 유형화하면 〈표 8-3〉과 같다.

표 8-3 인적자원개발 방법의 유형

구분	의미	필요한 시점	실시 필요성 판단자	성과의 판단 시기
훈련 또는 연수	현재 직면하고 있는 직무와 직접 관련이 있는 지식이나 기술을 습득함으로써 훈련 직후 직무성과와 직결될 수 있도록 학습경험을 조직화하는 활동	신규 교직원 채용 후 새로운 지식이나 기법을 신속하게 활용하려고 할 때	훈련참가자의 직속상관	훈련 직후 현장적용 시
교육	현재의 직무가 아닌 다른 직무를 맡게 될 경우를 대비하여 필요한 전문지식이나 기술을 습득할 수 있도록 준비시키는 학습활동	환경변화로 인해 직무유형이나 본질의 변화가 예상되는 경우 승진을 통한 업무 성격이 이전 업무와는 많은 차이점이 예상될 경우	해당부서 또는 인사부서의 중견 관리자나 임원	미래의 직무에 근무한 후
경력개발	현재 또는 미래의 직무와 직접 관련되지 않은 상태에서 개인의 성장을 도모하기 위해 제공되는 학습경험	수시로 공평하게 배분	상위 경영진의 장기전략에 따름	장기적인 차원

일반적으로 조직 내에서 실무자에 대한 교육훈련은 훈련요구의 파악, 훈련계획의 수립, 학습도구의 제작, 훈련기법의 적용, 훈련결과의 평가, 훈련효과의 지속의 순으로 이루어진다. 이를 그림으로 표시하면 [그림 8-6]과 같다(리차드 장, 1997).

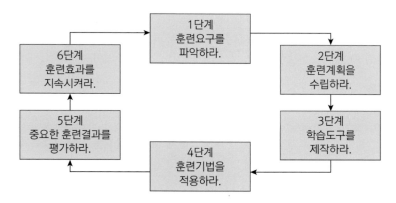

[그림 8-6] 교육훈련 프로그램 운영의 과정

(4) 수행평가

수행평가는 실무자가 얼마나 만족하며 성공적으로 직무를 수행하고 있는지를 판단하는 활동을 말한다. 수행평가는 조직 구성원의 능력을 반영하여 인력을 조직의 적재적소에 배치하고, 부족한 능력을 개발하기 위한 자료를 수집하며, 능력에 따른 공정한 보상관리의 근거를 마련하는 데 그 목적이 있다.

수행평가의 내용은 크게 양적 측면과 질적 측면의 두 가지로 구분된다. 양적 측면에서는 업무의 양, 업무의 질, 비용, 시간 등의 기준에 따라 업무의 달성량, 업무의 정확성, 비용절감, 업무일정 완수 등의 항목에 대해서 평가한다. 반면에, 질적 측면에서는 유효성을 기준으로 업적 달성도, 업적 공헌도, 업적 신장도, 기능 향상도, 아이디어 제안 정도, 부하 육성 정도 등의 항목에 대해 평가한다. 각 평가항목은 조직 및 직무의 특성에 맞게 가중치를 적용하여 합산할 수 있다.

(5) 보상관리

보상관리란 교직원이 평생교육기관에 이바지한 대가를 제공하는 체계에 대하여 기관과 교직원이 모두 만족할 수 있도록 중재·조절하는 것을 의미한다. 일반적으로 보상이란 기본급, 수당, 상여금, 임금, 복지후생 등의 요소로 구성되어 있다. 그 내용을 보다 자세히 살펴보면 〈표 8-4〉와 같다.

표 8-4　보상의 체계

종류	내용
기본급 (basic pay)	정상 노동시간 내의 노동에 대해 지불되는 시간당 또는 월당(月當) 임금
수당 (allowance)	일정한 급료 이외에 정기 또는 수시로 지급되는 보수 가족수당·특근수당·주택수당·근무지수당·주말수당 등
상여금 (bonus)	일정한 생산액 이상의 능률을 올린 자에게 지급되는 특별포상금이나 특별휴가 등
복지후생	기관이 교직원과 그 가족의 생활수준을 향상시키기 위하여 마련한 임금 이외의 갖가지 급여의 총칭 • 직접적 복지후생: 각종 보험, 퇴직금, 연금 갹출비용의 부담, 휴무 시 임금 지급, 휴가보조금 등 • 간접적 복지후생 : 주거시설, 편의시설, 레크리에이션, 의료시설 등

기관의 입장에서는 이러한 보상을 비용으로 인식하기 때문에 부담으로 인식할 수 있는 반면에, 교직원은 소득으로 인식하여 더 많이 받고 싶어하는 것이 일반적이다. 따라서 이 두 입장을 적절하게 조화시키기 위한 노력이 필요하다.

(6) 인사이동

인사이동에는 승진, 전근, 이직 등의 형태가 있다. 승진은 교직원의 직무 서열 또는 자격서열의 상승을 의미하는 것으로 직위의 상승과 더불어 보수, 권한과 책임의 확대가 수반된다. 이는 개인에게는 자아발전 욕구를 충족시켜 주는 수단이 되고 조직의 입장에서는 효율적인 인적 자원개발의 근간이 된다. 요즘에는 조직의 특성이 변화함에 따라 연고나 연공서열 등의 비합리적인 근거가 아닌 직무중심의 능력주의 승진제도가 중시되고 있다.

전근은 동일하거나 비슷한 계층의 다른 직무로 이동하는 것을 의미한다. 전근을 통해 교직원은 자신의 경험을 넓힐 수 있고 새로운 기술을 배울 수 있으며, 조직의 입장에서는 인적 자원의 효율성을 높이기 위한 재배치 방법이 된다.

이직은 교직원이 여러 가지 요인으로 인해 직장을 떠나는 것을 의미한다. 이직에는 사직, 해고, 파면, 퇴직 등이 포함된다.

- 사직: 조직 구성원이 자발적으로 조직체를 떠나는 것
- 해고: 사용자가 근로자와의 근로계약을 일방적으로 해약하여 근로관계를 소멸시키는 것
- 파면: 교직원 비행이 있을 때 징계위원회의 의결을 거쳐 임용권자가 신분을 박탈당하는 것(일반적으로 퇴직금이나 연금 수령도 제한됨, 해임의 경우는 퇴직금이나 연금 수령의 제한이 없음)
- 퇴직: 구성원의 연령과 관련하여 조직체를 떠나는 것

이직관리는 인사담당자가 이직 발생의 배경, 이유 등을 충분히 숙지하고 그 분석결과를 바탕으로 원만한 인력수급이 이루어질 수 있도록 조정하는 활동이다. 고용 초기에 이직자가 많은 경우는 조직체의 모집, 선발, 교육훈련 과정에 문제가 있다는 것을 의미한다.

3. 외부 인적 자원의 관리

1) 외부 강사의 관리

(1) 평생교육기관 강사의 의의

평생교육기관의 강사는 학습자로 하여금 학습목표를 성취할 수 있도록 교수과정을 설계하고 여러 가지 학습기법과 도구를 통해 직접적으로 수업을 진행하는 사람을 말한다. 평생교육기관의 규모가 작은 경우에는 평생교육기관의 지도자가 강사의 역할을 겸임하는 경우가 많으나 평생교육기관의 규모가 커지고 다루는 프로그램의 내용이 다양해짐에 따라 외부에서 전문가를 강사로 초빙하는 경우가 보편화되고 있다. 강사는 평생교육 프로그램의 운영에서 핵심적인 역할을 차지함에도 불구하고 대부분의 평생교육기관에서는 강사를 외부에서 초청하게 된다. 따라서 평생교육기관에서 강사에 대한 관리는 일반 정규직원의 관리와는 다른 차원에서 매우 민감하게 다루어져야 한다.

(2) 강사의 요건

평생교육기관의 강사가 갖추어야 할 요건으로는 크게 지식적인 면과 태도적인 면이 있다. 강사가 갖추어야 할 지식에는 교과에 대한 지식, 학습자에 대한 지식, 교수-학습 과정에 대한 지식 등이 있다. 교과에 대한 지식은 강사가 가르쳐야 할 교육내용에 대한 지식을 의미하며, 학습자에 대한 지식은 학습자의 현재 상황 및 수준, 그들의 요구에 대한 지식을 의미한다. 한편, 교수-학습 과정에 대한 지식은 교수 및 학습의 과정에서 활용해야 할 여러 가지 실제적인 방법에 대한 지식을 의미한다. 이와 관련하여, 일반적으로 전문지식의 전달능력이 중시되어 왔지만 최근에는 학습자의 소집단활동 및 자기주도학습을 지원하는 교육방법전문가의 역할이 증대되고 있다. 즉, 워크숍 진행, 학습상담, 원격교육 운영 등의 역할이 증대되고 있다. 강사는 이러한 지식을 바탕으로 충분히 교육에 활용할 수 있는 실무능력을 갖추어야 한다.

한편, 강사에게 필요한 태도와 관련된 요인으로는 사명감, 신뢰성, 학습자 존중, 긴밀성 등을 들 수 있다. 이를 구체적으로 살펴보면 다음과 같다.

- 사명감: 기관의 교육 목적을 잘 이해하고 교육에 대한 열의를 가짐
- 신뢰성: 강의계획이나 수강생과의 약속을 잘 지키고 기관과의 계약관계를 잘 이행함
- 학습자 존중: 학습자의 의견을 존중하며 친절하게 대함
- 긴밀성: 학습자에게 개별적 관심을 갖고 직원과도 원만한 인간관계를 유지함

이상의 요건 외에도 평생교육기관의 경영자의 입장에서 강사에 대해 고려해야 할 요인으로 다음의 것들을 들 수 있다.

- 우리 기관의 취지·이미지와 해당 강사의 성향이나 경력과의 부합성
- 해당 강사의 사회적 지명도
- 해당 분야에서의 강사의 경험 정도
- 해당 강사의 일반적인 강사료
- 우리 기관에 대한 해당 강사의 이해도와 협조관계

(3) 강사 섭외와 오리엔테이션 방법
강사의 섭외는 보통 다음의 단계를 거쳐 이루어진다.

- 교육 프로그램을 확인한다.
- 기관이 보유하고 있는 강사뱅크를 활용해 강의에 적합한 강사후보자 목록을 작성한다.

- 기관 외의 정보망을 활용하여 강의에 적합한 강사후보자를 추천 받는다.
- 강사후보자를 놓고 적임자 선정을 위한 내부 회의를 한다.
- 강사후보자의 우선순위를 매긴다.
- 1순위 강사부터 강의 의뢰를 한다.
- 강의 수락을 하면 강의의뢰서와 기관 및 프로그램에 관한 자료를 발송한다.
- 프로그램 실시 하루 전쯤 강의 시간과 장소에 대해 확인시켜 준다.

외부에서 섭외하는 강사의 경우 그 분야에 대한 전문지식은 뛰어난 경우가 많으나 학습자에 대한 지식과 교수-학습과정에 대한 지식은 부족한 경우도 많다. 따라서 이 외부 강사들을 위한 오리엔테이션이 필요하다. 평생교육 프로그램이 성공적으로 운영되기 위해서는 평생교육기관 경영자나 외부 강사 모두 "해당 분야 전문지식만 있으면 아무나 가르칠 수 있다."라는 잘못된 인식을 바꾸어야 한다. 외부 강사에게 프로그램의 취지와 학습자에 대한 충분한 정보를 제공함으로써 강사의 교육내용이 맥락에서 벗어나지 않도록 충분한 오리엔테이션을 하는 것은 평생교육기관 경영자의 책임이라고 할 수 있다.

강사를 위한 오리엔테이션은 우편, 강사 연석회의, 강사 연합연수 등을 통해 이루어질 수 있다. 오리엔테이션을 통해 다루어야 할 내용은 다음과 같다.

- 본 평생교육기관의 사명 및 교육목적
- 해당 교육 프로그램의 목적
- 교육대상자 집단의 규모, 특성 및 교육요구
- 프로그램의 전반적 구성과 다른 강사의 프로필
- 활용할 수 있는 교육 시설 및 기자재

2) 평생교육기관 자원봉사자의 관리

(1) 평생교육기관 자원봉사자의 기본 성격

평생교육기관의 자원봉사자는 평생교육기관에서 무보수로 강의, 행사 안내, 프로그램 운영 및 상담 등의 역할을 수행하는 사람들을 의미한다. 학습자들의 자발적인 모임(학습자 자치회, 학습동아리 등)을 이끌어 가는 리더도 이에 해당한다고 볼 수 있다.

평생교육기관에서의 자원봉사자 활동은 여러 가지 점에서 의의가 있다.

먼저 평생교육기관에서의 자원봉사자 활동은 일반 시민사회 성숙의 연장선상에서 파악할 수 있다. 왜냐하면 평생교육기관은 그 자체로 시민사회의 중요한 기관이기 때문이다. 자원봉사자들은 평생교육기관에서의 활동을 통해 시민사회의 성숙에 이바지하는 의미 있는 경험을 하게 된다.

또한 평생교육기관에서 자원봉사자 활동은 경제적인 면에서 큰 의미를 가진다. 대부분 비영리적 성격이 강한 평생교육기관의 경우 자원봉사자의 활동은 적은 인건비를 가지고도 많은 일을 할 수 있는 효과를 가져온다.

이런 맥락에서 볼 때 평생교육기관의 자원봉사자 활동은 앞으로도 더욱 활성화될 필요가 있다. 따라서 평생교육기관 경영의 차원에서 자원봉사자의 인적 자원을 체계적으로 개발하고 관리하기 위한 노력을 더 많이 기울여야 한다.

(2) 자원봉사자의 동기

자원봉사자의 활동을 활성화하고 효율적으로 관리하기 위해서는 먼저 자원봉사자의 동기를 정확하게 파악하는 것이 필요하다. 일반적으로 자원봉사자의 동기는 남을 위한 봉사인 경우가 많겠지만 실제로는 훨씬 복합적으로 구성된다. 일반적으로 파악된 자원봉사자의 동기를 유형화하면 다음과 같다(이성록, 2007).

첫째, 사회적인 책임감이다. 이것은 자원봉사의 가장 공식적이고 본질적인 동기라고 볼 수 있다.

둘째, 경험의 추구이다. 즉, 자원봉사자는 이러한 활동을 통해 해당 분야의 실무경험을 쌓고 성장하기 위한 기회로 삼고자 하는 동기도 가지고 있다.

셋째, 타인의 기대에 부응하기 위함이다. 즉, 주변사람에 의한 높은 도덕성 요구, 소속기관의 지시나 무언의 압력 등에 의해 자원봉사활동에 수동적으로 참여하는 경우도 있다.

넷째, 사회적 접촉을 하기 위함이다. 즉, 자원봉사활동을 통해 많은 사람을 사귀고 싶어하는 욕구도 작용한다.

다섯째, 사회적인 공명심의 추구이다. 이럴 때는 지원봉사자 관리의 차원에서 자원봉사활동의 본질이 희석되지 않도록 적절한 조치가 필요하다.

이 외에도 자원봉사자의 동기는 다양하다. 이러한 동기들은 정도의 차이는 있지만 모든 자원봉사자가 동시에 가지고 있다고 볼 수 있다. 따라서 평생교육기관은 이러한 자원봉사자의 다양한 동기를 최대한 충족시켜 줄 수 있도록 다각적인 노력을 기울여야 한다. 그러기 위해 보람 있고 유익한 경험을 할 수 있도록 적절하게 직무를 부여하고, 자원봉사자가 인간적인 유대관계를 가질 수 있도록 고려하며, 전문성을 향상시킬 수 있는 연수도 실시하는 것이 바람직하다.

(3) 자원봉사자 관리의 기본 원리

평생교육기관에서의 자원봉사활동을 활성화하기 위해서는 다음의 몇 가지 원리를 반영해야 한다.

첫째, 자원봉사자 관리는 인사관리의 전체 맥락 속에서 이해되어야 한다. 자원봉사자의 중요성이 점차 커짐에 따라 자원봉사자 관리는 일반 교직원과 강사의 관리와 더불어 평생교육기관의 전반적인 인사관리 차원에서 종합적으로 이해되어야 한다.

둘째, 자원봉사자를 평생교육기관의 중요한 운영 주체로서 받아들여야 한다. 그들을 단지 평생교육기관의 부수적 존재로 파악할 것이 아니라 기관의 중요한 핵심 주체로 인식해야 할 것이다. 따라서 자원봉사자 각 개인이나 자원봉사자 집단의 대표를 기관의 운영위원회나 자문위원회에 참여시키는 것이 필요하다. 일반적으로 기관의 의사결정에 참여할 수 있을 때 자원봉사자는 더욱 열의를 갖고 봉사활동을 계속하게 된다.

셋째, 평생교육기관 자원봉사자에게 자기성장을 위한 학습의 기회를 제공해야 한다. 자원봉사활동은 그 자체로 그들을 위한 학습의 기회가 된다. 이러한 학습의 기회를 통해 자원봉사자는 더욱 만족을 얻게 되며 자원봉사활동에 더 깊은 관심을 갖게 된다. 이런 의미에서 자원봉사자의 효과적 관리를 위해서는 자원봉사자의 학습요구에 대한 정확한 검증과 아울러 자원봉사자를 더 높은 수준의 학습으로 이끌기 위한 기회를 제공해야 한다.

(4) 자원봉사자 관리의 과정

평생교육기관의 자원봉사 관리자는 자원봉사활동의 기획에서부터 선발, 교육, 배치, 평가에 이르는 일련의 과정을 수행해야 한다. 이를 경영의 과정 요소에 따라 살펴보면 [그림 8-7]과 같다.

① 기획

기획에는 상황분석, 성과목표 수립, 전반적인 활동계획 수립이 포함된다. 상황분석이란 평생교육기관에서 필요로 하는 자원봉사자의 수요를 파악하는 한편, 평생교육기관에서 일하고 싶어하는 자원봉사자 풀의 규모와 요구를 파악한다. 성과목표 수립이란 자원봉사자 활용을 통해 달성하고자 하는 과제의 종류와 그 달성목표 수준을 결정하는 것이다. 아울러 전반적인 활동계획 수립이란 자원봉사자의 확보, 배치, 훈련, 평가를 위한 담당자, 예산, 기법, 일정 등의 구체적인 실행계획을 수립하는 것을 의미한다.

② 조직화

조직화에는 자원봉사자 관리총괄팀의 구성 및 각 부문 간 협력체제 구축

[그림 8-7] 자원봉사자 관리의 단계

이 포함된다. 관리총괄팀은 총 책임자를 비롯하여 홍보, 교육, 상담 등의 역할을 담당할 수 있는 전문가로 구성된다. 이들은 평생교육기관 내의 각 부서에서 발탁될 수 있으며, 상시적인 조직으로 운영될 수도 있다. 한편 각 부문 간 협력체제 구축이란 각 부문별로 자원봉사자 활용 담당자를 선정하여 총괄팀과 더불어 협의회를 비롯한 네트워크를 구성하는 것을 의미한다. 활용담당자는 각 부서의 장이 담당할 수 있다. 이러한 협력체제 구축을 통해 얻을 수 있는 유익한 점은 다음과 같다.

- 각 부서에서 필요로 하는 자원봉사자의 수와 자격요건에 관한 정보를 수집하여 자원봉사자 모집에 활용한다.
- 자원봉사자에 대한 정보를 공유함으로써 각 부서에서 인력을 효율적으

로 활용할 수 있게 한다.

- 각 부서에서 자원봉사자를 활용할 때 발생하는 문제점, 보완해야 할 능력 등에 대한 정보를 수집하여 이를 시정해 준다.

③ 충원

충원에는 자원봉사자의 모집, 홍보, 면접, 검정, 배치의 과정이 포함된다. 자원봉사자를 모집하기 위해서는 자원봉사자의 수, 자격요건, 과제의 성격, 봉사활동시간, 봉사방법, 활동상의 혜택 등에 관한 홍보활동이 이루어져야 한다. 지원한 자원봉사자에 대해서는 면접을 통해 희망사항과 능력을 파악한다. 점차 자원봉사자의 전문성이 요구되는 경향이 높아짐에 따라 자원봉사자의 능력을 검정해야 할 필요성도 커진다. 이렇게 파악된 자원봉사자는 각 부문별로 자원봉사자의 희망사항과 각 부문의 수요를 반영하여 배치한다.

④ 지도

지도에는 자원봉사자에 대한 직무훈련, 상담 등이 포함된다. 과제의 성격상 자원봉사활동을 수행하기 위해서 새로운 지식과 기술을 습득하고 보다 전문성을 향상시킬 필요가 발생할 수 있다. 이를 위해 실무현장에서의 훈련이나 별도의 훈련과정이 필요하다. 또한 봉사활동 가운데 발생할 수 있는 갈등, 좌절감, 사기저하 등을 해소할 수 있도록 상담을 비롯한 각종 지원활동이 필요하다.

⑤ 조정

조정에는 자원봉사활동에 대한 평가가 포함된다. 자원봉사활동의 성과, 자원봉사자 관리 과정상의 문제점을 파악하여 개선하도록 하는 것을 의미한다.

📝 요약

평생교육기관의 규모가 커지고 기능이 복잡해짐에 따라 평생교육기관에서의 인사관리의 중요성이 커지고 있다. 일반적인 의미에서 인사관리는 조직의 목표달성을 위한 인적 자원의 확보, 개발, 보상, 유지를 여러 환경적 조건과 관련하여 기획, 조직, 지휘, 조정, 통제하는 관리체계이다. 평생교육기관의 인사관리에는 적정인원의 파악, 인력의 수급, 인적자원개발, 수행평가, 보상관리, 인사이동 등의 요소가 포함된다.

특별히 평생교육기관에서는 강사에 대한 특별한 관리가 필요하다. 외부 강사는 해당분야에 대한 전문지식은 물론 학습자에 대한 이해, 교수-학습상의 방법에 대해서도 전문지식을 가져야 하며, 올바른 교육적 태도도 가져야 한다. 이를 위해 강사에 대한 적절한 오리엔테이션이 있어야 한다.

한편, 최근 들어 자원봉사에 대한 사회적 관심이 높아지면서 평생교육기관에서의 자원봉사자 활동도 늘고 있다. 평생교육기관에서의 자원봉사활동은 참여자의 성장은 물론 평생교육기관의 효율적 경영에도 도움이 된다. 자원봉사자를 성공적으로 활용하기 위해서는 평생교육기관의 핵심적인 주체로 수용해야 하며, 계속적인 학습의 기회도 제공하는 것이 바람직하다. 아울러 자원봉사활동의 기획부터 평가에 이르기까지의 전 과정을 관리할 수 있는 자원봉사 관리자의 역할도 중요하다.

📝 연구문제

1. 특정한 평생교육기관을 대상으로 인사관리의 구성요소에 따라 그 특징을 분석해 보시오.
2. 평생교육사의 직무분석 내용을 바탕으로 나름대로 평생교육실무자로서의 본인에 대한 직무평가를 해 보시오.
3. 주변 평생교육기관의 자원봉사자 활용 현황을 파악해 보시오.

📝 참고문헌

고용부, 한국산업인력공단, 한국평생교육총연합회(2016a). 2016. 국가직무능력표 준-평생교육운영: 평생교육프로그램기획 · 개발 · 평가.

고용부, 한국산업인력공단, 한국평생교육총연합회(2016b). 2016. 국가직무능력표 준-평생교육운영: 평생교육프로그램운영 · 상담 · 교수.

김성국(2008). 조직과 인간행동. 서울: 명경사.

리차드 장(1997). 효과적인 교육 프로그램 개발. 이상욱 외 역. 서울: 21세기 북스.

오종석(2003). 인적자원관리. 서울: 삼영사.

오혁진(2005). 학습공동체의 다차원적 성격과 구현원리에 관한 연구. 평생교육학연구, 11(1). 한국평생교육학회.

이성록(2007). 자원봉사활동관리 이론과 실제. 서울: 미디어숲

정익준(2005). 비영리마케팅. 서울: 형설출판사.

조동성(2007). 21세기를 위한 경영학. 서울: 서울경제경영.

지호준, 이재범(2018). 알기 쉽게 배우는 21세기 경영학. 서울: 집현재.

Davis, L. E. (1979). Job Design: Historical Overview. In Louis E. Davis & James C. Taylor (Eds.), *Design of Jobs*. Goodyear Publishing Company, Inc., Santa Monica, Calif.

Elsey, B. (1993). "Voluntarism and adult education as civil society and the 'third way' for personal empowerment and social change". *International Journal of Lifelong Education,* Vol. 12, No. 1, pp. 3-16.

Flippo, E. B. (1984). *Personnel Management* (6th ed.). New York: McGraw-Hill Book Company.

Gilley, J. W., & Eggland, S. A. (1989). *Principles of Human Resource Development*. Reading, MA: Addison-Wesley Publishing Comp.

제9장

평생교육기관의 조직관리

평생교육기관은 하나의 조직이다. 평생교육기관을 성공적으로 운영하기 위해서는 먼저 내부의 조직을 적절하게 구성해야 한다. 조직화는 기관의 상황에 따라 다양한 방식으로 이루어진다. 평생교육기관을 성공적으로 경영하기 위해서는 이러한 조직의 구성방법과 합리적인 운영원리를 이해하는 것이 필요하다. 최근에는 경영에 있어 지식의 창출과 공유를 위한 학습조직의 원리가 중요시되고 있다.

이 장에서는 평생교육기관 조직화의 형태와 방법, 평생교육기관의 조직원리로서의 학습조직의 성격, 평생교육기관에서 발생할 수 있는 갈등 해소법에 대해 다루고자 한다.

학습목표 ▶ ‥‥

1. 평생교육기관 조직화의 방법과 유형을 설명할 수 있다.
2. 평생교육기관의 조직원리로서의 학습조직의 성격을 설명할 수 있다.
3. 평생교육기관 조직 내의 갈등 해소 방법을 제시할 수 있다.

1. 평생교육기관 조직화의 성격과 유형

1) 조직화의 의미와 단계

(1) 조직화의 의미

조직화(organizing)란 기관의 목표를 최상의 방법으로 실현할 수 있도록 조직을 구성하고 각종 경영자원을 배분하고 조정하는 활동을 의미한다. 다시 말해 기관의 목표를 달성하기 위해 인적 자원과 물적 자원, 자금, 지적 자원 등 모든 경영자원을 단위별로 나누어 배분하고 조정하는 활동이라고 할 수 있다(지호준, 이재범, 2018). 이러한 조직화활동은 경영활동의 한 부문으로서 목표달성을 위한 업무 세분화 과정의 성격을 갖고 있다. 따라서 어떤 업무가 수행되어야 하며, 누가 그것을 수행할 것인지, 업무분류는 어떤 식으로 이루어지며, 업무보고는 누가하고, 의사결정은 어디에서 이루어지는가에 관한 문제를 다루는 활동이라고 할 수 있다. 반면, 조직(organization)이란 조직화 과정을 거쳐 조직구조가 형성되어 체계를 갖춘 완성된 결과를 의미한다.

(2) 조직화의 단계

조직화는 업무의 구분, 업무수행부서 결정, 부서에 책임과 권한 부여, 업무와 부서의 전체적 조정 등의 4단계를 거쳐서 이루어진다.

첫째, 업무를 구분한다. 기관의 규모가 커지게 되면 여러 실무자가 일을 나누어 처리할 필요가 생긴다. 일반적으로 조직의 생산성을 높이기 위해서

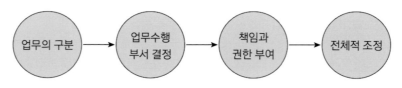

[그림 9-1] 조직화의 단계

는 분업과 전문화의 원칙이 필요하다. 분업의 원칙이란 업무를 가능한 한 세분하여 단순화시키는 것을 의미하며, 전문화의 원칙이란 작업자를 단순화된 업무에 대하여 전문화시키는 것을 의미한다.

둘째, 업무의 구분이 이루어진 후에는 업무수행부서를 결정함으로써 수행할 업무를 집단화·단위화할 필요가 있다. 즉, 서로 유사하거나 관련이 있는 업무나 작업활동이 함께 이루어질 수 있도록 그 담당자들을 부서별로 분류하는 것이 필요하다. 이처럼 수행할 업무를 집단화·단위화하는 활동을 부문화 또는 부서화라고 한다.

셋째, 업무수행부서가 결정된 후에는 부서에 책임과 권한을 부여해야 한다. 권한(authority)이란 기관이 개인에게 합법적으로 부여한 의사결정권을 의미한다. 기관의 규모가 작을 때에는 최고경영자에게 대부분의 권한이 주어지게 되지만 기관의 규모가 커지게 되면 최고경영자가 갖는 권한이 중간층 관리자에게 이양된다. 그러므로 각 계층의 관리자들이 자신들의 업무를 효율적으로 수행하는 데 필요한 의사결정을 내릴 수 있도록 권한을 적절히 나누어 주어야 한다. 구성원들에게 업무를 수행할 책임을 부여하기 위해서는 책임을 수행할 수 있는 권한도 함께 동등하게 주어져야 한다. 만약 책임이 권한보다 지나치게 크다면 과중한 업무부담으로 생산성이 낮아질 수 있으며, 책임이 권한보다 지나치게 작다면 비효율적인 의사결정이 이루어질 위험이 있다.

넷째, 업무수행부서가 결정된 후에는 업무와 부서의 전체적 조정이 이루어져야 한다. 조정이란 전문화되어 분업화된 개인이나 집단의 작업활동을 상호 연결시키는 활동을 의미한다. 조정활동을 위해서는 부서 간의 적절한 의사소통이 이루어져야 하고, 서로 간의 활동을 이해해야 하며, 작업의 흐름 속에서 협동이 이루어져야 한다. 예를 들어, 프로그램 담당부서 간의 조정이 잘 이루어지지 않으면 프로그램의 내용, 시간, 장소의 중복과 갈등이 일어날 가능성이 있다. 반면, 프로그램 운영부서와 시설관리부서가 원만한 협력관계를 유지하면 교육의 효과성과 효율성을 높일 수 있다.

2) 평생교육기관 조직화의 유형

평생교육기관 조직화 유형으로는 기능별 조직화, 사업부별 조직화, 매트릭스형 조직화, 팀 조직화 등이 있다.

(1) 기능별 조직화

기능별 조직화는 조직구성 방법 중 가장 일반적인 형태이다. 이는 기능적으로 서로 관련이 있거나 동일한 작업이나 업무를 담당하는 사람들을 한 부서에서 일하게 하는 것이다. 예를 들어, 프로그램 운영부, 관리부, 총무부 등으로 나누는 것이다. 기관의 최고경영자로부터 각 부서에 걸쳐 직접적인 명령체계를 가지며, 각 부서는 다른 부서에 대해 비교적 독립적으로 자신의 업무에 집중하게 된다. 한편 이러한 각 부서의 활동이 원활하게 이루어질 수 있도록 전문적으로 연구하거나 자문을 제공하는 부서가 별도로 만들어질 수 있다. 이러한 부서를 스태프(staff) 부서라고 한다. 예를 들면, 기획조정실이나 각종 위원회 등이 그것이다. 이러한 스태프 부서의 구성원은 기관의 교육목표를 달성할 수 있도록 기관장에게 조언을 할 수 있지만 일선 부서에 직접적인 명령을 할 수는 없다. 이러한 기능별 조직화에 의한 기관구성도의 예를

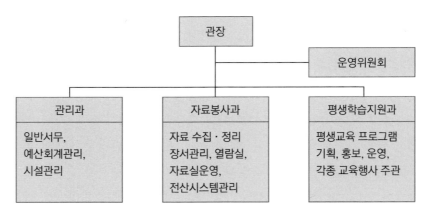

[그림 9-2] 기능별 조직화의 기본 구성도(예: ○○ 공공도서관)

들면 [그림 9-2]와 같다.

(2) 사업부별 조직화

사업부별 조직화는 규모가 증대되고 프로그램이 복잡해짐에 따라 지역이
나 프로그램의 종류를 기초로 부문화하여 만들어지는 조직형태를 말한다.
먼저, 지역의 경우 한국지역사회교육협의회, YMCA, 경실련, 참여연대 등과
같은 전국 단위 사회단체가 지역별 교육조직을 형성하고 있는 경우가 여기
에 해당된다. 이와 같이 지역별 사업부가 아니더라도 단위 기관의 규모가 매
우 큰 경우 프로그램 계열별로 별도의 사업부서를 구성할 수 있다. 예를 들
면, 노인교육 사업부, 여성교육 사업부, 청소년교육 사업부, 원격교육 사업
부 등으로 나누는 것이다. YMCA, 흥사단 등의 단체가 여러 개의 평생교육기
관을 직접 또는 위탁하여 운영하는 경우도 일종의 사업부적인 성격을 띤다
고 볼 수 있다. 또한 대기업의 경우도 계열회사나 자회사별로 연수사업부서
를 설치하는 경우도 이에 해당된다고 볼 수 있다. 이러한 사업부 안에는 별
도의 기능별 부서가 존재한다. 즉, 지역별 사업부나 프로그램별 사업부 안에
각각 프로그램 개발, 관리, 운영, 홍보 등의 기능별 하위부서가 구성되어 있
는 것이다.

사업부별 조직의 경영활동은 대부분 해당 사업 부문의 책임자에 의해 이
루어지며, 따라서 사업부의 책임자는 대부분의 권한을 보유하고 행사하게
된다. 사업부는 상당히 자주적이고 독립적인 지위를 가지게 되며, 경우에 따
라 하나의 독립적인 기관과 마찬가지로 많은 일을 주어진 권한 내에서 스스
로 결정하고 처리할 수 있다.

사업별 조직화의 장점은 사업단위별로 권한과 책임을 부여함으로써 환경
의 변화에 비교적 빠르게 대처할 수 있을 뿐만 아니라 사업의 성패에 대한
책임소재도 분명히 할 수 있다는 점이다. 그러나 사업별 조직화는 사업부마
다 중복된 부서가 있어 낭비를 초래하거나 각 사업부 간의 지나친 경쟁을 유
발하여 기관 전체의 목표달성을 저해할 수도 있다는 단점을 지니고 있다.

이러한 사업부별 조직화를 그림으로 표시하면 [그림 9-3]과 같다.

[그림 9-3] 사업부별 조직화

(3) 매트릭스형 조직화

매트릭스형 조직화는 한쪽에는 프로그램 개발, 재무, 마케팅, 인사 등과 같은 전통적인 기능별 혹은 업무별 부문이 있고 다른 한쪽에는 사업별 또는 지역별 부문이 있어서 이들을 바둑판처럼 엮어서 만든 조직의 형태이다. 이는 기존의 기능별 조직화와 사업부별 조직화가 급변하는 환경에 유연하게 대응하지 못한다는 비판에 따라 이 두 가지 조직을 결합하여 이중의 명령체계와 책임, 평가 및 보상체제를 갖춤으로써 효율성을 높이기 위한 것이다(조동성, 2000: 409-410). 이에 따라 기능 위주의 경영자와 프로그램 위주의 경영자는 조직에 소속된 구성원에 대한 명령 및 통제권한을 공유하게 된다. 일반적으로 원래의 기능중심 경영자는 종적인 권한을 행사하게 되고, 프로그램 또는 사업중심 경영자는 각 기능별 부문을 초월하여 횡적인 권한을 행사하게 된다.

예를 들어, 어느 평생교육기관이 기획, 교무, 학습자 서비스, 홍보와 같은 기능 위주의 조직계열과, 유아교육, 청소년교육, 여성교육, 노인교육 등과 같은 프로그램 조직계열이 서로 겹치게 되면 [그림 9-4]와 같은 매트릭스 조직이 형성된다. 따라서 조직의 각 구성원은 기능 위주의 업무와 프로그램 위주의 업무를 동시에 담당하게 된다.

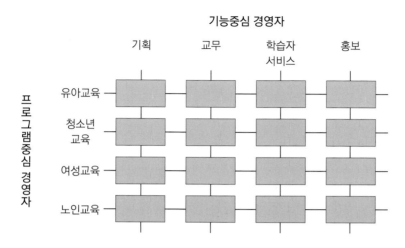

기능중심 경영자

[그림 9-4] 평생교육기관 매트릭스 조직의 예

이러한 매트릭스형 조직화의 장점은 인적 자원을 효율적으로 사용할 수 있으며 시장의 새로운 변화에 융통성 있게 대처할 수 있다는 점이다. 그러나 기능별 상급자와 프로그램별 상급자라는 두 명 이상의 상급자를 갖게 되므로 이들로부터 서로 다른 명령을 받을 경우에는 혼란이 발생할 수도 있다는 단점을 지니고 있다.

(4) 팀 조직화

팀조직은 상호보완적인 기술이나 지식을 가진 소수의 구성원들이 자율권을 갖고 기관의 목표를 달성하도록 구성된 조직을 의미한다. 목표가 달성된 후에는 해체되는 것을 원칙으로 한다. 이러한 조직은 의사결정구조를 보다 단순하게 단축시키고 급속히 변하는 기술혁신을 보다 빨리 수용할 수 있는 조직체계를 갖추기 위해 만들어진다. 예를 들어, 모 평생학습관에서 지역평생학습축제를 특별히 수행하는 경우 다음과 같은 팀조직이 구성될 수 있다.

◆ 평생학습축제 실무운영 팀조직의 예

구성원	소속부서	전문분야
○○○ 팀장	교무과	프로그램 개발
○○○	총무과	기금개발
○○○	대외협력과	지역평생교육기관관리
○○○	전산과	홍보

팀조직은 업무추진 시 불필요한 부서 간의 장벽을 없앨 수 있으며 신속한 의사결정체계를 갖출 수 있다는 장점을 가진다. 또한, 매트릭스 조직의 이중적인 명령·보고 체계를 탈피할 수 있고, 구성원들의 의사가 최고경영자에게 그대로 전달될 수 있고, 성과에 대한 평가가 쉽기 때문에 동기부여가 잘된다는 장점을 지니고 있다. 그러나 각 구성원들의 능력에 크게 의존할 수밖에 없으므로 유능한 구성원으로 팀을 구성하면 효과적일 수 있지만 그렇지 못하면 오히려 다른 형태의 조직보다 성과가 못할 수 있다는 단점도 갖고 있다.

팀조직을 효과적으로 운영하기 위해서는 다음의 요건을 갖추어야 한다.

첫째, 팀구성원 경력의 다양성과 중복성의 조화이다. 다양성이란 구성원들이 보유한 경험이나 전문지식 면에서 서로 차별화되는 정도를 의미한다. 구성원들 간에 경험이나 지식 면에서 동질성이 있으면, 각자가 가진 지식이나 사고 면에서 공통성이 있으므로 지식의 교환이나 의사소통이 효과적으로 이루어질 수 있다. 그러나 너무 동질적일 경우에는 구성원들의 사고가 특정 방향으로 고정화되어 획일화될 가능성이 커지고 창의성이 발휘되기 어렵게 된다. 중복성이란 구성원들이 지닌 경험이나 지식이 서로 유사한 동질성의 정도를 의미한다. 조직이 획일성에 빠지지 않고, 다각적으로 사고하여 집단적 창의성을 발휘할 수 있게 하기 위해서는 구성원 간에 경험이나 지식의 다양성이 있어야 한다. 하지만 구성원 간에 사전 경력이나 경험이 지나치게 이질적이면 의사소통이 효과적으로 이루어질 수 없다. 따라서 어느 정도의 다양성과 중복성을 균형 있게 갖추어야 구성원 간의 상호작용이 효과적으로 이루어지고 팀 학습이 촉진될 수 있다.

둘째, 개방적인 학습분위기이다. 개방적인 학습분위기를 위해서는 심리적 안정감과 팀원의 능력에 대한 강한 신뢰가 필요하다. 회의석상에서 팀원들이 어떤 이야기라도 자유롭게 하도록 유도해야 한다. 또한 실험정신과 창의력을 고무시키기 위하여 구성원 간의 벽이 없는 브레인스토밍 활동을 적극 권장하고, 구성원들에게 어떤 아이디어나 대안이 떠오를 경우 그것을 자유롭게 발의하고 실험해 볼 수 있는 기회를 제공해야 한다.

2. 평생교육기관의 학습조직화

1) 학습조직의 의미와 성격

(1) 조직의 변천과정

시대에 따라 평생교육기관의 조직유형은 전통적 조직, 평면 조직, 네트워크 조직으로의 변화 양상을 띠고 있다.

전통적 조직은 직무를 관리하고, 직무와 직무 간의 관계를 관리하며, 하부조직의 목표를 관리하고, 더 나아가 전체조직의 목표를 관리하는 고층형 조직구조를 가지고 있다. 또한 조직능력의 제고를 위해 주로 외부로부터 기술을 도입하거나 능력 있는 인력을 영입하기도 하며, 기관내부에 교육훈련 과정을 운영하기도 한다.

그러나 신속한 의사결정이 필요하고 내부 구성원의 자율적인 참여가 중시됨에 따라 점차 조직의 위계구조가 완화되는 평면형 조직 형태를 취하게 된다. 이 조직에는 수직적 관계뿐만 아니라 수평적 관계도 점차 높은 비중을 차지하게 되며 부분적인 팀 활동도 이루어진다.

그러나 21세기의 변화에 적절히 적응하기 위하여 평면형 조직은 네트워크

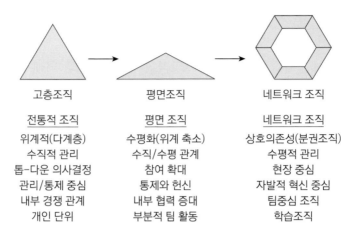

고층조직   평면조직   네트워크 조직

전통적 조직	평면 조직	네트워크 조직
위계적(다계층)	수평화(위계 축소)	상호의존성(분권조직)
수직적 관리	수직/수평 관계	수평적 관리
톱-다운 의사결정	참여 확대	현장 중심
관리/통제 중심	통제와 헌신	자발적 혁신 중심
내부 경쟁 관계	내부 협력 증대	팀중심 조직
개인 단위	부분적 팀 활동	학습조직

[그림 9-5] 조직의 변화 양상

조직으로 변화하게 된다. 네트워크 조직에서는 조직관리가 수평적인 차원에서 이루어지며 위계는 거의 없어지게 된다. 또한 정보와 지식의 획득, 공유, 효율적 활용이 더욱 중요해지는 시대가 됨에 따라 평생교육기관 자체가 하나의 학습하는 조직이 되어야 할 필요성이 커지게 된다. 물론 평생교육기관

표 9-1 전통적 조직과 새로운 조직에서의 학습에 대한 관점 비교	
전통적 조직	**새로운 조직**
• 가르쳐 주기를 기다림 • 강의실에서 하는 학습을 가장 중요시 여김 • 기관장으로 하여금 자신의 경력을 책임지게 함 • 자신의 개발에 대한 책임을 지지 않음 • 교육을 쉽게 마무리짓거나 최소한의 조정만 하면 되는 것으로 여김 • 학습과 업무결과 간의 연계성을 쉽게 알 수 없음 • 학습을 직관적으로 함	• 의도적으로 학습을 하려고 함 • 현장경험으로부터 이루어지는 학습의 힘을 인식함 • 자신의 경력을 스스로 책임짐 • 자신의 개발을 스스로 책임짐 • 교육을 지속적이고 평생 노력해야 할 것으로 여김 • 그들의 학습이 업무에 어떻게 영향을 주는지를 앎 • 학습을 계획적으로 결정함

출처: 켈혼 위크(1995: 91-92).

은 교육과 학습이 본질적인 활동이 되는 기관이다. 그러나 이제 강사나 수강생만이 학습하는 것이 아니라 관리자, 실무자를 비롯한 모든 구성원이 학습하는 일종의 학습조직이 되어야 하는 것이다. 따라서 이러한 학습조직의 원리가 가장 잘 구현될 수 있는 조직형태를 갖추는 것이 평생교육기관 조직화의 핵심과제라고 볼 수 있다.

(2) 학습조직의 의미

최근 들어 각 부문에서 전통적인 상명하달식 원리보다는 모든 구성원이 지식을 공유하고 협의해 가는 학습조직의 원리가 중시되고 있다. 학습조직이란 조직원들이 원하는 성과를 달성하도록 지속적으로 역량을 확대시키고 새롭고 포용력 있는 사고능력을 함양하며 학습방법을 서로 공유하면서 지속적으로 배우는 조직을 의미한다. 다시 말해, 환경변화에 효과적으로 적용하고 지식을 창출하고 공유하는 조직이라고 할 수 있다.

이러한 학습조직은 지식경영의 차원에서 그 중요성이 더욱 커지고 있다. 지식경영이란 모든 구성원이 습득하는 자료와 정보를 바탕으로 유용한 지식을 만들고 이를 서로 효율적으로 공유하여 새로운 지식을 창출하는 것을 경영의 기본으로 삼는 것을 의미한다. 그러므로 학습조직은 곧 지식경영의 근간이 된다.

학습조직이 이루어지기 위해서는 먼저 개인학습과 조직학습이 동시에 잘 이루어져야 한다. 개인학습은 개인이 학습의 주체가 되고 기본단위가 되는 학습으로서 어떤 사람이 이전에 겪었던 개인적인 경험을 바탕으로 다음에 비슷한 일을 접할 때 보다 효율적으로 일을 처리하는 경우가 이에 해당한다. 조직학습은 학습의 주체와 단위가 개인이 아닌 조직인 경우의 학습이다. 즉, 학습한 내용이 조직의 문화와 조직의 규정 등으로 남아 있어 오랜 시간을 두고 조직원의 행동을 규제하고 그들의 학습을 통제하는 것을 말한다. 예를 들어, 어느 평생교육기관에서 지역사회의 주민을 위해 기관 차원의 봉사활동을 벌임으로써 기관의 모든 구성원이 봉사의 중요성과 봉사활동의 방법을 체득하여 다음에 사업을 더욱 잘 수행하게 되었을 때 조직학습이 이루어졌다고 볼 수 있다. 학습조직이 구현되기 위해서는 이와 같이 개인학습과 조직학습이 동시에 이루어져야 한다.

이러한 학습조직은 평생교육의 원리가 일반 조직의 운영에 스며들었다는 점에서 그 의의가 매우 크다고 할 수 있다. 즉, 학습조직은 조직 차원에서 조직 전체를 하나의 학습공동체화하려는 노력이라고 볼 수 있다(오혁진, 2005). 다시 말해 학습조직은 조직 구성원 모두가 더불어 학습하고, 그 학습의 결과가 조직 전체에게 이득을 주는 조직인 것이다. 이와 같이 학습공동체를 추구하려는 학습조직의 원리가 일반 조직에 적용되는 것이 보편적인 상황에서 평생교육을 추구하는 평생교육기관이 먼저 학습조직이 되어야 하는 것은 지극히 당연한 논리라고 볼 수 있다.

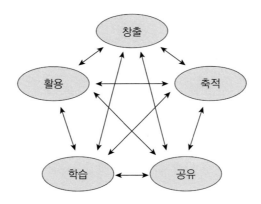

[그림 9-6] 학습조직에서의 지식의 상호작용

2) 평생교육기관 학습조직의 구성요소와 운영방법

(1) 학습조직의 구성요소

여기에서는 학습조직이 실제로 구성되기 위해서 갖추어야 할 조건을 살펴보고자 한다. 이와 관련하여 위크(1995)는 학습조직을 창출하기 위한 핵심적

요소를 다음과 같이 제시하였다.

첫째, 확실한 비전을 가진 지도자이다. 학습조직의 지도자는 내부 깊숙이 수용될 수 있고 항상 의사소통할 수 있는 명확한 비전을 가지고 있어야 한다. 이러한 학습조직에서 지도자들은 설계자의 역할, 안내하는 역할, 가르치는 역할을 수행한다.

둘째, 구체적이고 측정가능한 활동계획이다. 측정가능한 계획은 비전이 사실에 근거하도록 하며, 비전이 은밀하게 진행되는 것을 막아 준다. 개선과 변화를 위한 비전은 구체적인 활동단계로 전환되어야만 한다.

셋째, 정보의 신속한 공유이다. 학습조직이 구축되기 위해서는 조직 내외부의 정보가 빠르고, 정확하고, 개방적으로 제공되고 공유되어야 한다.

넷째, 창의성이다. 학습조직은 공유된 정보를 바탕으로 조직의 잠재능력을 완전하게 발휘할 수 있는 참신한 해결방법을 제시해야 한다.

다섯째, 계획을 실행할 수 있는 능력이다. 학습조직의 성패는 최종적으로 계획을 실천할 수 있는 능력에 달려 있다고 볼 수 있다.

그는 이 구성요소를 바탕으로 학습조직이 이루어지기 위한 공식을 다음과 같이 제시한다.

학습조직 = (비전을 가진 지도자) × (측정가능한 구체적인 활동계획) ×
(정보) × (창의성) × (실행)

한편, 학습조직에 관한 대표적인 연구자라고 할 수 있는 셍게(P. Senge)에 의하면 학습조직이 이루어지기 위해서는 다음의 다섯 가지 활동이 수행되어야 한다. 이른바 학습조직의 다섯 가지 수련이라고 할 수 있다(피터 셍게 외, 1996). 이를 살펴보면 다음 〈표 9-2〉와 같다.

표 9-2	학습조직 구현을 위한 수련 요소
수련 요소	내용
자아완성	자기연마를 꾀하고자 하는 개인의 향상심
비전공유	조직의 장래 모습에 대한 모든 구성원의 의식 공유
팀학습	공유 비전을 달성하기 위해 의견 교환과 토론을 반복하면서 서로 협력해 팀의 능력을 향상시켜 나가는 과정
사고모형	사람들 사이에 공유되고 있는 고정적이고 경직된 견해의 시정
시스템 사고	복잡한 문제에 직면했을 때 시공간적으로 떨어져 있기 때문에 발견하기 어려운 인과관계를 찾아내 근본적인 문제해결을 꾀함

(2) 평생교육기관의 학습조직화를 위한 방안

앞에서는 평생교육기관을 학습조직화하기 위한 여러 가지 요건을 살펴보았다. 이를 바탕으로 평생교육기관을 학습조직으로 바꾸어 가기 위한 구체적인 방안을 제시하면 다음과 같다.

① 비전 공유를 위한 전 직원 워크숍 개최

평생교육기관을 학습조직화하기 위해 우선 일 년에 한 차례 정도 평생교육기관의 사명과 비전을 공유하고, 기관의 연간 사업계획 수립과 수행을 위한 전 교직원 워크숍을 갖는 것이 바람직하다. 그 외에도 상반기/하반기, 또는 각 분기별로 기관 또는 부서 운영 전반에 대한 평가회를 갖는 것이 바람직하다. 이 경우 평생교육기관의 경영자를 비롯한 모든 구성원은 자신의 입장을 강요하는 것이 아니라 다른 사람의 의견을 수용하려는 학습자세를 갖추어야 한다.

② 효율적인 정기 업무 회의의 개최

정기적인 업무회의를 통해 평생교육과 관련된 정보가 신속하게 공유되고 부서 간의 업무협조가 원활하게 이루어지도록 한다. 너무 자주 갖는 회의도 교직원들에게 부담을 주지만 정례적인 회의가 없어도 담당업무 이외의 다른 업무를 전혀 파악할 수 없어 업무의 효율성이 떨어지게 된다. 이를 위해 회의 시간과 장소를 정례화함으로써 교직원들이 미리 업무시간을 조정하고 회의를 능동적으로 활용할 수 있도록 유도하며, 부득이한 사정으로 변경이 있을 시에는 가능한 한 충분한 시간을 두고 사전에 공지하는 것이 바람직하다. 또한 효율적인 회의 진행을 위해 회의 자료를 미리 공지하는 것도 필요하다.

③ 적극적인 교직원연수 파견 및 연수 내용의 공유

교직원연수의 기회를 골고루 부여하고, 교직원연수 후 전달 강의를 하거나 자료를 공유하도록 장려한다. 국가평생교육진흥원이나 지역평생교육진흥원을 비롯한 각종 평생교육지원기관에서 실시하는 각종 연수 프로그램에 교직원이 골고루 참여할 수 있도록 배려하는 것이 바람직하다. 또한 연수에 참여한 실무자들은 그 내용을 다른 실무자들에게 정리하여 전달함으로써 학습효과가 전 기관에 파급될 수 있도록 노력하는 것이 필요하다.

④ 직무능력 향상을 위한 자체 토론회 운영 지원

외부에서 실시하는 정규적·비정규적 연수에 참여하는 것도 필요하지만 더욱 바람직한 것은 바로 일터에서의 직무능력 향상을 위한 모임을 갖는 것이다. 이를 위해 평생교육기관의 경영자는 정기적으로 직원들의 직무능력 향상을 위한 자체 워크숍을 갖도록 지원하는 것이 필요하다. 프로그램 개발, 운영, 마케팅, 학습자 상담 등 평생교육기관 운영에 필요한 활동에 대해 각 직원들이 평상시에 느꼈던 점을 중심으로 개선점을 발표하거나 외부 전문가를 초빙하여 함께 해결책을 모색하기 위한 토론을 갖는 것이 바람직하다. 주의할 것은 이러한 모임이 경영자의 강요에 의해 이루어지는 것이 아니라 직원 스스로가 동기유발되어 운영될 수 있도록 유도하는 것이다. 또한 이러한 토론회가 경직된 분위기에서 이루어지지 않도록 점심시간이나 회식시간을 활용하여 개방적인 분위기에서 협의를 하도록 하는 것이 바람직하다. 이를 위해 기관 차원에서 적절한 예산지원을 해 주는 것도 필요하다.

⑤ 사업 및 프로그램 종료 후 자체 평가회 실시

일정한 기간의 사업이나 프로그램을 마친 후에는 반드시 평가회를 갖는다. 프로그램의 기획과 준비, 프로그램의 운영과정, 프로그램의 성과, 학습자들의 반응, 예산집행 등 프로그램과 관련된 전반적인 사항에 대해 기관의 구성원들이 함께 모여 평가하는 것이 필요하다. 이 평가회는 잘잘못을 따지는 평가라기보다는 보다 나은 프로그램 운영을 위해 모든 구성원이 함께 학습한다는 열린 자세로 이루어져야 한다.

⑥ 사업 및 프로그램 수행 관련 자료집 제작

자신이 수행한 사업이나 프로그램과 관련된 모든 자료를 수합하여 자료집을 만든다. 행사의 기획부터 진행, 평가에 이르기까지의 전 과정과 관련된 기획안, 공문, 교재, 학습자 반응평가 설문지와 평가결과, 강사 연락처, 예산 및 결산, 프로그램 진행상에 나타난 돌발적인 상황과 대처방식, 개선해야 할 사안 등을 정리한 자료집을 만든다. 이러한 자료집은 본인은 물론 다른 실무자를 위해서 다음에 실시될 프로그램 운영을 위한 귀중한 매뉴얼의 역할을 하기 위해 제작된다.

⑦ 조직 내 학습동아리 조직 및 운영 장려

조직 내에 다양한 교직원 학습동아리 운영을 장려한다. 평생교육기관의 실무자들이 먼저 평생학습의 가치와 보람을 체험할 수 있어야 한다. 학습동아리 활동의 내용이 직접적으로 기관의 업무와 관련된 것이 아니더라도 학습동아리 활동 자체에 참여함으로써 교직원들이 개인적으로 보람을 느끼며 성장함은 물론 교직원들 간의 유대감도 형성되게 된다. 아울러 학습동아리 활동을 통해 얻어진 지식과 경험들은 기관발전에도 활용될 수 있다. 이러한 교직원들의 학습동아리가 일반 학습자의 학습동아리 활동에 연계될 때 더욱 바람직하다고 볼 수 있다. 즉, 자신의 업무와 학습이 하나가 됨으로써 일하면서 학습하는 효과를 가져오기 때문이다. 이는 전반적으로 교직원과 학습자들이 모두 어우러지는 학습공동체를 구성하는 데 기여하게 된다.

⑧ 정보 및 자료 공유를 위한 물리적 지원

교직원들의 경험과 자료, 의견들이 평상시에도 쉽게 공유될 수 있도록 지원하기 위한 시설과 시스템을 갖추어야 한다. 교직원들이 자유롭게 자료를 열람할 수 있는 별도의 자료실을 마련하거나, 홈페이지나 전산네트워크를 통해 주요 자료를 교류할 수 있도록 지원해야 한다.

⑨ 우수 학습 직원에 대한 보상 실시

평생교육기관의 학습조직화를 촉진하기 위해 기관의 전체적인 학습조직화에 기여하는 교직원을 대상으로 보상 제도를 실시하는 것도 고려해 볼 만하다. 적극적으로 각종 연수, 워크숍 등의 학습활동에 참여하고, 자신의 업무활동을 자료화하며, 이를 기꺼이 다른 교직원과 공유하기를 주저하지 않는 실무자를 우수 학습 교직원으로 인정하여 인센티브를 제공하는 것이 바람직하다. 그러나 학습조직의 원리가 일종의 학습공동체를 구현하기 위한 것임을 고려할 때 이러한 인센티브 제공이 지나친 경쟁으로 이어지지 않도록 주의해야 한다.

3. 평생교육기관의 갈등 해소

1) 평생교육기관 갈등의 개념과 유형

일반적으로 갈등이란 조직의 자원과 권력상의 불균형으로 인해 야기되는 개인 간 또는 집단 간의 현상을 말한다. 갈등은 조직 내에서 둘 또는 그 이상의 당사자가 목표를 달성하거나 문제를 해결하기 위해 상호작용해야 하는 상황에서 각 당사자의 이해가 충돌하거나 한 당사자의 행동이 상대방에게 부정적인 반응을 일으킬 때 발생한다. 따라서 평생교육기관의 갈등이란 평생교육기관이 교육목적을 수행해 가는 과정에서 발생하는 평생교육기관 내외 관계자 및 집단 간의 충돌 또는 대립을 말한다.

평생교육기관은 다양한 인간관계로 구성되어 있다. 크게 보면 개인과 개인 간의 인간관계, 부서와 부서 간의 관계, 우리 기관과 다른 기관 간의 관계 등으로 나눌 수 있다. 이 유형별로 보다 다양하고 구체적인 인간관계가 형성된다. 평생교육 업무를 수행하는 과정에서 이러한 인간관계별로 다음과 같은 여러 가지 갈등이 발생할 수 있다.

첫째, 개인 내 갈등이다. 이는 개인의 심리적 갈등을 말한다. 한 개인이 두 가지 이상의 양립할 수 없는 기대와 의도를 가지고 다른 사람에게 역할을 맡기게 되는 경우 발생한다.

둘째, 개인 간 갈등이다. 이는 둘 이상의 개인이 동일한 문제, 한정된 직위, 한정된 자원에 대해서 서로 양립할 수 없는 기대, 요구, 희망을 가질 때 발생하는 갈등을 말한다. 평생교육기관에서는 실무자와 실무자와의 갈등, 실무자와 강사와의 갈등, 강사와 다른 강사와의 갈등, 실무자와 학습자와의 갈등, 강사와 학습자와의 갈등, 학습자와 학습자와의 갈등이 존재한다.

셋째, 조직 내 집단 간 갈등이다. 이는 평생교육기관 내 소집단 간의 갈등으로서 일반적으로 조직 내 부서 간에 발생한다. 부서 간 갈등이 발생하면 부서 간 과업활동의 조정과 통합이 어렵게 되고 조직분위기가 나빠진다. 평생교육 실무를 담당하는 교육부서와 예산을 담당하는 부서와의 갈등, 교육부서와 시설관리부서와의 갈등 등이 그것이다.

넷째, 조직 간 갈등이다. 이는 기관과 기관, 조직과 조직 간의 갈등을 말하는데, 경쟁기관과의 갈등, 유관집단 간의 갈등이 포함된다. 공공평생교육기관과 관련 교육청과의 갈등, 상부기관과 하위기관과의 갈등, 지역 내 경쟁관계에 있는 평생교육기관과의 갈등 등이 그 예이다.

이런 맥락에서 평생교육기관 내에서 발생할 수 있는 갈등관계 유형별 사례와 해소방안을 제시하면 〈표 9-3〉과 같다.

2) 갈등처리의 실제

(1) 합리적인 갈등해소의 절차

평생교육기관에서 발생할 수 있는 갈등을 해소하기 위한 일반적인 절차를 제시하면 다음과 같다.

① 문제를 규정한다.

구성원 간의 어긋나는 갈등이 무엇인지 밝혀야 한다. 이 단계가 제대로 되지 않는다면 효과적인 문제해결이 어렵다. 따라서 조직의 지도자는 구성원의 요구를 파악하고 자신의 요구를 구성원에게 전달한다.

② 각자의 대안들을 모두 제시한다.

문제가 명확히 규정되었으면 가능한 한 구성원 모두 해결안을 제안한다. 이때 다른 구성원의 해결안을 평가하지 말아야 한다. 평가를 받는다고 느끼게 되면 구성원의 자발적 의견이 나오지 않기 때문이다. 적극적으로 구성원이 참여할 수 있도록 '이 문제에 대한 해결책이 무엇일까요?' '우리가 얼마나 많은 방법을 찾아낼 수 있는지 알아봅시다.' 등의 표현을 함으로써 구성원의 말문을 열어 주도록 한다.

③ 각 대안을 평가한다.

제시된 해결안을 평가하기 시작한다. "이제는 이 여러 해결안 중에서 어떤 것이 좋고 어떤 것이 싫은지 말해 보자."라는 말로 구성원의 의견을 묻고 경영자 자신도 자신의 의견을 구성원에게 전달한다. 이 과정에서는 서두르지

표 9-3 │ 평생교육기관의 갈등관계 유형별 사례 및 해소방안

유형	구체적 관계	원인 및 사례	해결방안
개인 간 갈등	실무자-실무자	업무분담 불명확, 업무의 편중 업무 지시를 제대로 이해하지 못함	업무 적소 배치, 정기적인 내부 회의
	실무자-강사	상호 업무 이해 및 존중 부족 강사가 실무자와 사전 협의 없이 임의의 강의를 하는 경우	평소 유대관계 강화, 강사 오리엔테이션 실시
	실무자-학습자	안내 잘못, 불친절 음주, 무단외출 등과 같은 학습자들의 일탈 행위 학습자의 무리한 서비스 요구	면담, 대화 강화 실무자 교육 학습자 설득, 순차적인 서비스 강화
	강사-학습자	불친절, 전문성 부족, 강사의 결강, 지각 등으로 인한 불만 학습자에 대한 강사의 편애, 학습자의 불성실성, 학습자의 무리한 요구	강사 상담 강사와 학습자 간 대화 강화
	강사-강사	상호 간 정보 부족 강사 소속 기관 간의 경쟁, 갈등 좋은 시간대와 강의실, 교육기자재에 대한 확보 경쟁 강사에 대한 차등대우	강사협의회 구성 강사 간 유대강화
	학습자-학습자	강사의 교수법에 대한 학습자 간의 이견 자율적 회비 납부에 대한 이견	학습자 협의회 구성
부서 간 갈등	교육부서-예산부서	예산사용, 신규투자 등 예산활용에 대한 이견	사업협의 및 토론
	교육부서-관리부서	교육에 필요한 교육설비 및 기자재 설치 지원 미흡 기관차원의 행사 시 직원 차출	사전협의 및 토론
	각 하위교육부서 간	교육내용 조정, 일정 및 시설활용 경쟁 교육예상 배정 이견	각 사업부 특성 고려 사전협의
기관 간 갈등	우리 기관-상급기관	과도한 간섭 및 서류제출 요구 이해부족	기 제출된 자료의 재활용 요청 홍보 및 유대강화
	우리 기관-행정기관	중앙부서, 지방자치단체, 지역교육청의 지나친 규제나 이해 부족	홍보 및 유대 강화 정기적인 사업진행 설명
	우리 기관-다른 교육기관	과도한 경쟁의식 프로그램 모방 및 강사 스카우트	파트너십 관계 모색 공정한 규칙 준수, 강사 교체

말아야 한다. 하나의 해결책에 전원이 동의할 수 있을 때까지 충분한 시간을 가져야 한다.

④ 최선의 해결책을 결정한다.

2, 3단계를 신중하게 했다면 이 단계는 그리 어렵지 않을 수 있다. 최선의 해결안을 택하되 다수결의 투표로 결정해선 안 된다. 전원이 동의할 수 있을 때까지 경영자는 충분히 토론을 유도한다. 합의된 해결책은 성문화한다. 계약서와 같은 형식을 택해도 좋다.

⑤ 해결책을 실행할 방법을 결정한다.

건설적이고 생산적인 해결책이라 해도 실행에 옮겨지지 않음으로써 좌절되는 수가 많다. 구체적으로 '누가' '무엇을' '언제까지' '어떻게' 등을 결정하지 않으면 거의 실패하고 만다. 기록을 담당할 구성원을 두고 준수사항이 잘 지켜지고 있는지를 점검하게 하고 약속 기일이 가까워짐을 환기시키도록 하는 것도 좋은 방법이다.

⑥ 해결책을 실행한다.

결정된 해결책 대로 실제로 집행한다.

⑦ 해결책 실행결과를 평가한다.

이 단계는 중요하나 반드시 형식화할 필요는 없다. 이 단계의 목적은 다만 구성원이 얼마만큼 노력했는가와 그에 따른 효과는 어떠한가를 체크하는 데 있다. '문제가 없어졌는가?' '우리의 결정은 어떤 효과를 가져왔나?' 등의 질문이 도움이 될 것이다.

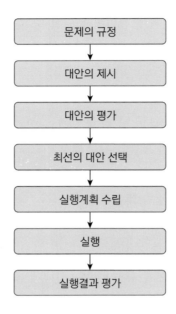

[그림 9-7] 갈등의 해결 단계

(2) 갈등 해소의 방법

평생교육기관에서 일반적으로 활용할 수 있는 갈등 해소의 방법을 제시하면 다음과 같다.

① 대면을 통한 문제해결

모든 문제가 개방되고 갈등 당사자가 직접 대립하며 상호 만족스러운 결과를 얻도록 해결하는 방법이다. 상호 신뢰가 적고, 시간적 급박함이 없는 경우에 적절하다.

② 상위목표의 설정

집단 간 갈등을 초월해서 서로 협조할 수 있는 공동목표를 설정하여 집단 간의 단합을 조성하는 방법이다. 이 방법은 집단들의 공통된 목표와 강도에 따라서 그 효과가 달라진다. 그러나 주로 단기적인 효과에만 국한되고 공동

목표가 달성되면 집단 간의 갈등이 재현될 가능성은 여전히 존재한다.

③ 자원의 확충

제한된 자원으로 말미암아 발생한 갈등은 필요한 자원을 보강해 줌으로써 집단 간의 과격한 경쟁이나 가혹한 행동을 감소시킬 수 있다.

④ 권위 있는 명령

공식적 상위 계급자가 갈등관계에 있는 하위집단에게 명령하여 갈등을 제거하는 방법으로 가장 오래되고 가장 자주 사용되는 방법이다. 단기적으로만 적용될 수 있다.

⑤ 조직구조의 변경

조직의 공식적 구조를 집단 간 갈등이 발생하지 않도록 변경하는 것을 말한다. 예를 들어, 인사이동이나 조직개편을 통해 갈등관계에 있는 당사자를 이동시킴으로써 갈등을 해결하는 방법을 모색할 수 있다.

📝 요약

조직화(organizing)란 기관의 목표를 최상의 방법으로 실현할 수 있도록 어떠한 형태로 조직을 구성할 것인가를 결정하고 각종 경영자원을 배분하고 조정하는 활동을 의미한다. 조직화는 업무의 구분, 업무수행부서 결정, 부서에 책임과 권한 부여, 업무와 부서의 전체적 조정 등의 4단계를 거쳐서 이루어진다. 조직화의 유형으로는 기능별 부서화, 사업별 부서화, 매트릭스 조직, 팀조직 등이 있다. 평생교육기관은 이러한 조직 유형의 장단점을 잘 파악하여 가장 적절한 조직구성방법을 활용하여야 한다.

평생교육기관을 성공적으로 운영하기 위해서는 학습조직의 원리를 따르는 것이 바람직하다. 학습조직이란 환경변화를 감지하여 조직의 지혜로 축적하고 이를 일상적인 경영활동에서 실천해 가는 창조적인 조직이라고 할 수 있다. 학습조직이 구현되기 위해서는 비전을 가진 지도자, 측정가능한 구체적인 활동계획, 정보, 창의성, 실행능력을 갖추어야 하며, 자아완성, 비전공유, 팀학습, 사고모형, 시스템 사고의 수련 활동이 요구된다.

평생교육기관 조직관리의 주요 과제 중의 하나는 평생교육기관 내 다양한 구성원 사이의 갈등을 해소시키는 것이다. 기관 내의 갈등은 발전을 위한 계기로 삼아야 하며 개인 간, 부서 간, 조직 간 갈등의 원인을 정확히 파악하고 합리적인 대안을 모색해야 한다.

📝 연구문제

1. 주변 평생교육기관의 조직구성방식을 조사하여 유형별로 분류하시오.
2. 학습조직의 구성요소에 비추어 평생교육기관의 학습조직 구축 정도를 분석하시오.
3. 본인이 속한 조직에서 있었던 갈등을 유형별로 예로 들어 가장 바람직한 갈등해소 방법을 제시하시오.

📝 참고문헌

김성국(2008). 조직과 인간행동. 서울: 명경사.

마이클 마쿼즈(1997). 초 학습조직 구축법. 서울: 창현출판사.

에드가 스토에스, 체스터 레이버(1997). 비영리단체 경영핸드북. 서울: 참미디어.

에팅어 웽거(2007). 실천공동체. 서울: 학지사.

오혁진(2005). 학습공동체의 다차원적 성격과 구현원리에 관한 연구. 평생교육학연구. 11(1), 한국평생교육학회.

조동성(2007). 21세기를 위한 경영학. 서울: 서울경제경영.

지호준, 이재범(2018). 21세기 경영학. 서울: 집현재.

최종태(2005). 현대 인사관리론. 서울: 박영사.

켈혼 위크(1995). 학습조직. 서울: 21세기북스.

피터 셍게 외(1996). 학습조직의 5가지 수련. 서울: 21세기북스.

Kotler, P., & Fox, K. F. A. (1995). *Strategic Marketing for Educational Institutions*. New Jersey: Prentice Hall.

Strother, G. B., & Klus, J. P. (1982). *Administration of Continuing Education*. California: Wadsworth Publishing Company.

제10장

평생교육기관의 재무관리

모든 조직이 운영되기 위해서는 자금이 필요하다. 평생교육기관도 예외는 아니다. 평생교육기관의 경영자는 기관의 운영을 위해 필요한 자금을 확보하고 이를 효율적으로 사용하고 관리해야 할 책임을 가진다. 이것이 곧 평생교육기관의 재무관리이다.

평생교육기관은 평생교육기관 고유의 재무관리 방식을 가지고 있다. 많은 수의 평생교육기관들은 스스로 자립해야 할 필요성을 강하게 느끼면서도 교육의 공공적 성격 때문에 전적으로 수강료에만 의존할 수 없는 경우가 많다. 그런 경우 자금을 수강료가 아닌 별도의 경로를 통해 확보해야 하는 이중의 과제를 안게 된다. 따라서 평생교육기관의 재무관리는 복합적인 양상을 띠게 된다. 이와 관련하여 이번 장에서는 평생교육기관의 재무관리의 성격과 운영방안, 재원확충방안 등에 대해 다루고자 한다.

학습목표 ▶ · · ·

1. 평생교육기관 재무관리의 개념과 원리를 설명할 수 있다.
2. 평생교육기관의 수입과 지출에 관한 사항을 분석할 수 있다.
3. 평생교육 프로그램의 적정 수강료를 산정할 수 있다.
4. 평생교육기관을 위한 기금개발 방법을 활용할 수 있다.

1. 평생교육기관 재무관리의 기본 성격

1) 평생교육기관 재무관리의 의미와 구성요소

(1) 평생교육기관 재무관리의 개념과 원리

일반적으로 평생교육기관의 재무관리란 크게 자금조달과 자금운용의 두 가지 차원에서 생각해 볼 수 있다. 자금조달은 평생교육기관 사업 수행을 위해 얼마의 자금이 필요한지를 파악하고 이를 위해 자본과 부채를 조달하는 활동을 의미한다. 자금운용은 평생교육사업에 필요한 비용을 지출하기 위해 확보된 자금을 활용하는 것을 의미한다.

재무관리의 두 기능인 자금조달과 자금운용은 모두 효율성의 원리를 추구해야 한다. 즉, 자금의 조달은 필요로 하는 자금을 조달하는 데 드는 비용이 최소화되도록 해야 하며, 또한 자금운용도 확보된 자금을 가능한 한 효율적으로 활용할 수 있도록 주의를 기울여야 한다.

(2) 평생교육기관에서의 재무관리의 구성요소

평생교육기관의 재무관리 활동을 통해 이루어지는 자금조달과 자금운용의 상황을 주요 요소만 개략적으로 나타내면 [그림 10-1]과 같다.

일반적으로 평생교육기관의 자금조달과 자금운용은 각각 수입과 지출로 표현할 수 있다. 수입(income)은 교육기관을 운영하기 위해 투입된 금액으로 기관의 유형에 따라 수입의 원천도 각기 다르다. 예를 들면, 학원, 백화점 및 언론기관 문화센터 등의 수입의 원천은 주로 학습자의 수강료이며, 종교기관에서 운영하는 노인대학, 주부교실, 기업체 연수원 등은 학습자 수강료 이외에 모조직의 지원금이 주요 부분을 차지한다. 또한 공공 평생교육기관은 정부예산이 주요 원천이 되며 비영리민간 평생교육기관은 주로 외부의 후원금이 중요한 수입의 원천이 된다. 그리고 이러한 수입의 원천이 곧 그 기관

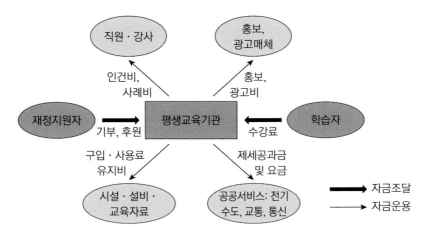

[그림 10-1] 평생교육기관 재무관리의 구성요소

의 성격을 결정한다고 볼 수 있다. 평생교육기관은 그 자체가 갖는 공공성의 본질에 맞게 가급적 외부의 재정적 지원을 충분히 확보함으로써 학습자의 재정적 부담을 덜어 주기 위한 경영상의 노력을 기울여야 한다.

　지출(expense)은 평생교육기관을 운영하는 과정에서 사용되는 비용으로 직원이나 강사를 위한 인건비, 교육시설·설비·교육자료의 구입 및 관리비, 프로그램 홍보비, 각종 제세공과금 및 요금 등으로 구성된다. 일반적으로 평생교육기관의 자금운용은 인건비 부분이 가장 많은 부분을 차지한다고 볼 수 있다. 지출의 경우에도 마찬가지로, 평생교육기관은 공공성을 지향하는 기관으로서 불필요한 지출이 발생하지 않도록 최선의 노력을 다해야 한다.

2) 프로그램의 재무구조 분석 및 통합 관리

(1) 단위 프로그램의 재무분석

　평생교육기관의 효율적 경영을 위해서는 먼저 단위 개별 프로그램의 재무구조를 파악할 필요가 있다. 다시 말해 각 프로그램별로 재정적인 효율성을 비교하고 이에 적절한 조정과 관리 조치가 취해져야 하는 것이다.

프로그램명:					
지출	예산	결산	수입	예산	결산
인건비 　외부 강사료 　교직원 인건비			기부금		
시설비[1] 　강의실 임대료 　시청각기재 사용료 　장비사용료 　숙박비			후원금		
			＝ 총지원금		
교수활동지원비 　교재인쇄비 　자료수집 · 제작비 　행사비 　회의비 　출장비 　현장견학비 　수업보조물 제작 및 　구입비 　식대 및 간식비			수강료 총액		
홍보[2] 　광고 　홍보물 　우편물			총수입		
총 직접경비					
간접경비 　행정비 　각종 공과금 　시설 유지비 　직무연수비			잔액		
총 경비					

주) 1) 자체 시설을 갖추고 있는 경우 시설비는 간접경비에 포함됨
　　2) 홍보비의 경우 특정 프로그램만 별도로 다루지 않고 다른 프로그램과 통합하여 실시한 경우 간접경비에 해당함

[그림 10-2] 평생교육 프로그램 예결산표 양식

단위 평생교육 프로그램의 재무구조는 해당 프로그램의 수입과 지출을 비교함으로써 파악된다. 단위 평생교육 프로그램의 수입과 지출을 나타내는 예결산표의 사례를 들면 다음 [그림 10-2]와 같다.

단위 프로그램의 수입은 해당 프로그램 학습자의 수강료와 해당 프로그램에 대한 외부지원금으로 구성된다. 외부지원금은 크게 기부와 후원금으로 구성된다. 본래 기부(donation)는 자선사업이나 공공사업을 돕기 위하여 돈이나 물건 따위를 대가 없이 내놓는 것을 의미한다. 평생교육기관에서의 기부란 개인이나 기관이 특정한 평생교육기관의 설립취지에 동감하여 재정이나 교육시설 등을 대가 없이 지원하는 것을 의미한다. 따라서 기부는 구체적인 사업에 대한 지원이라기보다는 평생교육기관 사업 전반에 대한 정기적 또는 비정기적 지원이라고 볼 수 있다. 반면, 후원(sponsorship)은 개인이나 기관이 일정 기간 동안 특정한 프로그램에 대해 지원하는 것을 말한다. 한 예로 기업은 특정 프로그램에 필요한 교육비를 제공하며, 대학은 강의실을 마련해 줄 수 있다. 후원자들은 그 대가로 공적인 인정을 기대한다. 따라서 단위 프로그램의 지원금을 환산하기 위해서는 먼저 해당 프로그램에 직접적으로 지원된 외부지원금을 파악한 후, 다음에는 특정 프로그램과 무관하게 지원된 금액 중 해당 프로그램에 투입한 금액을 확인하여 합산해야 한다.

한편, 단위 프로그램의 지출을 산출하기 위해서는 직접경비와 간접경비, 고정비용과 가변비용 등의 개념을 이해할 필요가 있다.

직접경비(direct cost)는 개별 프로그램에 대해 직접 원가를 산출해서 지급할 수 있는 경비를 의미한다. 강사료, 출장비, 교재 및 교구 구입·제작비, 광고비, 기관외부 소유의 시설 사용비 등이 이에 해당한다. 간접경비(indirect cost)는 개별 프로그램에 대해 직접적으로 원가를 파악할 수 없는 경비로서 여러 프로그램에 공통적으로 사용된 비용을 의미한다. 일반 실무자 인건비, 기관 소유의 교육시설 및 설비 사용비, 유지비, 전기요금, 수도요금, 전화요금, 컴퓨터 통신요금 등이 이에 해당한다.

그러나 때로는 프로그램의 성격에 따라 직접경비와 간접경비를 구분하기 어려운 경우도 있다. 예를 들어, 교직원 인건비의 경우 교직원이 해당 프로그램만을 전담하는 경우에는 그 교직원의 인건비를 해당 프로그램의 직접경비로 파악할 수 있지만, 교직원이 여러 프로그램을 담당하는 경우에는 그 교직원의 인건비를 해당 프로그램의 간접경비로 파악할 수 있다. 또한 어느 연수원이 자신의 시설을 직접 활용하여 프로그램을 운영하는 경우에는 그 시설비가 해당 프로그램의 간접경비에 해당되지만, 이 시설을 임대해서 사용하는 외부 기관의 경우에는 그 시설비가 해당 프로그램의 직접경비에 해당된다. 간접경비를 개별 프로그램 단위로 환산할 경우에는 해당 프로그램에 투입된 시간 등을 고려하여 적절히 배분하는 것이 필요하다. 예를 들어, 300만 원의 인건비를 받는 직원 1명이 5개의 프로그램을 거의 같은 비중으로 전담하고 있다면 각 프로그램에 지출된 직원 인건비는 60만 원으로 환산할 수 있다.

고정비용(fixed expenses)은 학습자의 수와 관계없이 안정적으로 지출되는 경비로서 광고비, 교직원 인건비, 강사료, 시설 유지비 등이 이에 해당한다. 가변비용(variable expenses)은 프로그램에 참가한 학습자의 수에 따라 변화하는 경비를 의미하며, 학습자 식대, 학습자 교재비, 학습자용 기념품 제작비 등이 이에 해당한다.

고정비용과 가변비용도 프로그램의 성격에 따라 달라질 수 있다. 예를 들

[그림 10-3] 모 기업체 연수원 시설의 모습

어, 강사료의 경우 대부분 고정비용으로 인식될 수 있지만 때때로 참가한 학습자의 수에 따라 차등적으로 지급될 수 있도록 협의할 수도 있다. 이럴 경우 강사료는 가변비용이 된다. 반면, 학습자 식대의 경우 일정 기간 프로그램을 진행하는 동안 식당과 사전 예약 시 실제 학습자 수의 변동과 관계없이 정액을 지불하는 것으로 계약했다면 고정비용의 성격을 띠게 된다.

평생교육기관의 총수입이 프로그램 총경비보다 적으면 평생교육기관은 재무관리상 적자를 보게 된다. 그러나 그 반대의 경우에는 평생교육기관은 그만큼의 재정을 축적하게 된다.

(2) 프로그램 통합적 재무관리

평생교육기관에서 여러 가지 프로그램이 동시에 이루어지고 있는 경우 각 프로그램의 수입지출을 합산함으로써 전체 프로그램 운영에 관한 통합적인 재무관리를 할 수 있다. 이는 제7장에서 다루었던 프로그램군의 통합적 관리와도 연관된다. 이럴 경우 프로그램군의 수입과 지출은 [그림 10-4]와 같이 구성된다.

구분	수입			지출	
	프로그램 지원금	수강료	기타	직접경비 (강사료, 식대, 교재비 등)	간접경비
프로그램 A					교직원인건비 (공동) 시설공동사용료 제세공과금 등
프로그램 B					
프로그램 C					
.					
합 계	총수입:			총지출:	

[그림 10-4] 평생교육 프로그램 통합적 재무관리 양식

이 경우 주의할 점은 각 프로그램에 공통으로 사용되는 자원, 즉 간접경비는 중복해서 합산하지 않는다는 것이다. 이럴 경우 여러 프로그램을 맡아 관리하는 교직원의 인건비는 간접경비에 해당된다. 기타 프로그램 홍보 및 광고를 통합해서 실시하는 경우도 프로그램 홍보 및 광고비는 간접경비에 해당된다. 평생교육기관의 경영자는 각 프로그램별로 간접경비를 제외한 수입, 지출 결산을 통해 그 프로그램의 재무상태를 파악할 수 있다. 이러한 프로그램별 재무상태의 파악은 프로그램군 통합관리를 할 수 있는 기초가 된다. 즉, 평생교육기관의 경영자는 프로그램별로 중요도와 재무상황을 종합적으로 고려함으로써 개별 프로그램의 유지 및 폐지 등을 고려할 수 있는 것이다.

2. 프로그램 수강료의 책정과 관리

1) 프로그램 수강료의 책정

(1) 1인당 수강료의 계산방법

평생교육기관에서 프로그램의 수강료를 결정할 때에는 프로그램 개발 및 운영에 드는 기본 비용, 외부의 재정적 지원 등의 요인을 고려해야 한다.

1인당 수강료의 수준은 외부지원이 있는 경우와 없는 경우에 따라 달라진다. 외부지원이 없는 경우에는 기관의 운영비를 학습자의 수강료에만 의존하게 된다. 이러한 경우 수강료는 다음의 예와 같은 방법으로 계산하게 된다.

	최소 100명인 경우	최소 200명인 경우
총경비	2,500만 원	2,500만 원
÷ 최소참가자수	÷ 100명	÷ 200명
1인당 등록비	25만 원	12만 5천 원

외부지원이 있는 경우에는 다음의 예와 같은 방법으로 계산하게 된다. 다음의 예에서 외부지원금은 1,000만 원이며, 최소참가자 수는 100명이다.

총경비	2,500만 원
− 외부지원금	− 1,000만 원
순수경비	1,500만 원
÷ 최소참가자 수	÷ 100 명
1인당 등록비	15만 원

▶▶ 사례: A 평생학습도시 [인문학 특강] 프로그램의 수강료 책정

▣ 총경비 산출

- 인원: 30명
- 고정비용

  강사료: 500,000원
- 1인당 가변비용

  식대비: 1인당 10,000원(1회)

  간식비: 1인당 5,000원

  입장료: 1인당 2,000원

  교재비: 1인당 5,000원

  기념품: 1인당 5,000원

  계: 1인당 27,000원
- 총경비: 500,000원 + (1인당 27,000원 × 30명) = 1,310,000원

▣ 1인당 참가비: 총경비 ÷ 인원

1,310,000원 ÷ 30명 = 44,000원

(외부의 지원을 받는 경우 1인당 참가비는 그만큼 줄어들게 된다.)

(2) 최소참가자 수의 결정방법

한편, 재무관리의 차원에서 프로그램의 존속 가능성을 검토하기 위한 최소참가자 수의 결정방법을 살펴보면 다음과 같다.

$$\text{최소 참여학습자의 수(손익분기점)} = \frac{\text{프로그램 운영 고정비용}}{\text{프로그램의 수강료} - \text{참가자 1인당 가변비용}}$$

예를 들어, 프로그램을 운영하기 위한 고정비(강사료, 시설임대료, 전기요금 등)가 500만 원이고, 학습자의 경제적 상황을 고려할 때 프로그램의 수강료를 5만 원 이상 책정하기 어려우며, 참가자 1인당 식사제공, 교재제공 등의 명목으로 2만 원의 가변비용이 든다고 하자. 그때 프로그램이 자립적으로 운영되기 위한 최소한의 참여학습자의 수는 다음과 같이 계산한다.

$$\text{최소 참여학습자의 수} = 500\text{만 원} \div (5\text{만 원} - 2\text{만 원}) = 166.6$$

따라서 최소 167명 이상이 참가해야 프로그램이 자립적으로 운영된다고 볼 수 있다. 이 경우에도 외부의 지원이 있는 경우에는 프로그램 운영 고정비용이 그만큼 감소함으로써 최소 필수 참여학습자의 수가 줄어들 수 있다. 이는 그만큼 최적의 학급규모에서 양질의 교육을 할 수 있게 됨을 의미한다.

2) 수강료의 관리방법

(1) 수강료 결정의 접근방식

평생교육기관의 기본적인 수강료 수준을 결정하는 접근방식에는 단일 수강료 접근방식, 수강료 지원전략, 수강료 차등전략 등의 세 가지 방법이 있다(Kotler and Fox, 1995). 이를 하나씩 살펴보면 다음과 같다.

① 단일 수강료 접근방식(One pricing approach)

모든 학습자를 위해 수강료 수준을 동일하게 맞추는 전략이다. 대부분의 평생교육기관에서 일반적으로 사용하는 접근방식이라고 볼 수 있다.

② 수강료 지원전략(A low-tuition strategy)

복지적 성격이 강한 공립교육기관이나 비영리 평생교육기관에서 채택하는 방식으로 낮은 수강료를 책정한 후 공적인 지원을 통해 이를 보전하는 방식이다. 평생교육기관이 사용하는 일반적인 접근방식이라고 할 수 있다.

③ 수강료 차등전략(High-tuition, high-need strategy)

일부 복지국가에서 실시하는 방식으로 고소득층의 학습자에게는 수강료를 높게 책정하고 저소득층의 학습자에게는 수강료를 낮게 책정하는 방법이다. 즉, 학습자들은 자신의 능력과 요구에 따라 상대적으로 지불한다. 이를 위해서는 모든 학습자가 자신의 경제적인 능력에 따라 차등 지불할 수 있다는 사회적 합의가 이루어져야 한다.

(2) 수강료 운영의 기법

이와 같이 평생교육기관에서 수강료를 결정하는 기본적인 접근방식을 선택한 후에도 프로그램의 구체적인 수강료는 상황에 따라 다양한 방식으로 책정될 수 있다. 앞에서 언급한 수강료 수준의 결정이 큰 흐름을 선택하는 것과 관련된다면 여기서 언급하고자 하는 수강료 책정 방식은 마케팅 차원에서의 기법이라고 볼 수 있다. 그 예를 살펴보면 다음과 같다.

① 세부강좌별 수강료 책정방식

이 방식은 프로그램이 여러 개의 하위 강좌로 구성되어 있는 경우 일괄적으로 수강료를 책정하는 것이 아니라 과정을 구성하고 있는 세부강좌별로 수강료를 책정하는 방식을 의미한다. 이 방법은 시간과 수강료가 부족한 학습자들로 하여금 관심 있는 것만 선택해서 참여할 수 있는 융통성을 부여한다는 장점을 가지고 있지만, 많은 수의 세부강좌를 듣는 학습자에게 특별한 이점이 없다는 점에서 단점이 있다.

② 다수 강좌 참여자 수강료 할인방식

이 방식은 앞의 프로그램 세부강좌별 수강료 책정의 변형으로서 여러 개의 강좌를 듣는 경우 수강료를 낮게 책정하는 방식이다. 이 방법은 시간과 수강료가 부족한 학습자에게는 융통성을 부여하면서 동시에 많은 수의 강좌에 참여하는 이들에게는 수강료 할인의 장점을 부여함으로써 학습자의 참여를 활성화하는 데 기여한다.

③ 시간대별 수강료 차등화 방식

이 방식은 학습자가 많이 참여하는 시간대와 많이 참여하지 않는 시간대의 차이를 균등화함으로써 시설 및 시간 활용 면에서 효율성을 높이기 위한 방식이다. 예를 들면, 새벽이나 비수기와 같이 학습자가 많이 모이지 않는 프로그램 시간대 참여자에게 수강료를 할인해 주는 방식이다.

④ 선착순 등록할인제

이 방식은 프로그램에 대해 등록기간을 구분하여 먼저 등록한 학습자에게 상대적인 수강료 할인 혜택을 주는 방식이다. 이 방식을 통해 평생교육기관은 보다 빨리 안정적인 규모의 학습자 집단을 확보할 수 있다는 점에서 유리하다. 그러나 지나친 활용은 평생교육기관의 재정적인 압박을 가중시킬 수도 있으므로 신중하게 사용해야 한다.

(3) 프로그램 수강료의 인하방법

평생교육기관의 경우 수강료를 인상하는 것에는 한계가 있다. 특히 비영리 평생교육기관의 경우 더욱 어렵다고 볼 수 있다. 따라서 가능한 한 수강

료를 인하하기 위한 노력을 기울여야 한다. 프로그램 수강료를 인하하는 가
장 좋은 방법은 수강료 이외에 외부 후원금을 가능한 한 많이 확보하는 것이
라고 볼 수 있다. 이에 관한 내용은 다음의 절에서 다루기로 하고 여기서는
기금개발 이외에 취할 수 있는 방법을 살펴보고자 한다. 그러나 이러한 방법
은 필연적으로 프로그램의 질적 저하를 동반할 가능성이 크므로 매우 신중
한 판단이 필요하다.

- 보다 저렴한 교수자료로 대체하거나 부수적인 교수자료를 배제한다.
- 프로그램의 기획, 운영, 평가 등에 필요한 실무자의 수를 줄인다. 특히
  외부 용역을 줄인다.
- 공공기관이나 비영리기관의 경우 참가학습자 수를 줄인다.
- 단가가 적게 드는 학습형태를 취한다. 개별학습보다는 집단학습 방법을
  사용한다.
- 저렴한 교육시설을 사용하거나 무료시설을 확보한다.
- 학습자가 숙박을 할 필요가 없이 통학을 할 수 있는 시설을 활용한다.
- 식비를 프로그램 경비에 포함시키지 않고 학습자가 자신의 식대를 지불
  하도록 한다.
- 프로그램 운영 일시를 시설이나 식대 비용이 저렴한 날짜나 요일로 변
  경한다.
- 홍보자료 제작에 드는 경비를 삭감한다.
- 프로그램 일정을 단축하여 더 압축적으로 운영한다.
- 학습자에게 모든 교재를 제공하는 대신에 자료실에서 빌려 보도록
  한다.
- 장기적으로 원격교육방식을 고려해 본다.

3. 평생교육기금의 개발

1) 기금개발의 기본 성격

(1) 기금조성(fund raising)의 유형

평생교육기관은 학습자의 교육복지증진을 위해 외부로부터 기금을 확보해야 할 경우가 많다. 여기서는 평생교육기관이 외부로부터 필요한 재원을 확보하는 기금조성 방안에 대해 살펴보고자 한다.

기금조성의 유형에는 직접적인 요구, 유형적인 대가의 제공, 기금개발 등이 있다. 직접적인 요구는 애원이나 동정심 유발, 사회적 압력 등을 통해 아무런 대가의 제공 없이 기금을 획득코자 하는 것으로서 일시적인 효과는 있으나 도덕적인 면이나 장기적인 효과성 측면에서 바람직하지 못한 방법이다.

유형적인 대가의 제공은 특정한 대가를 제공함으로써 기금을 조성하는 방법을 의미한다. 바자회, 자선공연, 유명인사가 기증한 물건에 대한 경매 등이 여기에 속한다. 이 방법은 일시적으로 많은 효과를 올릴 수는 있지만 많은 자원봉사자와 기증자를 확보하기 어렵다는 점에서 일상적인 방법으로 활용하기에는 어려운 점이 있다.

한편, 기금개발은 사람들에게 계획적이고 조직적인 방식으로 접근함으로써 다양한 종류의 지속적인 기부자를 형성하는 것을 의미한다. 기금개발은 기관 차원에서 하나의 중요한 경영과제로 설정하고 지속적인 관심을 기울인다는 점에서 가장 발전적인 방법이라고 볼 수 있다. 그러나 이를 위해서는 전문성을 갖춘 직원과 체계적인 관리가 필요하다는 점에서 기관의 각별한 노력이 요구된다.

(2) 기금개발에 있어서의 마케팅 관리의 의의

앞에서 살펴보았듯이 최근 들어 평생교육기관을 위한 기금개발의 중요성이 부각되고 있다. 따라서 보다 효율적으로 기금개발을 하기 위한 노력도 필요해지고 있다. 이러한 맥락에서 볼 때 기금개발도 다음과 같이 일종의 마케팅 관리 차원에서 이루어지는 것이 바람직하다.

먼저, 평생교육기관의 기금개발 활동은 평생교육기관과 기금후원자가 서로에게 유익한 가치를 교환하도록 하는 것이 바람직하다. 즉, 기부자가 평생교육기관에게 일방적으로 은혜를 베푸는 것이 아니라 서로에게 유익한 가치를 제공할 때 보다 효과적인 기금개발이 이루어진다. 기부자는 평생교육기관을 위해 재정적 지원을 하지만 평생교육기관은 기부자에게 명예와 만족감은 물론 평생교육기관에서 제공하는 교육 서비스에 참여할 기회를 제공할 수도 있다. 또한 평생교육기관은 기금을 자기의 것이 아닌 남이 맡긴 것으로 알고 소중하게 다루고 있다는 신뢰감을 제공해야 한다. 즉, 기부자의 후원금을 잘 관리하고, 좋은 곳에 쓰여지고 있음을 기부자에게 보여 주어야 하는 것이다.

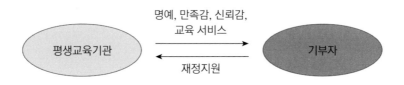

[그림 10-5] 평생교육기관 기금개발과 가치의 교환

또한 기금개발을 위해 마케팅 관리의 여러 가지 기법이 유용하게 활용될 수 있다. 즉, 평생교육기관은 기금개발을 위해 기부자 시장을 주의 깊게 세분화하고, 가장 적합한 세분시장을 선정한 후, 각 기부시장의 기부잠재력을 측정하며, 각 시장에 가장 적절한 개발 계획을 세워 마케팅 혼합을 실행하는 전략이 필요한 것이다. 이와 같이 마케팅 차원에서 기부자에 대한 정확한 검증, 적절한 계발(공들이기), 건전한 위탁활동에 대한 신뢰 근거제시는 성공적인 기금 조성의 핵심인 것이다. 따라서 기금개발담당 직원은 기부자의 성격, 현황, 기부의사 결정과정, 숨은 동기 등을 잘 이해하면서 기금을 개발해야한다.

2) 평생교육기관 기금개발의 과정

(1) 기금개발의 기획

평생교육기관을 위한 기금개발의 기획에는 기금개발 목표의 설정, 기금 조성 담당자의 선정, 기부잠재력의 파악 등의 활동이 포함된다.

기금개발 목표의 설정방법에는 단순증감적 접근(incremental approach), 필요지향 접근(need approach), 기회지향 접근(opportunity approach) 등이 있다. 단순증감적 접근은 지난해 기부금 총액과 물가상승분 그리고 경제적 상황에 따른 증감의 합으로 기금액을 책정하는 방법이며, 필요지향 접근은 우리 기관이 필요로 하는 자금을 분석한 후 그만큼의 기금액을 책정하는 방법이다. 기회지향 접근은 각 기부자 집단에서 얻을 수 있는 최대한의 기부금을 책정하는 방법으로 기금개발목표액을 설정한 후, 전체적인 기금개발전략을 수립한다. 세 가지 설정방법 중에서 기회지향 접근방식이 가장 적극적이며, 동시에 가장 체계적인 노력이 필요하다고 볼 수 있다.

기금개발 목표를 설정한 후에는 기금개발 담당자를 선정한다. 일반적으로 규모가 작은 기관에서는 기관장을 비롯하여 1인의 기금개발 책임자를 선정하며, 규모가 큰 기관에서는 기금개발을 담당하는 전문 부서를 선정한다.

기금개발 담당자를 선정한 후에는 기부자의 기부잠재력에 대해 파악한다. [그림 10-6]은 우리 기관에 대한 관심정도와 경제적 능력 수준에 따른 예비기부자의 분류 방식이다.

경제적 능력

		높음	중간	낮음
관심 정도	높음	김△△		이□□
	중간			
	낮음	박○○		

[그림 10-6] 기부잠재력 수준에 따른 예비기부자의 분류 방식

(2) 기금개발 활동 수행

예비기부자의 기부잠재력에 대한 파악이 끝난 후에는 구체적인 기금개발 활동에 들어간다. 기금개발 담당자는 전체적으로 기금개발 활동이 가장 효과적으로 목적을 달성할 수 있도록 신중하게 일정을 결정하고 각 활동이 효과적으로 잘 연계될 수 있도록 조정해야 한다. 기금개발 활동 중의 하나로 캠페인을 활용할 수 있다. 이는 특정한 시간 내에 주어진 양의 기부금을 조성하기 위한 조직화되고 시계열화된 활동과 행사들을 의미한다. 기관은 실천가능한 캠페인 목적과 적절한 기간을 결정해야 하며, 계획된 순서에 따라 잠재적인 다양한 기부자 집단에게 접근해야 한다. 그러나 이러한 기금마련 캠페인을 무리하게 너무 자주 개최하는 것은 바람직하지 않다.

(3) 기금개발 활동의 평가

기금개발 활동이 끝난 후에는 기금개발 성과에 대한 평가를 실시한다. 이러한 평가는 기관전체 차원의 평가와 기금개발 실무자 개인별 평가로 나뉘어진다.

기관전체 차원에서의 평가는 목표달성도, 기부금의 구성, 기부자 배경 분석, 기부 시장점유율, 비용/기부금 비율 등을 통해 파악할 수 있다. 목표달성도는 최종금액을 계획했던 금액으로 나눔으로써 구할 수 있으며, 기부금의 구성은 기부금의 일정한 액수단위별 기부자의 수를 의미한다. 예를 들어, 소

액기부자의 참여 수와 집단별 기부금이 총액에서 차지하는 비율 등을 파악하는 것이다. 기부자 배경 분석은 마케팅 원리 중 시장 세분화의 원칙에 따라 실시한다. 이 방법을 통해 세부집단별 특성을 파악하여 다음 활동의 자료로 삼을 수 있다. 기부 시장점유율은 전체 잠재 기부금 중 우리 기관에서 기부 받은 액수를 의미하며, 비용/기부금 비율은 전체 기부금 수입에 대해 기부금을 모금하는 과정 중에 발생한 비용의 비율로서, 규모가 큰 기관은 5%, 작은 기관은 15% 정도가 바람직하다.

3) 기부자 유형별 기금개발방법

평생교육기관 기부자의 유형에는 개인 기부자, 재단, 기업, 정부 등이 있다. 여기서는 기금개발 시 기부자의 유형별로 유의해야 할 사항을 살펴보고자 한다.

(1) 개인 기부자

먼저, 개인 기부자를 대상으로 기금을 개발할 때에는 개인 기부자들을 지리적 · 인구학적 · 심리적 · 행동적 특성에 따라 세분화하고 그들에게 어떤 이익을 제공할 것인가를 확인해야 한다. 기금의 90% 이상이 기부자의 10% 미만에 의해 충당되는 경우가 많기 때문에 예비 기부자의 기부잠재력을 파악하는 것은 매우 중요하다. 또한 소액 기부자는 그들 자신이 소속 평생교육기관에 대한 기본 후원자가 되는 것은 물론 잠재적 고액 기부자들을 참여시킬 수 있는 매개가 될 수도 있기 때문에 이들에 대해서도 소홀히 해서는 안 된다. 고액기부를 얻는 대표적인 방법에는 개별적 접촉이 있으며, 개별적 접촉을 통한 모금은 확인, 소개, 계발, 권유, 수탁 등의 단계를 거쳐서 이루어진다. 관심을 끌 수 있는 프로그램에 대해 여러 크기의 기부금액별로 세분화한 목록인 기부요청목록(wish-list)을 작성한 후 기부자들로 하여금 선택하도록 하는 것도 효과적인 기금개발방법 중의 하나이다.

(2) 재단

재단의 종류에는 가족재단, 일반재단, 각종 기금, 정부 및 기업 출연재단 등이 있으며, 재단을 대상으로 기금을 개발할 때에도 재단에 대한 연구를 통해 재단에 대한 자세한 성격을 파악하고, 기부요청목록과 제안서를 준비해야 한다. 일반적으로 기금재단의 제안서 심사기준에는 평생교육기관이 기부금을 통해 실시하고자 하는 프로그램의 중요성과 질, 기관의 재정부족 상태와 기관의 주요 실적, 기관의 기금 활용능력, 기관 후원을 통해 재단이 얻는 이익 정도, 다른 기관에 대한 모델로서의 기여도 등이 포함된다.

(3) 기업

일반적으로 기업은 후원을 통한 기업의 이익을 가장 중요시한다. 평생교육기관에 대한 예비 기업 기부자로는 같은 지역에 있는 기업, 그 기관의 교육내용과 관계있는 상품을 생산하는 기업, 특정한 분야에 대해 지원하겠다고 공표한 기업, 우리 기관의 구성원과 개인적 관계 또는 교류가 있는 기업 등이 포함된다.

(4) 정부

정부 기부자로는 중앙정부 및 지방자치단체, 정부출연기관이 있을 수 있다. 정부 기부자는 공익성, 형평성 등의 기준에 맞추어서 평생교육기관을 지원하고 있으며, 특히 지역주민의 평생교육을 위한 지방자치단체의 관심이 높아지고 있는 추세다. 최근에는 여러 가지 공모사업을 통해 평생교육기관을 지원하는 경우도 늘고 있다. 따라서 평생교육기관은 중앙 및 지방자치단체의 지원정책에 관심을 갖고 정보를 수집해야 한다.

▶▶ 사례: 평생교육기관을 지원하기 위한 정부의 지원

교육부
- 소외계층을 위한 평생교육 프로그램 공모(평생교육 바우처 지원사업)
- 성인 문해교육 지원사업

행정안전부
- 비영리민간단체지원법에 의한 지원

평생학습도시
- 지역 내 우수 평생교육기관 지원사업
- 평생학습도시 컨설팅, 평생학습센터 운영 유관 사업, 학습동아리 활성화 등

📝 요약

평생교육기관의 재무관리란 기관 및 조직에 필요한 자금을 조달하고 이를 운용하는 데 관련된 의사결정문제를 주된 연구대상으로 삼는 경영학의 한 분야를 말한다. 평생교육기관은 교육 프로그램을 운영하기 위해 학습자의 수강료나 각종 기부 및 후원금을 주요 수입으로 삼으며, 인건비, 시설비, 홍보비, 교육자료 제작비 및 기타 간접경비 등에 지출한다.

평생교육기관은 각 개별 프로그램을 운영하기 위해 수입과 비용을 고려하여 적정한 프로그램의 수강료를 책정하여야 하며, 프로그램의 존속이 가능한 최소 참여학습자 수를 파악하는 것도 필요하다. 평생교육기관 전체 차원에서는 개별 프로그램의 재무구조를 종합적으로 파악하여 기관전체 재정상 균형을 이룰 수 있도록 프로그램 통합관리를 실시해야 한다. 아울러 평생교육기관은 적절한 방식으로 수강료를 책정하는 전략과 기법을 활용해야 하며, 부득이한 경우 수강료를 인하하기 위한 조치도 고려해야 한다.

비영리적 성격이 강한 평생교육기관은 기금개발 활동을 실시하게 된다. 기금개발은 평생교육기관과 기부자 간에 가치의 교환을 통해 이루어져야 한다. 효과적인 기금개발을 위해서는 시장 세분화, 표적시장선정, 포지셔닝 및 촉진 등과 같은 마케팅 차

원의 접근이 필요하다. 기금개발의 대상은 개인 기부자, 각종 재단, 기업, 정부 등이며 각 대상별로 필요한 정보를 수집하고 적절한 접근 전략을 수립해야 한다.

📝 연구문제

1. 특정한 평생교육기관을 대상으로 단위 평생교육 프로그램의 수입과 지출 현황을 표로 작성하시오.
2. 평생교육기관이 사용하고 있는 수강료 결정방식을 분석하시오.
3. 평생교육 프로그램을 지원하는 각종 재단, 기금 등을 파악하시오.

📝 참고문헌

교육부, 한국교육개발원(2000). 학교회계길잡이.

백태영 외(2020). 회계와 사회. 서울: 신영사.

이상우, 이의경(2011). 알기 쉬운 재무관리. 서울: 명경사.

지호준, 이재범(2018). 알기 쉽게 배우는 21세기 경영학. 서울: 집현재.

학교회계운영실무요령편찬회(2015). 학교회계운영 실무요령. 서울: 교육주보사.

Birkenholz, R. J. (1999). *Effective Adult Learning*. Danville: Interstate Publishers, Inc.

Caffarella, R. S. (1994), *Planning Programs for Adult Learners*. San Francisco: Jossey-Bass Publishers.

Kotler, P., & Fox, K. F. A. (1995). *Strategic Marketing for Educational Institutions*. New Jersey: Prentice Hall.

제4부

평생교육기관의 네트워크

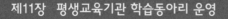

제11장 평생교육기관 학습동아리 운영

제12장 평생교육기관과 의사소통

제13장 평생교육기관의 파트너십

제11장

평생교육기관 학습동아리 운영

평생학습이 보편화되어 감에 따라 현대인은 작은 학습모임을 통해 그들의 관심 영역을 주체적으로 학습하려는 경향이 강해지고 있다. 이른바 학습동아리 활동이 활성화되고 있는 것이다. 이러한 학습동아리는 교육적으로 평생학습시대에 가장 적합한 학습형태이며, 공동체성 회복에 대한 현대인의 요구를 잘 충족시켜 준다는 점에서 의의가 있다.

최근에 학습동아리 조직을 평생교육기관에 도입하려는 경향이 두드러지고 있다. 학습동아리가 가지고 있는 교육적 효과는 물론이고 기관 경영의 효율성 차원에서도 학습동아리는 유익한 점이 많다. 그러나 학습동아리가 평생교육기관 경영의 차원에서 제자리를 잡기 위해서는 많은 노력이 필요하다. 이런 맥락에서 이번 장에서는 평생교육기관의 경영 차원에서 학습동아리를 평생교육기관에 도입하고 운영하기 위한 실제적인 방법에 대해 살펴보고자 한다.

학습목표 ◀ ···

1. 평생교육기관 학습동아리의 기본 성격과 의의를 설명할 수 있다.

2. 학습동아리 운영에 필요한 구성요소를 분석할 수 있다.

3. 학습동아리 운영을 위해 평생교육기관이 수행해야 할 과제를 제시할 수 있다.

1. 평생교육기관 학습동아리의 기본 성격

1) 학습동아리의 기본 성격

(1) 학습동아리의 의미

최근에 평생교육기관에는 다양한 유형의 학습동아리가 구성되고 있다. 학습동아리는 소수의 학습자가 자발적으로 학습을 위하여 결성한 집단 혹은, 동일한 학습주제를 가진 사람들이 모여 운영하는 학습집단이다.

일반적으로 학습동아리는 특별한 교수자가 없이 소수의 학습자가 자발적으로 모임을 구성하여 참여하게 된다. 그리고 구성원 사이의 의사소통관계는 이른바 순환적 의사소통의 형태를 취하게 된다. 전통적인 학교교육이 일반적으로 교수자에서 학습자로의 '수직적 의사소통' 관계를 가지고 있었다면, 일반적인 평생교육기관은 학습자의 요구를 중시하고 그들의 참여를 적극적으로 보장한다는 점에서 '수평적 의사소통'의 형태를 취하고 있다. 그런데 학습동아리는 여기서 더 나아가, 학습자들이 상황에 따라 교수자와 학습자의 역할을 바꾸어 수행하는 의사소통의 형태를 취한다. 이것을 가리켜 '순

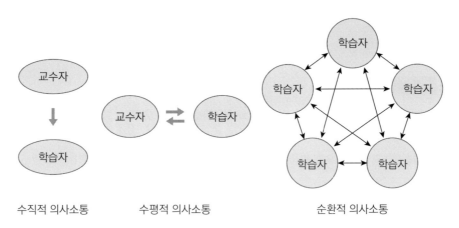

수직적 의사소통   수평적 의사소통   순환적 의사소통

[그림 11-1] 교육조직에서의 의사소통의 유형

환적 의사소통'이라고 할 수 있다.

(2) 평생교육기관에서의 학습동아리 운영의 동향

우리나라의 경우에도 최근 들어 학습동아리가 급증하고 있는 추세이다. 이러한 학습동아리는 순수한 개인들이 모여 독립적으로 활동하는 경우도 있지만 각종 기관이나 시민조직과 연계하여 활동하는 경우도 늘고 있다(황주석, 2007). 각종 사회단체나 종교단체, 기업체, 공공기관에서 학습동아리를 조직하여 운영하는 예가 늘고 있는 것이다. 평생교육기관의 경우에도 학습동아리가 많이 조직되어 활동하고 있다. 그 예를 살펴보면 〈표 11-1〉과 같다.

표 11-1 주요 평생교육관련 기관 학습동아리의 예

기관	사례
한국지역사회 교육협의회(중앙)	대화연구회, 미술치료연구회, 바른교육관 갖기, 대화법 연구회, 부모코칭 연구회, 한솔회, 성·양성 평등 연구회 등
강남구 여성능력 개발센터	보람을 찾는 영어사절단, 까치와 은행나무, 뜨개여왕 엘리자, 국경없는 시저의 손, 사랑古 달빛천사 등
광명 YMCA	자연밥상지기, 미디어지기, 어린이지기, 생활재지기 등
연제구 평생학습센터	연제한울림, 연제춤사랑, 책향기, 연제구 문화재해설사동아리, 스터디회화모임, 엘사모인생학교, 입체로 보는 우리 역사 등
광명시평생학습원	온새미로, 노을소리샘, 놀자컴, 동행, 말문이 트이는 영어, 행복소통, 청림수화사랑

2) 평생교육기관에 있어서의 학습동아리의 의의

(1) 교육적 의의

평생교육기관과 연계된 학습동아리는 그 자체로 교육적인 의의를 가지고 있다. 이를 보다 자세히 살펴보면 다음과 같다.

첫째, 학습동아리는 민주주의, 학습자의 자발적 참여, 공동체 구현 등의 평생교육 가치를 구현하기 위한 매우 유용한 방법이다. 학습동아리는 일종의 작은 학습공동체로서 회원들 상호 간의 인격적인 교류를 할 수 있으며, 민주주의를 연습하는 장이 되기도 한다.

둘째, 인지적 · 정의적 측면에서 학습동아리는 상호학습을 통해 구성원의 학습능력 향상에 이바지한다. 학습자 간의 긴밀한 상호작용과 허용적인 분위기는 활발하고 엄밀한 지적인 활동에도 크게 기여한다.

셋째, 학습동아리는 기관의 사명 수행에 밑거름이 되는 적극적인 후원자 및 자원봉사자를 확보하는 수단이 될 수 있다. 일반적으로 평생교육기관에서 학습자는 다음 [그림 11-2]와 같은 발달단계를 밟는다고 볼 수 있다.

[그림 11-2] 평생교육기관 학습자의 발달단계

이와 같이, 학습동아리는 학습자로 하여금 단지 지식이나 기술을 습득하는 것에 그치지 않고 그들로 하여금 그 기관이 추구하는 사명에 동참하도록 할 수 있다는 점에서 의의가 있다.

(2) 경제적 의의

평생교육기관에서 학습동아리를 구성하고 운영하기 위해서는 기존 프로그램 운영 이외의 추가 예산이 소요된다. 이 항목은 단기적인 차원에서 보면 평생교육기관의 재정에 어려움을 더해 줄 가능성이 있다. 이를 자세히 살펴보면 다음과 같다.

첫째, 시설 및 설비를 학습동아리에게 제공하는 경우 일반적인 강의 프로그램을 운영하는 데 제약이 따를 수 있다. 즉, 학습동아리가 활성화되어 기존 시설을 활용하게 되는 경우 신규 강좌를 개설하는 데 제약이 생길 수도 있다.

둘째, 학습동아리가 추가로 생겨남에 따라 단기적인 면에서 교직원의 업무부담이 증가될 수 있다. 즉, 평생교육기관 실무자의 경우 기존의 일반 프로그램 운영 외에 학습동아리를 조직·지원하는 업무가 추가될 수 있는 것이다. 이를 위해 인원을 보강하는 경우 인건비 증가 요인이 작용하게 된다.

셋째, 학습동아리의 활성화를 위해 학습동아리 리더훈련, 학습자료 지원, 자문인사 섭외, 학습동아리 학습발표회 등의 추가적인 재정이 요구될 수 있다.

그러나 이러한 추가비용 요인에도 불구하고 학습동아리가 평생교육기관의 기존 프로그램과 접맥되거나, 학습동아리 활동 자체가 정규 프로그램화될 때 평생교육기관의 경영 효율성 측면에서 여러 가지 장점을 가지게 된다.

첫째, 학습동아리는 공통적인 주제에 관심을 가진 소수의 인원으로 구성되어 있기 때문에 그만큼 요구를 분석하고 충족시키기에 용이하다. 따라서 같은 노력으로 학습자의 요구에 보다 심도 있게 부응할 수 있다.

둘째, 학습동아리는 구성원의 자발적인 참여와 신규회원 권유를 통해 운영되기 때문에 기관 차원에서 참여를 유도하기 위한 노력과 비용을 줄일 수 있다. 즉, 학습동아리 활동을 통해 별도의 홍보비용이 없어도 평생교육기관에 많은 사람을 모을 수 있는 것이다. 이 중의 일부는 평생교육기관의 기존 프로그램에도 등록하게 된다.

셋째, 학습동아리는 학습자 집단의 독립적인 학습활동을 통해 이루어지기 때문에 매번 강사를 섭외할 필요가 없다. 따라서 기존의 강의식 프로그램과 학습동아리 활동이 접맥될 수 있다면 오히려 강사 비용을 줄일 수도 있다.

넷째, 학습동아리는 적은 인원으로 구성되기 때문에 별도의 시설 확충 없이 기존 시설의 유휴공간을 활용함으로써 시설활용의 효율성을 높일 수 있다.

이런 점을 종합해 볼 때 학습동아리는 단기적으로 기존의 프로그램 외에 추가비용이 드는 것은 피할 수 없다. 그렇지만 장기적으로는 평생교육기관의 사업을 보다 활성화할 수 있다는 점에서 유익하다고 볼 수 있다.

이와 같이 평생교육기관의 학습동아리 운영에서 나타나는 가치의 교환을 그림으로 표시하면 [그림 11-3]과 같다.

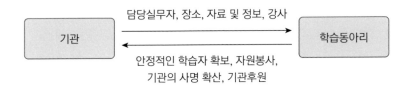

[그림 11-3] 평생교육기관과 학습동아리의 가치교환 관계

3) 평생교육기관 학습동아리의 구성요소

(1) 인적 요소

평생교육기관의 학습동아리를 운영하기 위해서는 여러 구성원이 자기의 역할을 수행해야 한다. 이러한 인적 구성원에는 조직자, 관리자, 리더훈련자, 리더, 학습자가 포함된다. 이 중에서 조직자, 관리자, 리더훈련자는 일반적으로 평생교육사를 비롯한 평생교육 전문가가 전담하거나 부분적으로 수행하는 것이 바람직하다. 학습동아리의 인적 구성원이 하는 역할을 보다 자세히 살펴보면 다음과 같다.

- 조직자: 학습동아리의 구성을 기획하고 실행하는 전문가
- 관리자: 학습동아리의 구성 후 원만히 운영될 수 있도록 기관 차원에서 지원하는 실무자
- 리더훈련자: 학습동아리의 리더에게 필요한 능력을 훈련시키는 교육전문가
- 리더: 학습동아리를 실질적으로 이끌어 가는 학습자 대표

• 학습자: 학습동아리에 참여하여 직접 학습활동을 하는 일반 회원

(2) 물리적 요소

학습동아리 활동은 일반 집단교육방식의 프로그램에 비해서 장소와 시설의 활용이 매우 융통성이 있다는 특징이 있다. 즉, 일반교육 프로그램처럼 반드시 큰 규모의 강의실이나 교육공간이 필요한 것도 아니며, 매번 같은 장소에서 이루어질 필요도 없다. 그럼에도 불구하고 학습동아리 활동도 일종의 집단학습모임이기 때문에 여러 가지 물리적 요소가 필요하다. 이를 살펴보면 다음과 같다.

① 장소

학습동아리 활동은 일차적으로 평생교육기관시설 내에서 실시하는 것을 원칙으로 한다. 그러나 구성원의 편의를 고려하여 지역사회 내의 특정 지역을 선택하여 실시할 수도 있다. 예를 들면, 회원의 가정이나 사무실, 공공도서관, 학교, 주민자치센터 등의 지역사회 공공시설, 조용한 카페 등을 들 수 있다.

② 시설

학습동아리 활동을 위해 평생교육기관은 여러 가지 시설을 지원해야 한다. 예를 들면, 회의용 탁자, 의자, 화이트 보드, 필기구 등이 기본적으로 요구되며, 복사기, 빔 프로젝터, 컴퓨터, 프린터, 모니터용 TV, 무선인터넷 장치 등이 구비되면 더욱 효율적인 학습에 도움이 된다.

(3) 재정적 요소

앞에서 살펴보았듯이 학습동아리는 학습자들의 자발적인 모임이기 때문에 학습자들이 직접 필요한 재정을 마련하는 경우도 많다. 그러나 학습동아리를 보다 활성화하기 위해서는 기관 차원에서 가능한 한 재정적인 지원을

해 주는 것이 바람직하다. 그럴 경우 투입되는 재정의 항목에는 대체적으로 인건비, 학습지원비, 리더훈련비, 특별행사 및 대외활동 지원비 등을 들 수 있다.

① 인건비

학습동아리를 전담하는 교직원에 대한 보수를 의미한다. 현실적으로 평생교육기관의 실무자가 학습동아리만을 전담하는 경우는 많지 않다. 그럴 경우 학습동아리 활동 지원과 관련된 인건비는 평생교육기관 전체 인건비에 포함되어 있다고 볼 수 있다. 그러나 기관 내 학습동아리의 비중이 커짐에 따라 학습동아리 지원 사업을 기존의 프로그램 운영과 분리된 별도사업으로 시행하거나 학습동아리만을 담당하는 교직원을 고용하는 경우 학습동아리 담당자의 인건비를 별도로 책정하는 것도 가능하다.

② 학습지원비

평상시 학습동아리 활동이 원만히 수행될 수 있도록 기관에서 지원하는 운영비를 말한다. 학습동아리 홍보비, 장소임대료(외부 시설인 경우), 학습자료 개발비, 교재인쇄비, 외부 초청강사 사례비, 현장 연구 및 답사 교통비, 식비 및 간식비, 교육기자재 임대료(외부 임대인 경우), 학습정보제공비 등이 포함된다.

③ 리더훈련비

학습동아리 리더의 자질을 향상하기 위해 실시하는 훈련비용을 의미한다. 리더훈련 프로그램 개발비, 리더교육 강사료(외부 강사인 경우), 훈련장소 임대비(외부 시설인 경우), 리더훈련 식대(자비 부담이 아닌 경우), 리더훈련참가자를 위한 교통비 등이 포함된다.

④ 특별행사 및 대외활동 지원비

학습동아리가 특별히 실시하는 이벤트 행사나 다른 기관과의 연대활동을 위해 지원하는 비용을 말한다. 구체적으로는 친교활동 지원비, 행사장소 임대료(외부인 경우), 행사홍보 지원비, 초청인사 사례비, 대회참가 지원비, 학습동아리 간 연계활동 지원비 등이 포함된다.

앞에서 언급한 학습동아리의 재정적 요소를 정리하면 〈표 11-2〉와 같다.

표 11-2 평생교육기관 학습동아리 운영 예산 항목

항목	내용	항목	내용
인건비	전담 교직원 인건비	학습 지원비	학습동아리 홍보비 장소임대료(외부 시설인 경우) 학습자료 개발비 교재인쇄비 외부 초청강사 사례비 현장 연구 및 답사 교통비 음식/간식비 교육기자재 임대료 학습정보제공비
리더 훈련비	리더훈련 프로그램 개발비 리더교육 강사료(외부 강사인 경우) 장소비 식대 리더훈련 참가자를 위한 교통 지원비	특별 행사 및 대외 활동 지원비	친교활동 지원비 행사장소 임대료(외부인 경우) 행사홍보 지원비 초청인사 사례비 대회참가 지원비 학습동아리 간 연계활동 지원비

2. 평생교육기관 학습동아리 운영의 실제

1) 학습동아리 활성화를 위한 단계별 과제

앞에서 살펴본 바와 같이 학습동아리는 평생교육기관의 경영 차원에서 여러 가지 유익한 점이 있다. 학습동아리와 평생교육기관은 서로에게 이익을 주는 파트너십 관계를 맺고 있는 것이다. 따라서 평생교육기관은 학습동아리의 활성화를 위해 적극적으로 지원하여야 한다. 조직으로서의 기관은 학습동아리의 조직 및 육성을 기획하고 학습동아리의 장기·단기 전망을 제시하여 학습동아리 조직을 이끌어 낸다. 학습동아리 조직과 육성의 성패는 사실상 기관의 의지에 달려 있다고 하여도 지나치지 않다. 평생교육기관의 학습동아리를 활성화하기 위해 학습동아리의 구성단계에 따라 수행해야 할 과제들을 살펴보면 다음과 같다.

(1) 준비 단계

평생교육기관 내에 학습동아리가 조직되도록 하기 위해 평생교육기관 차원에서 여러 가지 준비를 해야 한다. 이를 구체적으로 살펴보면 다음과 같다.

① 학습동아리 운영 기획

평생교육기관 교육목적에 비추어 잠재적 학습동아리의 의의를 분석한다. 또한 평생교육기관의 취지에 가장 부합하는 학습동아리의 성격을 규정하고, 학습동아리 구성 가능성이 있는 분야를 파악한다. 이를 위해 현재 평생교육기관 내에 자생적으로 이루어지고 있는 학습동아리를 우선적으로 파악한다. 또한 평생교육기관의 학습자들이 요구하는 바가 무엇인지를 조사한다. 이를 바탕으로 학습동아리 운영 목표를 수립하고, 학습주제를 선정한다.

② 학습동아리 전담 실무자 선정

구성하고자 하는 학습동아리의 성격을 고려하여 가장 적절한 전담 실무자를 선정한다. 관련분야에 대한 이해도가 높고 학습동아리 예비 구성원 간의 관계가 원만한 실무자를 선정하는 것이 필요하다.

③ 학습동아리 적극 참여자 탐색

학습동아리에 적극적인 관심을 가질 만한 학습자를 찾는다. 해당 평생교육기관에 꾸준히 오랫동안 참여해 오고 있는 적극적인 학습자, 기존의 다른 학습동아리 참여 경험이 있는 학습자, 해당 분야에 대한 지속적인 학습에 적극 관심을 갖고 있는 학습자 등이 그 예이다. 이들과의 사전 만남을 통해 보다 구체적인 조직 계획을 수립한다. 이들은 학습동아리 조직 단계에서 리더로서의 역할을 담당할 가능성이 크다.

(2) 조직화 단계

평생교육기관은 이 준비 단계를 거친 후 실제로 학습동아리가 조직될 수 있도록 해야 한다. 그 과정 및 과제를 살펴보면 다음과 같다.

① 참여자 모집

개별적인 접촉을 통해 학습동아리에 참여할 것으로 기대되는 사람에게 프로그램에 대하여 소개한다. 또한 대중적인 홍보를 통해 학습자의 참여를 유도할 수 있다. 이때 학습동아리의 주제, 장점과 운영원리에 대해 충분히 알 수 있도록 한다.

② 참여자 간의 소개 및 친교 기회 마련

학습동아리가 원활히 운영되기 위해서는 학습동아리 구성원들이 서로를 이해하고 친목이 도모되어야 한다. 이를 위해 조직자는 마음의 벽 허물기(ice breaking) 기법을 적절히 사용하거나, 적절한 이벤트 행사를 준비하는 것이 바람직하다.

③ 학습동아리 리더 선출

조직자의 진행에 따라 학습동아리 구성원의 자발적인 참여에 의해 역량
있고 열성 있는 리더가 선출될 수 있도록 지원한다.

④ 학습동아리 운영계획 협의

학습동아리 리더를 중심으로 참여자 간의 역할을 분담하고, 모임을 위한
날짜, 시간, 장소 등을 결정하도록 한다. 이를 위해 평생교육기관이 지원해
야 할 것이 무엇인가를 검토한다.

⑤ 학습자료 제공 및 제작 지원

학습에 필요한 각종 인쇄 자료, 비디오 · 오디오 자료 등을 제공하며 기술
적인 자문도 해 준다. 또한 학습자료 제작에 필요한 시설과 설비도 제공해
준다.

⑥ 학습영역에 따른 내용전문가 확보 지원

학습동아리 유형에 따라서는 학습주제와 관련된 전문가의 도움을 받아야
하는 경우도 있다. 도움의 수준은 단순한 자문, 정보제공의 수준을 넘어 직
접 강의에 이르기까지 다양하다. 평생교육기관은 기존의 강사나 기타 전문
가에 대한 정보와 네트워크를 바탕으로 학습동아리를 위한 전문가를 확보하
여 학습동아리에게 소개시켜 주는 것이 바람직하다.

⑦ 리더훈련 지원

학습동아리를 잘 운영하기 위해서는 역량 있는 리더의 존재가 절실하게
필요하다. 리더가 선출된 후 각 학습동아리 리더들을 대상으로 평생교육기
관 차원에서 일정 기간의 리더훈련 프로그램을 운영하는 것이 바람직하다.

가능하면 세부내용에 따라 주기적인 연수를 실시하는 것이 더욱 바람직하다.

(3) 자립적 운영 단계

이 과정을 거쳐 조직된 학습동아리가 자립적으로 운영되기 시작한 이후에도 평생교육기관은 학습동아리의 활성화를 위해 지속적으로 지원해 주어야한다. 이를 구체적으로 살펴보면 다음과 같다.

① 지속적인 학습 정보 및 자료 제공

평생교육기관은 학습동아리가 더욱 심층적인 학습을 할 수 있도록 풍부한 정보와 자료를 지속적으로 제공해 주어야 한다. 학습동아리가 활성화됨에 따라 학습내용이 보다 전문화·구체화된다. 따라서 더욱 많은 지원을 요청하게 될 가능성이 커지게 된다. 평생교육기관은 이러한 수요에 대비하여 보다 풍부한 학습정보와 자료를 제공해 줄 필요가 있다.

② 학습결과의 공유 및 발표 기회 제공

평생교육기관 자체가 하나의 학습조직이 되기 위해서는 학습동아리의 학습결과가 모든 사람에게 공유될 필요가 있다. 그럼으로써 학습동아리의 연계가 보다 자연스럽게 이루어질 수 있다. 이를 위해 학습동아리별로 학습결과를 발표하거나 공지할 수 있도록 지원해 주는 것이 바람직하다. 예를 들면, 기관의 홈페이지에 학습동아리별로 학습결과를 게재하도록 하거나 발표회, 전시회, 자료집 발간, 공모전 참여 등을 지원할 수 있다. 또한 지역별로 개최되는 평생학습축제 참여를 권장하는 것도 바람직하다.

③ 학습동아리 자원봉사활동 지원

학습결과의 공유와 발표의 차원을 넘어 학습동아리의 학습결과를 공익적인 차원에서 활용할 수 있도록 지원하는 것도 필요하다. 예를 들어, 수화학

[그림 11-4] 평생학습축제 학습동아리 발표회 장면

습동아리의 자원봉사활동, 공예부문 학습동아리의 자선판매, 불우이웃 위문 공연 등이 그 예이다. 이러한 자원봉사활동을 통해 학습동아리는 더욱 생명 력을 얻게 되고 성숙한 학습동아리가 될 수 있다.

④ 학습동아리 간 연합활동 지원

학습동아리가 활성화되고 학습의 지형이 확장됨에 따라 유관 분야 학습동 아리 사이에 연대활동이 이루어질 수 있다. 평생교육기관 내의 다른 학습동 아리와의 연계는 물론 기관 외의 학습동아리와의 연계도 고려할 필요가 있 다. 특히 대외적 연계는 학습동아리 자체의 발전은 물론 평생교육기관의 홍 보와 영역확대를 위해서도 매우 바람직한 일이라고 볼 수 있다. 따라서 평생 교육기관은 학습동아리 연합활동에 필요한 인적 · 물적 자원을 제공해 주는 것이 바람직하다.

이 내용을 바탕으로 학습동아리 발달단계별로 평생교육기관의 세부 지원 과제를 정리하면 〈표 11-3〉과 같다.

단계	세부과제
준비 단계	① 학습동아리 운영 기획 ② 학습동아리 전담 실무자 선정 ③ 학습동아리 적극 참여자 예비 모임
조직화 단계	① 참여자 모집 ② 참여자 간의 소개 및 친교 기회 마련 ③ 학습동아리 리더 선출 ④ 학습동아리 운영계획 협의 ⑤ 학습동아리 학습자료 수집 및 제작 지원 ⑥ 학습영역에 따른 내용전문가 확보 지원 ⑦ 학습동아리 리더훈련 지원
자립적 운영 단계	① 지속적인 학습 정보 및 자료 제공 ② 학습결과의 공유 및 발표 기회 제공 ③ 학습동아리 자원봉사활동 지원 ④ 학습동아리 간 연합활동 지원

표 11-3 학습동아리 구성 및 운영 단계별 평생교육기관의 세부지원과제

2) 학습동아리 구성원의 역할

(1) 조직자

조직자는 학습동아리의 구성을 계획하고 잠재적 참여자와의 접촉을 통해 학습동아리를 실제로 조직하는 역할을 맡는다. 주로 평생교육기관의 실무자가 담당하는 경우가 많지만 자원봉사자가 나서는 경우도 있을 수 있다. 조직자의 구체적인 역할은 다음과 같다.

① 학습주제의 선정

학습동아리에서 학습할 주제와 학습의 수준을 결정할 수 있다. 비록 나중에는 참여자들이 언제 어느 정도의 학습을 할지에 대해 의사결정을 하더라도 시작할 때에는 조직자가 계획을 갖고 있어야 한다.

② 리더의 선정

토론을 잘 이끌 수 있는 능력을 가진 리더를 발굴하여 선정한다. 학습동아리 리더 훈련수업에 참여한 바 있고 그 주제에 흥미를 지닌 사람을 발견하는 것이 가장 이상적이다. 만약 이 같은 사람을 발견할 수 없다면 다양한 촉진 기술을 지닌 사람을 물색해야 한다.

③ 참여자의 모집

개인적인 접촉이나 다양한 홍보방법을 통해 참여자를 모집한다.

④ 회합의 계획

학습동아리 모임을 가질 날짜와 시간과 장소를 정한다. 주제와 참여자에 맞게 시간 계획을 세우도록 한다.

(2) 관리자

관리자는 평생교육기관 내에 학습동아리가 조직된 이후 각 학습동아리가 평생교육기관의 사명과 비전을 공유하며 활성화될 수 있도록 실무적으로 관리 · 상담 · 지원하는 역할을 한다. 구체적인 역할은 다음과 같다.

- 학습동아리 장소 및 시설의 준비 및 관리
- 학습동아리 활동 지원을 위한 요구분석
- 학습동아리 리더 및 구성원을 위한 상담 및 협의
- 학습동아리 심화활동에 필요한 자문인사 섭외
- 학습동아리 활동 관련 각종 정보 수집 및 제공
- 학습동아리 활동의 효과성 및 효율성 평가
- 학습동아리 봉사활동 지원
- 학습동아리 간의 연합회의 및 행사 지원

(3) 리더훈련자

리더훈련자는 학습동아리를 이끌 수 있도록 사람들을 훈련하고 준비시키는 책임을 지는 사람을 의미한다. 학습동아리의 조직자가 리더훈련자의 역할을 겸하거나 기타 평생교육기관의 내외 전문가들이 맡을 수도 있다. 리더훈련자의 구체적인 역할을 보면 다음과 같다.

- 학습동아리 리더를 위한 교육요구분석
- 학습동아리 리더를 위한 프로그램 개발
- 학습동아리 리더를 위한 자료집 및 매뉴얼 개발
- 학습동아리 리더를 위한 교육훈련 실시

(4) 리더

리더(leader)란 하나의 학습동아리 활동을 이끌어 가는 촉진자를 말한다. 학습동아리 리더는 경우에 따라 평생교육기관의 실무자가 될 수도 있지만 궁극적으로는 학습자 집단에서 선정하는 것이 바람직하다. 리더를 선정함에 있어 가장 중요한 고려사항은 토론 진행 기술과 인간관계와 관련된 기법이다. 이러한 기술을 향상시키기 위한 별도의 학습동아리 리더 교육과정을 개설하는 것도 고려해 볼 필요가 있다. 리더는 해당 분야에 관심을 많이 가진 사람이어야 하지만 반드시 다른 회원들보다 훨씬 뛰어난 내용전문가일 필요는 없다. 학습동아리 리더가 갖추어야 할 요건을 살펴보면 다음과 같다.

- 열성이 있고 우호적이며 남의 의견을 잘 들을 수 있어야 한다.
- 참여자들이 그들의 견해와 생각을 협동과 신뢰 속에서 논의할 수 있는 분위기를 만들어야 한다.
- 참여자에 대한 지속적인 관심과 구성원의 친밀감 유지를 위한 적절한 기회를 마련해야 한다.
- 분별 있는 질문을 할 줄 알고 다른 사람들이 학습하는 중에 간과하는 점

을 지적할 수 있어야 한다.
• 학습자료를 잘 선정할 수 있어야 한다.

(5) 참여자(participants)

참여자는 학습동아리에 참여하는 일반 학습자를 의미한다. 참여자의 역할을 구체적으로 제시하면 다음과 같다.

• 모든 모임에 참석하도록 한다. 집단 구성원 간에 서로 친숙할 때 집단과정은 잘 이루어진다. 모임의 토론과 독서를 잘 따라가면 그것으로부터 더 많은 것을 얻게 된다.
• 다른 사람들이 말하는 것을 주의 깊게 듣는다. 듣는 것에 집중하기 위해서는 그 다음에 말할 것보다는 듣는 내용을 메모하는 것이 좋다. 듣는 것으로부터 배울 수 있으며 말하는 것을 따라가기 위해서도 주의 깊게 들어야 한다.
• 자신의 차례를 지키고 다음 사람에게 차례를 넘겨 준다. 다른 사람들이 말할 기회를 준다. 모든 사람이 들을 수 있도록 하는 것이 중요하다.
• 주제에서 벗어나지 않도록 주의한다.
• 자신의 생각을 구성원들에게 잘 설명하고 다른 사람들의 생각을 더 많이 알아내기 위하여 질문한다.
• 자신의 생각에 동의하지 않는 사람들의 입장을 존중한다. 그들의 견해를 이해하기 위하여 최선을 다한다.

〈부록〉 학습동아리 활동 평가양식

학습동아리의 제목이나 주제: _____

리더: _____　월일: _____

- 이 프로그램에 대해 어떻게 알게 되었습니까?

- 이 모임의 횟수와 기간에 대해 어떻게 생각하십니까?

　__매우 불만족 __대체로 불만족 __보통 __대체로 만족 __매우 만족

- 시간과 장소에 대해 어떻게 생각하십니까?

　__매우 불만족 __대체로 불만족 __보통 __대체로 만족 __매우 만족

- 프로그램이 귀하의 요구와 관심을 충족시켰습니까?

　__매우 불만족 __대체로 불만족 __보통 __대체로 만족 __매우 만족

- 귀하는 학습의 수단으로서 학습동아리를 어떻게 생각하십니까?

　__매우 불만족 __대체로 불만족 __보통 __대체로 만족 __매우 만족

- 인쇄/비디오 자료들이 관련 있는 정보를 제공하는 데 얼마나 유익했습니까?

　__매우 불만족 __대체로 불만족 __보통 __대체로 만족 __매우 만족

- 인쇄/비디오 자료들이 유의미한 토론을 자극하는 데 얼마나 유익했습니까?

　__매우 불만족 __대체로 불만족 __보통 __대체로 만족 __매우 만족

- 자료의 양은 어떠했습니까?

　__너무 적었다. __적절했다. __너무 많았다.

- 리더가 모든 사람을 참여하게 하는 데 어떠했습니까?

　__매우 불만족 __대체로 불만족 __보통 __대체로 만족 __매우 만족

- 리더는 토론이 주제를 벗어나지 않고, 주제를 포괄하도록 하는 데 성공적이었습니까?

　__매우 불만족 __대체로 불만족 __보통 __대체로 만족 __매우 만족

- 이 프로그램이 어떻게 개선될 수 있겠습니까?

- 장래의 학습동아리 프로그램을 위해 제안하고 싶은 것은 무엇입니까?

감사합니다

📝 요약

　　최근 평생교육기관에서는 학습자에게 일방적인 강의를 하는 것이 아니라 학습자들로 구성된 학습동아리의 활동을 적극적으로 지원하는 경향이 늘고 있다. 이럴 경우 평생교육기관은 학습동아리를 위한 장소의 제공, 적절한 강사의 섭외, 필요한 자료의 제공 등의 서비스를 제공하며, 학습동아리 참여자는 회원으로서의 역할, 후원자, 자원봉사자의 역할을 하게 된다.

　　평생교육기관의 학습동아리가 운영되기 위해서는 조직자, 관리자, 리더훈련자, 학습동아리 리더, 참여자와 같은 인적 요소, 장소와 시설과 같은 물적 요소 그리고 운영에 필요한 예산을 지원하는 재정적 요소가 필요하다.

　　평생교육기관은 이러한 학습동아리의 활성화를 위해 준비 단계, 조직화 단계, 자립적 운영 단계에 맞추어 적절한 지원을 아끼지 말아야 한다.

📝 연구문제

1. 평생교육기관에 조직되어 있는 학습동아리를 조사해서 분류해 보시오.
2. 평생교육기관에서 학습동아리를 구축하는 과정에서 발생할 수 있는 문제점을 분석해 보시오.
3. 평생교육기관에서 학습동아리운영과 관련된 재무관계를 분석해 보시오.

📝 참고문헌

론 니콜라우스 외(2000). 소그룹 운동과 교회성장. 서울: IVP.

박주희, 노명래(2010). 학습조직 & 학습동아리 가이드. 서울: 이담북스.

오혁진(2014). 지역공동체와 평생교육. 경기: 집문당.

이재숙, 이정희(2015). 학습동아리 리더의 역량에 관한 연구: 자생적 학습동아리 리더를 중심으로. 평생학습사회 11(1). 한국방송통신대학교 원격교육연구소.

이지혜(2004). 학습동아리 지도자 가이드북 및 학습자료 개발 연구. 한국교육개발원.

이지혜 외(2001). 성인여성의 학습동아리 활동 시범 지원방안에 관한 연구. 교육인적자원부 정책연구과제.

정지웅(2001). 지역주민자치와 성인학습동아리. 한국지역사회교육협의회 제19차 평생교육심포지움 자료집.

황주석(2007). 마을이 보인다 사람이 보인다. 서울: 그물코.

Barrett, M. H. (2001). *Organizing Community-wide Dialogue for Action and Change: A Step-by-step Guide*. SCRC.

Oliver, L. P. (1987). *Study Circles*. Maryland: Seven Locks Press.

강남구여성능력개발센터 http://www.herstory.or.kr/

광명 YMCA http://www.kmymca.or.kr/

광명시 평생학습원 https://lll.gm.go.kr/

기독교윤리실천운동 http://www.cemk.org/

미국 everyday-democracy센터 https://www.everyday-democracy.org/

민주언론시민연합 http://www.ccdm.or.kr/

연제구 평생학습센터 http://www.yeonje.go.kr/edu/

한국지역사회교육협의회(KACE) http://www.kace.or.kr/

제12장

평생교육기관의 의사소통 및 정보관리

평생교육기관은 여러 구성원과 긴밀한 의사소통을 해야 한다. 최근 정보사회의 도 래와 더불어 평생교육기관의 각종 정보를 조직 구성원이 서로 공유하며 활용할 수 있 도록 하기 위한 정보시스템의 구축이 요구되고 있다. 또한 평생교육기관은 잠재적인 학습자 집단에게 기관의 목표, 활동, 프로그램에 대한 정보를 알려야 한다. 아울러 학 습자 집단에게 프로그램을 효과적으로 전달하기 위해 가장 적합한 전달 경로를 개발 해야 한다.

이런 맥락에서 이번 장에서는 평생교육기관에서 수행해야 할 정보의 전달 및 관리 방법에 대해 살펴보고자 한다.

학습목표 ▶···

1. 평생교육기관에서의 의사소통의 성격과 원리를 활용할 줄 안다.
2. 학습자 집단을 위한 대외적 정보전달 기법으로서의 홍보와 광고 기법을 활용할 줄 안다.
3. 평생교육 정보시스템의 원리와 구성요소를 숙지하고 이를 경영에 활용할 줄 안다.
4. 효과적인 평생교육 프로그램 전달체제의 구축 계획을 수립할 수 있다.

1. 평생교육기관 의사소통의 실제

1) 평생교육기관 의사소통의 일반적 성격

(1) 평생교육기관 의사소통의 의미

일반적으로 의사소통(communication)이란 의미 있는 정보의 전달을 말한다. 즉, 특정 개인이나 집단, 조직으로 구성되는 발신자가 특정 개인이나 집단, 조직으로 구성된 수신자에게 특정 형태의 정보를 전달하는 과정을 의미한다.

이런 의미에서 평생교육기관의 의사소통이란 평생교육기관과 관련된 개인이나 유관집단 사이에 이루어지는 정보의 교류를 말한다. 그중에서 평생교육기관의 실무자 사이에 이루어지는 의사소통을 대내적 의사소통이라 할 수 있고, 평생교육기관에 참여하는 일반 학습자나 잠재적 학습자, 후원기관, 감독기관, 지역사회기관 등에 대해 이루어지는 의사소통을 대외적 의사소통이라고 할 수 있다.

대내적 의사소통이 평생교육기관의 인사관리와 조직관리 차원에서 핵심적인 것이라면 대외적 의사소통은 학습자를 위한 각종 정보의 제공과 전달이라는 차원에서 매우 중요하다. 평생교육기관의 대외적 의사소통의 목적은 기관 이미지의 유지 또는 향상, 기부자 및 자원봉사자의 관심 유도, 기관의 프로그램에 관한 정보 제공, 잠재적인 학습자의 관심 및 지원 유도, 기관에 관한 부정확하거나 불완전한 정보의 수정 등에 있다. 평생교육기관은 이러한 대내외적 의사소통을 통해 평생교육기관의 목적을 효과적으로 추진해야 한다.

(2) 의사소통의 구성요소

일반적으로 의사소통이 이루어지기 위해서는 발신자(Communicator), 수

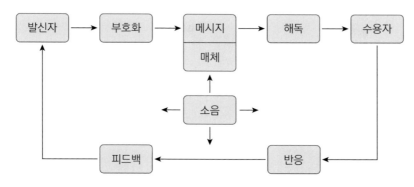

[그림 12-1] 의사소통 과정의 요소

용자(Receiver), 메시지(Message) 및 매체(Medium or Channel) 등의 요소가 존
재해야 한다. 이러한 구성요소를 보다 구체적으로 나타내면 [그림 12-1]과
같다.

　발신자(Communicator)는 의사소통의 행위자, 즉, 정보원(source)을 의미한
다. 평생교육기관과 관련된 발신자는 기관장, 교직원, 강사, 학습자와 같이
한 개인일 수도 있으며, 평생교육기관 자체, 유관기관, 학습자 집단과 같이
집단 또는 기관일 수도 있다. 발신자는 의도와 속성을 가지고 있다. 의도란
의사소통의 목적을 뜻하며, 속성이란 발신자 자신이 가지고 있는 태도, 지
식, 기능, 공신력을 뜻한다. 이러한 발신자의 속성은 의사소통의 효과에 영
향을 미치는 주요한 요인이 된다.

　메시지(Message)는 발신자가 자기의 목적을 달성하기 위하여 고안한 내용
과 상징(symbol)을 말한다. 여기서 목적이란 수용자로부터 얻고자 하는 반응
을 말하며, 상징이란 객관적 사물, 아이디어, 상황을 나타내는 언어, 그림, 도
식 등을 의미한다.

　매체(Medium or Channel)란 메시지를 담는 용기(vehicle) 및 그 용기의 운반
체와 경로(channel) 등을 말한다. 용기는 신문, 라디오, TV 등을 말하며, 용기
의 운반체란 음파, 전파, 광선 등을 말한다. 매체를 통하여 메시지가 수용자
에게 전달되며, 매체에 잡음(noise)이 끼어서 메시지의 전달을 방해하는 경

우도 있다.

수용자(Receiver)는 발신자가 보내는 메시지를 받게 되는 개인이나 집단을 말한다. 수용자는 발신자의 메시지나 영향, 즉 자극에 의해 반응을 보인다.

효과(effect)는 수용자가 나타내는 반응 중에서 특히 발신자가 바라는 반응을 뜻한다. 그러나 수신자가 반드시 발신자가 바라는 대로만 반응하는 것은 아니다.

의사소통 상황(Context, Setting)은 의사소통이 일어나는 시간적 · 지리적 상황을 뜻한다. 작게는 의사소통이 이루어지고 있을 때의 분위기, 장소, 시간, 수용자와의 관계 등일 수도 있고, 크게는 정치적 · 문화적 상황까지 포함할 수 있다.

피드백(Feedback)은 발신자에게 돌아오는 수용자들의 반응을 수집하는 것이다. 발신자는 이러한 피드백을 통해 의사소통을 수정 · 보완할 수 있다. 피드백 작용을 통해 하나의 연속적 · 순환적인 의사소통이 이루어지며, 그 결과로 발신자와 수용자 간의 상호작용이 가능하다.

2) 평생교육기관 대외적 의사소통의 기획

(1) 평생교육기관 대외적 의사소통 기획의 단계

평생교육기관이 대외적으로 효과적인 의사소통을 하기 위해서는 사전에 치밀한 기획을 해야 한다. 기획의 기본단계에는 다음 그림에 나타난 바와 같이 수용자의 규명, 얻고자 하는 반응의 명시, 메시지의 개발, 매체의 선택, 전달자의 선정, 반응수집 등의 활동이 포함된다. 이를 구체적으로 살펴보면 [그림 12-2]와 같다.

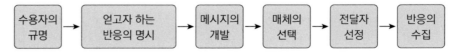

[그림 12-2] 의사소통 기획의 기본단계

① 수용자의 규명

수용자의 규명은 평생교육기관 의사소통의 잠재적인 대상자를 선정하는 활동을 말한다. 이러한 수용자에는 기관에 참여하고 있는 학습자 집단과 잠재적 학습자 시장 그리고 교직원 및 강사, 후원자 등의 유관집단이 포함될 수 있다. 이러한 집단의 성격에 따라 의사소통의 내용 및 방법이 달라지게 된다.

② 얻고자 하는 반응의 명시

수용자의 규명이 끝난 후에는 수용자로부터 얻고자 하는 반응을 명시해야 한다. 그 반응은 기관 및 프로그램에 대한 인식의 변화(프로그램에 대한 호의적인 인상)일 수도 있고 행동적인 반응(추가 정보의 요청, 입학, 기부 등)일 수도 있다. 기대하는 반응을 결정해야만 기관은 가장 좋은 메시지를 만들 수 있고 그것의 효과를 평가할 수 있다.

③ 메시지의 개발

다음으로 의사소통의 내용, 즉 메시지를 개발하게 된다. 이상적인 메시지는 수용자의 주목을 끌고, 관심을 유지시키며, 기대감을 유발시키고, 행동에 이르게 한다. 메시지에는 이성적 메시지, 감성적 메시지, 도덕적 메시지 등의 세 가지 종류가 있다. 이성적 메시지는 정보를 전달하거나 청중의 개인적 이해를 충족시키고자 할 경우 사용하는 메시지로서, 프로그램의 특질, 경제성, 가치를 논하는 메시지이다. 감성적 메시지는 부정적 또는 긍정적 감정을 고양시키고자 할 경우 사용하는 메시지를 말한다. 예를 들면, 문자를 모르는 삶의 고충과 애환, 재취업 교육이 주는 희망 등을 표현하는 메시지 등을 들 수 있다. 도덕적 메시지는 청중의 정의감에 호소할 경우 사용하는 메시지로서 여성의 권리, 시민교육의 필요성과 관련된 메시지가 그 구체적인 예가 될 수 있다.

④ 매체의 선택

메시지 개발 후에는 적절한 매체를 선택해야 한다. 의사소통은 매체의 성격에 따라 대면적 의사소통과 비대면적 의사소통 두 가지가 있다. 대면적 의사소통은 인격적인 만남을 통한 직접적인 의사소통으로, 가장 설득력 있는 의사소통이다. 대면적 의사소통은 학습자의 프로그램 참여 결정이나 후원자의 기부 결정에 유력한 요인으로 작용한다. 비대면적 의사소통은 직접적인 대면 접촉을 수반하지 않고 신문, 잡지, 라디오, TV, 광고게시판, 인터넷, 행사, 우편, 이메일 등을 활용한다. 비대면적 의사소통은 대면적 의사소통을 증진하고 강화할 수 있다. 그러므로 평생교육기관은 의사소통 대상에 따라 대면적·비대면적 의사소통 방식을 조화시키기 위해 힘써야 한다. 또한 대상 청중의 매체 습관, 전달 내용, 메시지, 비용 등을 고려하여 주요 매체 범주에 주어진 재정을 어떻게 배분할 것인가를 결정해야 한다.

⑤ 전달자 선정

다음은 메시지의 전달자를 선정한다. 수용자에 대한 의사소통 효과는 수용자가 전달자에 대해 가지고 있는 인식에 의해 좌우된다. 즉, 신뢰성 높은 전달자에 의해 전달된 메시지는 그만큼 설득력이 높다. 따라서 전달자를 선택할 때에는 전달자의 신뢰성에 대해 신중히 검토한 후에 선정을 해야 한다. 전달자 신뢰성의 세 가지 기초적 요소로는 전문성, 신용, 호감이 있다. 전문성은 전달자가 주장하는 내용에 요구되는 권위를 가졌다고 인식되는 정도이며, 신용은 전달자가 얼마나 객관적이고 정직한가의 정도와 관련되어 있다. 한편, 호감은 전달자가 수용자에게 매력을 주는 정도와 관련된다. 솔직함, 유머, 자연스러움과 같은 특질은 메시지를 보다 호감 있게 만든다. 따라서 평생교육기관은 이러한 조건을 갖춘 메시지의 전달자를 선정함으로써 의사소통의 효과를 높여야 한다. 보통은 평생교육기관의 최고경영자가 전달자가 되는 경우가 많으나, 명망 있는 외부 강사, 정부나 기업 등과 같은 후원자, 프로그램 내용과 관계가 깊은 사회적 명망가, 이미 프로그램을 수료한 학습자 등도 효과적인 전달자가 될 수 있다.

⑥ 반응의 수집

효과적인 의사소통을 위한 기획의 마지막 단계는 반응 수집의 단계다. 의사소통 담당자는 수용자에 대한 메시지의 효과를 사전에 시험해 보아야 한다. 의사소통 담당자는 수용자를 조사하고 그들이 메시지를 인지하고 있는지, 어떻게 인지하고 있는지, 기관에 대한 사전·사후 태도 그리고 그들의 등록의사, 후원의사를 물어볼 수 있다.

(2) 평생교육기관 대외적 의사소통 매체의 성격

평생교육기관은 학습자 집단을 대상으로 대외적 의사소통을 하기 위해 다양한 매체를 활용할 수 있다. 활용할 수 있는 매체의 유형으로는 인쇄매체, 방송매체, 뉴미디어로 대별할 수 있다. 인쇄매체는 종이를 매개체로 한 의사전달매체를 의미하며, 신문, 잡지, 도서 등이 이에 속한다. 방송매체는 전파라는 매체를 사용하여 특정 정보를 불특정 다수에게 전달하는 매스 커뮤니케이션의 한 형태이며, 라디오, TV 등이 이에 해당한다. 뉴미디어, 멀티미디어는 새로운 형태의 정보매체로서 정보·통신기술의 발달로 지금까지 독립적으로 기능해 온 여러 가지 매체가 디지털화하여 복합적 기능을 가지게 된 것이다. 주로 전자장치에 의존하여 음성·문자의 다중방송, 위성으로부터의 직접방송, 비디오 디스크, 대화형 방송매체 등 다채로운 발전이 이루어지고 있다. 인터넷, 케이블 텔레비전, 고품위 텔레비전(HDTV), 스마트폰 등이 이에 속한다.

이러한 매체들은 그 자체로 장점과 단점을 가지고 있다. 그리고 평생교육의 맥락에서 사용하기에 유리한 점과 불리한 점이 있다. 이러한 점을 종합적으로 살펴보면 〈표 12-1〉과 같다.

| 표 12-1 | 대외적 의사소통 매체의 성격과 평생교육과의 관계 | | | |

유형	자체의 성격		평생교육과의 관계	
	장점	단점	유리한 점	불리한 점
인쇄 매체	• 휴대가 용이하고 언제나 이용이 가능하다. • 메시지의 심층성, 선택성, 재독성이 강하다. • 구입비 및 사용비가 저렴하다.	• 방송에 비해 배포과정이 복잡하여 신속성이 떨어진다. • 문자해독능력 및 일정 정도의 지적 능력을 필요로 한다.	• 우리나라의 비문해자가 비교적 적다. • 여성지위의 향상 및 여성고학력자가 늘고 있다.	• 노인들의 비문해율이 상대적으로 높다. • 생생한 이미지를 전달하는 데 한계가 있다.
방송 매체	• 문자를 알지 못하는 사람도 사용가능하다. • 많은 사람에게 많은 정보를 동시에 전달한다.	• 수용자가 어떻게 생각하는지 알기가 어렵다(일방적이다). • 한번 결정된 프로그램은 고치기 어렵다.	• EBS를 비롯한 위성방송, 케이블 TV 등 교육 채널의 수와 이용자 수가 늘고 있다.	• 제작비가 많이 든다. • 뉴미디어의 발달로 청소년의 방송매체 이용이 줄어든다.
뉴미디어	• 현장을 사실감 있게 전달한다. • 시간, 장소의 제약이 적다. • 손쉽고 빠르게 원하는 정보를 얻을 수 있다. • 얻을 수 있는 정보의 양이 무한하다. • 쌍방향 의사소통이 가능하다.	• 정보의 빈익빈 부익부 현상이 나타날 수 있다.	• 기술의 발달로 누구나 쉽게 사용할 수 있는 뉴미디어가 개발되고 있다.	• 노인의 경우 인터넷, 스마트폰을 비롯한 뉴미디어에 적응하기가 비교적 어렵다.

3) 평생교육기관 대외적 의사소통의 유형

(1) 홍보

홍보라는 단어의 사전적 의미는 사람, 장소, 사물, 주장이 대중의 관심이나 주의를 끌게 만드는 일이다. 다시 말하면 홍보는 라디오, TV, 기타매체에

의한 무료 출연의 기회를 얻거나 기관 자체의 활동이나 행사를 통하여 대중
으로부터 기관(또는 기관의 프로그램)에 대한 호의적인 관심을 얻고자 하는 노
력을 의미한다. 홍보 도구의 종류로는 인쇄 자료, 시청각 자료, 기관을 특징
화하는 매체(로고, 카탈로그, 브로셔, 편지지, 건물 등), 뉴스, 행사, 강연, 전화정
보 제공 서비스, 개인적 접촉 등이 있다.

　홍보는 경비를 들이지 않는 방법도 있지만 홍보에 관한 아이디어나 프로
그램을 제공하고 실행하는 에이전시나 컨설턴트 회사에 수수료를 지불하고
의뢰하는 경우도 있다. 또한, 강연자나 홍보 활동자에게 사례비나 수고비를
지불하는 경우도 있다. 홍보방법에 대해 좀 더 구체적으로 제시하면 다음과
같다.

- 수강생 및 강사와의 간담회
- 언론매체: TV, 라디오, 신문, 잡지, 케이블 TV(CATV) 등
- 인쇄매체: 다이렉트 메시지(DM), 회원소식지, 기관지, 브로슈어, 광고지,
  스티커, 포스터, 지역정보지(시각장애인용 점자 인쇄물 포함), 카탈로그,
  현수막, 배너 등
- 인터넷 매체: 홈페이지, 전자우편(이메일), SNS(social networking service),
  유튜브, zoom, 인터넷 플랫폼 등
- 판촉물: 프로모션 배지, 티셔츠, 모자, 조끼, 어깨 띠, 깃발, 전화카드 등
- 이벤트 행사

(2) 광고

　광고는 대체적으로 유료의 형식을 취하며, 대중매체(신문, 잡지, 라디오, 텔
레비전, 영화, 포스터, 네온사인, 광고지, 공중광고 등)에 발표함으로써 어떤 상품
이나 서비스를 사람들에게 소개하는 과정을 말한다. 평생교육기관은 광고를
통해 기관, 특정 프로그램에 관한 정보를 제공하며 긍정적인 이미지를 각인
시킬 수 있다.

　　광고매체의 종류로는 잡지, 신문, 라디오, TV, 포스터, 게시판, 공중문자광고, 각종 팬시용품, 버스 · 지하철카드 등이 있다.

　　광고 프로그램을 개발하기 위해 관리자는 항상 표적으로 삼는 학습자 집단의 상황과 동기를 파악해야 한다. 아울러 다음 그림과 같이 다섯 가지 중요한 사항들에 대해 의사결정을 내려야 한다. 이 요인들은 앞의 머리글자를 따서 5Ms라고 할 수 있다(Kotler, 2000: 812).

- 광고목적은 무엇인가?(사명: Mission)
- 비용은 얼마인가?(금액: Money)
- 어떤 메시지를 전달할 것인가?(메시지: Message)
- 어떤 매체를 이용할 것인가?(매체: Media)
- 그 결과를 어떻게 평가할 것인가?(측정: Measurement)

　　평생교육기관의 광고와 관련된 내용을 그림으로 표현하면 [그림 12-3]과 같다.

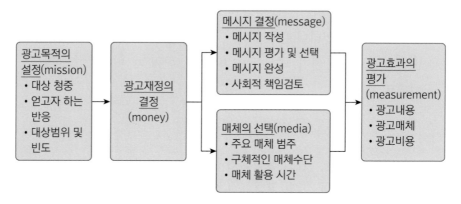

[그림 12-3] 효과적인 광고 개발을 위한 주요 결정사항

(3) 다이렉트 메시지

다이렉트 메시지(direct message)는 잠재적인 학습자 및 기부자에게 직접 전달되는 온·오프상의 우편물로서 이를 통해 기관은 수용자에게 제안을 할 수 있고 직접적인 반응을 타진할 수 있다. 다이렉트 메시지의 종류로는 개괄적인 기관 소개자료나 학습자의 요구와 반응을 알아보기 위한 반송용 우편이나 이메일, 웹진 등이 있다. 다이렉트 메시지의 효과를 높이기 위해서는 다음의 과정을 거치는 것이 바람직하다.

- 가장 유망한 청중 설정
- 적정 청중을 대상으로 한 적정 메시지의 구상
- 긍정적인 반응을 보일 독자에게 주어질 이익 진술
- 적정 시간에 메시지 전달
- 독자의 반응수렴
- 지속적인 우편 접촉 또는 다른 접촉방안의 계획
- 결과 평가

2. 평생교육기관 정보시스템의 구축

1) 평생교육기관 정보시스템의 성격

(1) 평생교육기관 정보시스템의 의미와 종류

평생교육기관 유관집단 사이의 원활한 의사소통을 위해서는 언제 어디서나 의사소통에 필요한 기초 정보를 확인하고 누구에게나 쉽게 전달할 수 있는 지원 시스템이 필요하다. 또한 평생교육기관 유관집단 사이의 의사소통을 통해 전달되는 정보는 평생교육기관의 경영을 위한 유용한 자원으로 축적되어야 한다.

이와 같이 평생교육기관 유관집단 사이의 원활한 의사소통을 지원하는 한편, 의사소통의 결과로 생성되고 축적된 정보와 지식을 보다 심도 있게 활용할 수 있도록 지원하기 위해 정보시스템의 구축이 필요하다. 정보시스템 (information system)이란 조직의 의사결정 및 통제를 지원하기 위해 정보의 수집(또는 검색), 처리, 저장과 관련된 요소의 집합을 말한다. 다시 말해 조직 내에서 유용한 정보를 제공함으로써 일상적 운영, 경영관리, 분석, 의사결정을 지원하는 인간-기계의 통합 시스템을 말한다. 현재 일반 기업분야에서는 생산, 자재, 영업, 인사, 회계 등의 업무정보를 통합적으로 관리하는 전사적 자원관리시스템(ERP: Enterprise Resource Planning), 생산, 납품계획, 재고관리 등에 맞춰 부품, 자재, 소모품을 통합적으로 관리하는 공급망 관리시스템 (SCM: Supply Chain Management), 사내 지식정보를 대형 컴퓨터에 집적해 관리하는 자료종합시스템(DWH: Data Warehouse), 고객에 관한 각종 정보를 종합해 고객 특성에 맞는 마케팅 활동을 계획·지원하는 고객관계 관리시스템 (CRM: Customer Relationship Management) 등의 정보시스템이 개발·운영되고 있다.

평생교육의 맥락에서 볼 때, 평생교육기관 정보시스템이란 평생교육기관

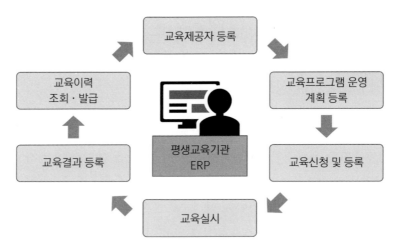

[그림 12-4] 평생교육기관 ERP 정보시스템의 구성도

의 프로그램 개발 및 관리, 잠재적 학습자 집단 분석, 인적 자원개발, 재무관리 등에 필요한 각종 정보를 축적·공유하기 위한 인간과 기계의 통합시스템이다. 현재 평생교육기관에서는 대형 연수기관이나 문화센터 등을 중심으로 기초적인 정보시스템이 구축되고 있는 실정이다. 평생교육기관의 규모가 커지고 효율적·체계적인 프로그램 및 인사관리의 필요성이 커짐에 따라 이러한 정보시스템의 도입은 보다 일반화될 전망이다.

(2) 평생교육 정보시스템의 유용성

이러한 정보시스템의 구축은 현대 정보사회에 모든 조직이 적응하기 위한 핵심요건이 되고 있다. 정보사회란 주요 인간활동이 정보 및 통신기술이 제공하는 서비스의 지원을 받아 이루어지는 사회를 말한다. 다시 말해 엄청나게 많은 양의 정보가 신속하게 처리되고 전달·공급되며 대부분의 고용이 지식과 정보의 생산, 처리, 유통과 관련된 정보산업에 집중되는 사회를 의미한다.

▶▶ 사례: 국가 평생교육기관의 정보시스템 활용 사례

국가평생학습포털 '늘배움'은 시·도 다모아 평생교육 정보망과 연계하여 전국 평생교육기관의 정보를 모아 제공하기 때문에 학습자가 원하는 지역의 평생교육 강좌를 쉽게 찾을 수 있다. 특히 모바일 서비스를 제공하여 소외되는 계층 없이 누구나 이용할 수 있는 평생학습 종합 포털이다.

한편, 각 시·도 평생교육진흥원의 홈페이지에는 평생교육정보망을 구축하여 각 시·도별 기관정보와 강사정보, 교육정보 등을 한눈에 조회할 수 있는 평생교육 관련 종합정보망을 운영하고 있다.

평생교육분야에서 정보시스템이 가장 활발하게 활용되고 있는 분야는 도서관이라고 할 수 있다. 이러한 정보시스템의 도입을 통해 도서관 이용자는

언제 어디서든지 필요한 도서관 자료를 이용할 수 있으며, 도서관 직원도 업무에 필요한 정보를 공유하고 있다.

평생교육 정보시스템은 평생교육기관에 업무처리의 효율화, 의사결정의 적합성과 신속성 증가, 학습자 및 유관집단과의 긴밀성 증대 등의 유익을 가져다줄 수 있다. 이를 보다 구체적으로 살펴보면 다음과 같다.

- 기관 내의 각 부서별 일간업무, 주간업무, 월간업무, 연간업무별 계획표를 올려 공개함으로써 업무의 투명화를 이룰 수 있으며 개별적으로 담당하고 있는 업무를 명확히 할 수 있다.
- 각종 의사전달기능, 즉 전자메일, 게시판, 화상회의기능 등을 이용하여 원격회의가 이루어질 수 있어 조직 내 의사소통이 원활하게 된다. 기관의 특성상 자리를 비우기가 어려운 실무자도 회의에 참가할 수 있는 좋은 방법이 될 수 있다.
- 전자문서로 결재를 함으로써 종이 없는 사무실을 구현할 수 있다.
- 업무관련 자료를 데이터베이스화 할 수 있고 또 그 자료를 언제든지 쉽게 이용할 수 있게 한다.

결국 평생교육기관에 정보시스템을 구축하는 이유는 평생교육기관에 근무하는 실무자에게는 기관 내외부 정보에 쉽게 접근할 수 있도록 하고 평생교육기관 이용자에게는 평생교육기관에 관한 정보를 언제 어디서나 쉽게 이용할 수 있도록 하기 위함이다.

2) 평생교육 정보시스템의 구축 및 활용

(1) 평생교육 정보시스템의 구성요소

여러 가지 종류의 평생교육 정보시스템을 구성하는 기본 요소에는 하드웨어, 소프트웨어, 데이터베이스, 통신 및 네트워크, 인적 요소 등이 포함된다.

이를 하나씩 살펴보면 다음과 같다.

① 하드웨어

하드웨어는 입력, 처리, 출력 활동을 수행하기 위하여 사용되는 컴퓨터 장비를 말한다. 특히 하드웨어 기술은 반도체 기술의 급속한 발전으로 성능강화, 규모축소, 가격하락 효과를 동시에 제공하고 있다. 개인용 컴퓨터의 소형화와 멀티미디어화, 주변기기의 발전을 통해 정보시스템 구축을 위한 하드웨어의 기반이 그만큼 튼튼해지고 있다.

② 소프트웨어

소프트웨어는 컴퓨터의 작업을 지시하는 프로그램이다. 컴퓨터 하드웨어에 어떤 과제를 실행하도록 지시하는 일련의 명령을 프로그램 또는 소프트웨어 프로그램이라 부른다. 소프트웨어의 경우도 일반 경영관리용 프로그램들의 수적·질적 향상과 워드프로세서를 비롯한 다양하고 편리한 사무자동화 패키지가 활발하게 공급되어 정보시스템 구축에 크게 기여하고 있다.

③ 데이터베이스

데이터베이스는 보통 컴퓨터에서 신속한 탐색과 검색을 위해 특별히 조직된 정보집합체를 의미한다. 평생교육기관의 경우 학습자의 인적사항 및 학습경력에 관한 자료, 프로그램 및 프로그램 운영기관에 관한 자료, 각종 평생교육 연구 및 교육 자료, 교직원·강사 및 자원봉사자의 인적사항 및 경력에 관한 자료, 후원기관·기금·국내외 유관기관 등에 관한 각종 정보와 통계자료 등이 데이터베이스에 포함된다.

④ 네트워크

네트워크는 통신을 통해 데이터를 전자적으로 주고받기 위해 연결된 2개 이상의 컴퓨터를 의미한다. 네트워크 시스템은 물리적으로 컴퓨터와 통신장비를 연결하는 것 외에도, 다양한 종류의 장비가 정보를 주고받을 수 있도록 일관성 있는 구조를 구축하는 중요한 역할을 한다. 기본적인 두 가지 네트워크 형태는 근거리통신망(local-area network/LAN)과 광역통신망이다. LAN은 데이터를 빠른 속도로 전달해 주는 영구적인 연결(전화선, 케이블, 광섬유 등)로 회사 · 연구실 · 교육기관 등 한정된 지역 내의 컴퓨터와 주변기기를 연결해 준다. 한편, 광역통신망은 컴퓨터와 작은 네트워크를 대륙을 넘나드는 거대한 네트워크에 연결하는 것으로 인터넷을 대표적인 예로 들 수 있다. 인터넷은 평생교육기관 경영에 있어서 의사소통 비용의 감소, 지식분배의 가속화, 학습자 서비스 향상 및 마케팅의 용이성 등의 효과를 가져다줄 수 있다.

⑤ 인적 요소

인적 요소에는 정보시스템 운영요원, 사용자 등이 포함된다. 평생교육기관의 규모가 커지고 정보관리의 중요성이 커짐에 따라 별도의 정보시스템 운영요원이 배치되는 경우가 늘고 있다. 일반 기업의 경우 정보가 조직의 경쟁우위의 잠재적 원천으로서 간주되기 시작하면서 정보시스템 담당자의 역할이 변화되기 시작하고 있다. 즉, 정보시스템 담당자에게 기술적 전문

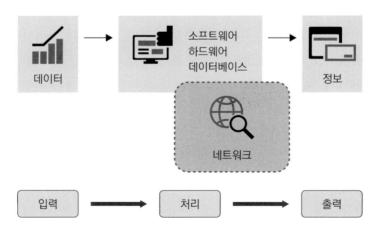

[그림 12-5] 정보시스템의 구성요소

성뿐만 아니라 강력한 리더십과 사업적 안목이 크게 요구되면서 CIO(chief information officer: 최고 정보관리자)라는 직제가 도입되고 있다. CIO는 조직의 목표를 달성하기 위하여 정보기술을 총지휘하는 역할을 수행한다. CIO에게는 정보통신기술에 대한 지식, 사업적 능력, 의사소통능력과 리더십, 관리능력, 안전보안관리능력, 교육훈련능력 등이 요구된다. 평생교육기관의 경우에도 이러한 CIO의 필요성이 더 커질 것으로 예상된다.

(2) 국내외 외부 평생교육 정보시스템의 활용

평생교육기관은 자체의 평생교육기관 정보시스템은 물론 외부의 유용한 평생교육시스템에 축적되어 있는 정보를 적절히 활용하는 것이 바람직하다. 이와 관련하여 국내외 평생교육 정보시스템의 구체적인 사례를 살펴보면 다음과 같다.

■ 국내

- 국가평생교육진흥원(NILE):
  http://www.nile.or.kr (평생교육기관 및 사업 정보, 우수사례집 공유 등)
- 국가평생학습포털 늘배움:
  http://www.lifelongedu.go.kr (평생학습이력증명, 내 주변 평생교육 등)
- 인천평생교육진흥원 다모아평생교육정보망 (다른 지역도 참조)
  http://www.damoa.incheon.kr (강좌통합검색, 강사정보, 기관정보 등)
- 한국직업능력개발원(KRIVET)의 진로정보망 커리어넷:
  http://www.careernet.re.kr (직업 및 진로 관련 종합정보)
- 한국지역사회교육협의회(KACE):
  http://kace.or.kr/ (지역별 평생교육 프로그램 정보)

314

▣ 국외
- 일본: 카나가와(かながわ)현 평생학습정보시스템,
  https://www.planet.pref.kanagawa.jp/
- 미국: careeronestop, http://www.alx.org
- 아일랜드: https://www.solas.ie/
- 유네스코 평생학습연구소(UIL): https://uil.unesco.org/

각 평생교육기관은 이러한 국내외 종합정보시스템과의 네트워킹을 통해 기관에 필요한 정보를 수집할 수 있으며, 그 외 자체적으로 수집한 정보를 데이터베이스로 축적하여 필요할 때 활용하도록 노력해야 한다.

3. 평생교육 프로그램 전달경로의 구축

1) 평생교육 프로그램 전달경로의 성격

(1) 평생교육 프로그램 전달경로의 의미

평생교육기관은 질 높은 프로그램의 개발, 적절한 수강료의 책정, 효과적인 홍보 및 광고만으로는 경영에 성공할 수 없다. 잠재적 학습자들이 어떻게 프로그램에 쉽게 접할 수 있도록 하느냐가 또 하나의 중요한 조건이다. 이와 같이 평생교육기관 경영에 있어서 학습자들이 좀 더 편리하게 평생교육 프로그램에 참여할 수 있도록 하는 것이 곧 평생교육 프로그램 전달경로의 기능이다.

(2) 평생교육 프로그램 전달경로 선정 시의 고려사항

평생교육 프로그램의 전달경로와 관련하여 평생교육기관이 추구해야 할 점은 시간효용과 장소효용을 높이는 것이다. 시간효용(time utility)이란 학습자들이 원할 때 즉시 프로그램을 이용할 수 있게 하는 것을 의미한다. 한편, 장소효용(place utility)이란 학습자들이 프로그램에 참여하고 싶은 장소에서 즉시 참여할 수 있도록 하는 것이다.

이런 맥락에서 평생교육기관이 학습자에게 프로그램을 좀 더 편리하게 이용할 수 있도록 하기 위해 고려해야 할 점을 자세히 살펴보면 다음과 같다.

① 시기 및 기간

다른 분야와 달리 평생교육 프로그램은 교수자와 학습자가 자율적으로 만나 비교적 긴 시간을 투입하여 이루어지기 때문에 그만큼 시간의 요소가 중요하다. 특히 요즘처럼 학습자가 바쁜 일상생활 가운데서 자유롭게 시간을 조절하기 어려운 상황에서는 가능한 한 학습자의 상황을 고려한 시간의 조정이 중요하다. 예를 들어, 직장인을 대상으로 하는 프로그램의 경우 새벽이나 주말 오후 시간도 바람직하며, 전업주부의 경우에는 자녀가 학교에 등교한 시간인 늦은 오전이나 이른 오후 시간이 바람직하다.

② 교육장소 선정 방식

교육장소 선정 방식은 교육 장소가 누구를 중심으로 선정되는가와 관련된다. 여기에는 크게 세 가지 유형을 들 수 있다.

첫째, 학습자가 평생교육기관으로 찾아오는 방식이다. 이러한 방식은 평생교육의 가장 전통적이고 일반적인 방식이라고 볼 수 있다.

둘째, 평생교육기관의 강사나 실무자가 학습자가 있는 곳으로 찾아가는 방식이다. 특히 공공 평생교육기관의 경우 상대적으로 소외된 지역을 찾아가 각종 평생교육 프로그램을 제공하는 경우가 늘고 있다.

셋째, 교수자와 학습자 집단 모두 공간적인 제약을 받지 않는 형태로서 원격교육의 경우를 들 수 있다. 인터넷을 활용한 각종 원격교육기관이 이런 접근방식을 사용한다고 볼 수 있다.

③ 교육시설의 조건

교육시설의 조건이란 평생교육 프로그램이 제공되는 구체적인 장소 및 시설의 조건을 말한다. 여기에는 접근성(대중교통과의 연계), 주차가능성, 주위환경, 경쟁기관의 위치, 확장가능성, 제도적인 제약(제한지역, 세금) 등의 요소가 포함된다.

(3) 새로운 평생교육 전달경로체계 구축의 일반적 방법

평생교육기관은 상황에 따라서 새로운 전달경로체계를 구축해야 한다. 예를 들면, 현재 평생교육기관이 위치하고 있는 지역시장이 포화상태인 경우, 새롭게 진출할 만한 매우 매력적인 잠재적 시장이 있는 경우, 생활방식의 변화로 인해 시간대 및 전달방식에 대한 학습자의 요구가 변화하는 경우 평생교육기관은 새로운 전달체계를 구축해야 한다.

새로운 전달경로체계 구축의 일환으로 지리적 전달범위를 확장하기 위한 대안을 제시하면 다음과 같다.

- 다른 지역으로 진출하기 위해 그 지역에 맞도록 프로그램을 일부 수정함
- 다른 지역의 시설을 확보하거나 임대함
- 새로운 학습자 집단을 찾아 파견 교육을 나감
- 기관까지 교통편의를 제공함

또한 양질의 프로그램을 제공하는 평생교육기관은 특정 지역의 학습자만이 아니라 다양한 지역의 학습자에게도 동질의 프로그램을 제공할 수 있도록 노력해야 한다. 그중의 하나로 프랜차이즈 시스템(franchise system)을 들 수 있다. 본래 프랜차이즈 시스템이란 서비스의 표준화가 가능한 분야에서 이루어지는 전달방식을 말한다. 프랜차이즈 가맹점은 약정된 체계하에서 영업할 권리에 대해 수수료를 지불하고 프랜차이즈본부는 회사명, 서비스 개념, 영업절차, 서비스 운영에 필요한 장비나 소모품을 제공해 주며, 홍보, 종

업원훈련, 경영지도 등을 수행한다. 이러한 프랜차이즈 시스템의 일반적인 장단점을 살펴보면 〈표 12-2〉와 같다.

표 12-2　프랜차이즈 시스템의 일반적인 장단점

효과 주체	장점	단점
본부	• 자본조성 및 판매에서 절감한 노력을 프로그램 개발 및 운영에 투입 • 협동 광고로 큰 효과달성	• 본부의 지도력에 한계 • 가맹점에서 본부에 지나치게 의존할 가능성
가맹점	• 소액의 자본으로 사업 가능 • 본부의 일괄광고로 판매촉진 영향력 상승 • 실패의 위험이 비교적 적음 • 판매 및 영업에 전념 가능	• 자체의 문제해결이나 경영개선의 노력을 소홀히 할 위험 • 본부의 정책과 특정 가맹점의 실정이 불일치

　최근 평생교육분야에도 사설학원을 중심으로 이런 프랜차이즈 시스템이 많이 도입되고 있다. 사설학원이 아니더라도 전국적인 지부나 연계망을 갖추고 있는 공공 평생교육기관이 공통 프로그램을 개발하여 운영하며, 운영에 필요한 사항을 관계자에게 연수하는 것도 프랜차이즈 시스템과 유사한 방법이라고 할 수 있다.

2) 평생교육 전달경로 확장을 위한 원격교육의 활용

(1) 원격교육의 개념

　원격교육은 협의의 개념과 광의의 개념으로 나누어 볼 수 있다. 협의의 원격교육이란 토론, 강의, 시험 등 교실에서 이루어지는 커뮤니케이션 과정을 전자화하기 위하여 컴퓨터 네트워크를 사용하는 형태로 흔히 인터넷을 이용한 원격교육만을 의미한다. 한편, 광의의 원격교육이란 교수자와 학습자가 직접 만나지 않은 상태에서 정보통신매체를 매개로 하여 주요 교육 활동이

일어나는 교육으로서, 반드시 컴퓨터 네트워크 등 전자매체뿐만 아니라 우편, 인쇄교재, 방송매체 등 기존의 매체까지를 포함한다.

　이러한 원격교육은 19세기 중엽부터 본격적으로 시작된 우편제도를 이용한 원격교육의 단계에서, 제2기 라디오와 텔레비전을 중심으로 하는 대중전파매체에 기반한 원격교육의 단계로 발전하였으며, 제3기 뉴미디어 정보통신기술의 발달로 인해 상호작용이 가능한 원격교육의 단계로 발전해 왔다.

(2) 전달경로체계에 있어서의 원격교육의 의의

　평생교육기관의 전달경로체계 관점에서 볼 때 원격교육은 교육의 시간효용과 장소효용을 극대화한 경우이다. 다음의 [그림 12-6]에 나타난 바와 같이 교육 프로그램의 전달방식을 시간과 장소의 제약 여부 차원에서 보면 네 가지 유형으로 나누어 볼 수 있다. 즉, 시간과 장소의 제약을 모두 받는 기존 교실 중심의 교육, 교육을 목적으로 하는 특정한 시설의 학습자료를 학습자가 편리한 시간에 활용하는 교육, 동시에 교수활동과 학습활동이 이루어지지만 영상시설을 활용하여 장소의 제약을 극복할 수 있는 실시간 원격교육, 방송, 우편통신 및 인터넷 등을 활용함으로써 교수활동을 위한 시간과 장소의 제약을 초월한 비실시간 원격교육으로 유형화할 수 있는 것이다. 그중에

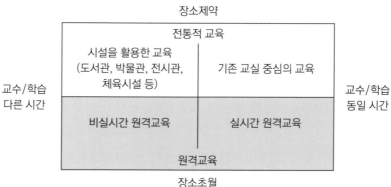

[그림 12-6] 전달경로상 시간과 장소의 제약 여부에 의한 교육의 유형화

서 실시간 원격교육은 전통적인 면대면 교육과 장소의 제약을 초월한 원격교육의 장점을 통합한 원격교육의 특수한 형태라고 볼 수 있다.

이런 맥락에서 볼 때, 원격교육은 전통적인 교육이 갖고 있는 시간의 제약과 장소의 제약을 뛰어넘어 학습자에게 최대한의 접근가능성을 높이는 프로그램 전달방법이라고 볼 수 있다. 최근 원격대학을 비롯한 각종 원격교육기관들이 급증하고 있다. 기존의 평생교육기관에서도 프로그램의 일부를 원격교육방식으로 이용하는 경우도 늘고 있다. 원격교육방식은 비용의 절감이나 학습의 효과성 증진 측면에서도 의미가 있지만 학습자를 위한 전달경로의 확장 차원에서도 의미가 크다.

📝 요약

평생교육기관이 효율적으로 운영되기 위해서는 학습자 집단을 구성하고 있는 여러 구성원과의 긴밀한 의사소통이 이루어져야 한다. 효율적인 의사소통을 위해서는 목표를 분명히 하고, 수용자의 특성을 파악한 후 적절한 메시지와 전달매체를 결정해야 한다. 대외적으로 학습자 집단과 의사소통을 하는 방법으로는 홍보와 광고, 다이렉트 메시지 등이 있다. 외적 의사소통을 위해 많이 활용되는 매스미디어에는 인쇄매체, 방송매체, 뉴미디어 등이 있다.

평생교육기관의 효율적 운영과 학습자들을 위한 서비스의 향상을 위해 정보시스템의 구축이 필요하다. 평생교육 정보시스템은 평생교육기관의 프로그램 개발 및 관리, 잠재적 학습자 집단 분석, 인적 자원개발, 재무관리 등에 필요한 각종 정보를 축적·공유하기 위한 인간과 기계의 통합시스템으로 하드웨어, 소프트웨어, 데이터베이스, 통신 및 네트워크, 사람 등의 요소로 구성된다. 각 평생교육기관은 자체의 평생교육기관 정보시스템은 물론 국내외에 구축된 외부의 유용한 평생교육시스템의 적절히 활용하기 위해 노력해야 한다.

또한 평생교육 프로그램에 대한 학습자의 접근성을 높여 주기 위해 장소의 선정, 시간대 구성, 교육장소 선정 등에 대해서도 심사숙고해야 한다. 평생교육기관은 새로운 학습자를 대상으로 지리적 전달범위를 확장하기 위해 노력해야 하며, 학습자가 원하는 곳에서 동질의 프로그램을 제공받을 수 있도록 노력하여야 한다. 특히 원격교육은 학습자의 시간적 · 공간적 제약을 완화해 줄 수 있는 좋은 방법이다.

📝 연구문제

1. 본인이 관심 있는 평생교육 프로그램을 대중에게 알리기 위한 전략을 수립해 보시오.
2. 여성교육, 노인교육, 청소년교육 등 평생교육의 분야에 인쇄매체, 방송매체, 뉴미디어 등의 매스미디어를 활용할 때의 장단점에 대해 비교해 보시오.
3. 평생교육기관 내에 평생교육경영 정보시스템 구축 방안에 대해 모색해 보시오.

📝 참고문헌

이유재(2019). 서비스마케팅. 서울: 학현사.
이정춘(1996). 현대사회와 매스미디어. 서울: 나남.

Birkenholz, R. J. (1999). *Effective Adult Learning*. Danville: Interstate Publishers, Inc.
Caffarella, R. S. (1994). *Planning Programs for Adult Learners*. San Francisco: Jossey-Bass Publishers.
Kotler, P., & Fox, K. F. A. (1995). *Strategic Marketing for Educational Institutions*. New Jersey: Prentice Hall.

평생교육기관의 파트너십

평생교육은 원래 더불어 사는 사회를 만들기 위해 시작되었다. 일반적으로 지역사회에 기반하고 있는 평생교육기관들은 지역사회 주민을 위해 다양한 프로그램 및 사업을 진행하는 과정에서 서로 협력해야 할 필요성을 느끼고 있다. 점차 평생교육에 대한 학습자의 수요가 많아지고 요구가 다변화·복합화됨에 따라 개별 평생교육기관의 능력만으로는 이를 충분히 수용하기가 어려워지고 있는 실정이다. 불필요한 중복투자를 없애고 자신의 핵심역량을 최대한 증진시키기 위해서도 파트너십은 필수적이다.

이 장에서는 파트너십의 의미와 종류, 파트너십의 필요성과 의의, 파트너십의 일반적 원리 등을 다루고자 한다.

학습목표 ▶···

1. 평생교육기관 경영 차원에서 파트너십의 의미와 필요성을 설명할 수 있다.
2. 평생교육사업을 공동으로 추진하기 위한 파트너십 형성 방법을 활용할 수 있다.
3. 평생교육 파트너십 구축의 장애요인과 성공원리를 설명할 수 있다.

1. 평생교육기관 파트너십의 기본 성격

1) 평생교육기관 파트너십의 의미와 내용

(1) 평생교육기관 파트너십의 의미

일반적으로 파트너십이란 공유 가능한 목적을 달성하기 위해 구체적인 역할과 책임을 공유하는 호혜적(mutual-benefit) 협력, 공조(共助)관계를 말한다. 이러한 파트너십의 개념은 사용되는 맥락에 따라 다소 차이를 나타내고 있지만 일반적으로 상호협력, 동반자적 관계 등의 의미를 내포한다는 점에서 공통적이라고 할 수 있다. 이러한 파트너십의 개념을 보다 잘 이해하기 위한 유관 개념을 살펴보면 다음과 같다.

① **전략적 제휴**(strategic alliance)

전략적 제휴는 본래 경쟁관계에 있는 조직들이 일시적으로 상호보완적인 제품, 시설, 기능 및 기술을 공유하는 것을 의미한다. 이런 의미에서 전략적 제휴는 협력이 가능한 기관과의 협력을 통해 제3의 경쟁적인 기관에 대해 우위를 차지하기 위한 파트너십의 한 전략이라고 볼 수 있다.

② **아웃소싱**(outsourcing)

아웃소싱은 자신이 수행하는 다양한 활동 중 전략적으로 중요하면서도 가장 잘할 수 있는 분야나 핵심역량에 모든 자원을 집중시키고 나머지 활동의 기획에서부터 운영까지 일체를 해당 분야에서 보다 뛰어난 외부 전문기관에게 맡김으로써 기관의 경쟁력을 제고시키는 파트너십의 한 전략이라고 볼 수 있다.

③ 네트워크(network)

네트워크는 기관과 조직, 개인 간 연계, 협력, 제휴를 말한다. 기존의 연계, 협력, 제휴 등의 개념이 개별 기관 간의 제한적 내지는 일회적 성격이 강한 반면, 네트워크는 보다 체계적이고 규모가 크며 한 지역의 포괄적 체계를 전제로 한 지속성을 가지는 개념이라고 할 수 있다. 다시 말해 네트워크는 파트너십이 원활하고 상시적으로 이루어져 기관 간에 지속적인 연락 및 협의 관계를 유지하고 있는 상태라고 볼 수 있다.

일반적으로 파트너십은 이와 같은 다양한 성격을 모두 포함한다고 볼 수 있다. 일반적으로 전략적 제휴와 아웃소싱이 기업부문에서 많이 사용되어 왔지만 그 기본 원리는 평생교육기관을 비롯한 비영리분야에도 적절하게 활용될 수 있다. 네트워크는 이러한 협력관계가 지속적으로 유지될 수 있는 체제를 구축하는 것이라고 볼 수 있다.

이러한 파트너십의 의미에 비추어 볼 때 평생교육기관 파트너십이란 특정한 평생교육기관의 목적을 실현하기 위해 두 개 이상의 평생교육관련 기관이 서로 호혜적으로 협력하며 효율적으로 평생교육 사업 업무를 분담하며, 궁극적으로 네트워크를 구축함으로써 평생교육 사업 발전에 이바지하는 활동이라고 할 수 있다. 최근 우리나라에 지역단위 평생교육체제가 정착됨에 따라 지역 평생교육의 균형적인 발전과 효율적인 사업 수행을 위해 유관기관 사이의 파트너십이 매우 절실하게 요구되고 있다.

(2) 평생교육기관 간 파트너십의 교류 요소

파트너십의 기본은 주체 간의 교류를 통해 이루어진다. 이러한 교류는 교사나 강사의 교류에서부터 정보 · 공간의 교류 등과 같이 다양한 영역과 국면에서 논의될 수 있다.

인적 자원의 교류는 평생교육기관 간의 교사 · 강사 및 자원봉사자와 같은 인적 자원의 상호교류를 말한다. 평생교육기관 간 연구인력을 파견 · 자문할 수도 있으며, 전문교육 관련기관에서 활동 중인 강사나 직원을 일반교육기관에 강사로 일시적으로 파견할 수도 있다.

물적 자원의 교류는 강의실, 숙박시설, 교육기자재 등 우수한 시설을 갖추고 있는 교육기관이 이미지 제고나 교육실적 향상에 도움이 될 만한 다른 교육기관과 공유하는 경우이다. 예를 들면, 공공 평생교육기관이 명망 있는 민간 평생교육기관의 프로그램을 위해 시설을 대여해 줄 수 있다.

정보 교류는 각종 교육관련정보(강사, 시설, 프로그램, 학습자, 후원집단) 등의 교류를 의미한다. 정기적인 회의나 세미나 개최, 소식지 발송, 공용 홈페이지 구축, 메일링 리스트 구축 등의 방법을 활용함으로써 서로 유용한 정보를 교류할 수 있다.

2) 평생교육기관 파트너십의 유용성과 한계

(1) 평생교육기관 파트너십의 유용성

평생교육기관 간의 파트너십은 여러 가지 점에서 이익을 준다. 평생교육기관 사이의 파트너십이 가져다주는 장점에 대해 학습자의 관점과 개별 평생교육기관의 관점으로 나누어 살펴보면 다음과 같다.

학습자의 관점에서 볼 때, 평생교육기관 사이의 파트너십은 학습자의 교육요구에 대해 다양한 평생교육기관이 연계함으로써 총체적으로 충족시켜줄 수 있으며, 기존의 자원을 활용함으로써 프로그램을 신속하게 개발하여 제공할 수 있다.

한편, 개별 평생교육기관의 관점에서는 자신의 장점을 극대화하며, 불필요한 조직과 자원을 간소화함으로써 기관 경영의 효율성을 높일 수 있다. 비록 파트너십을 구축하는 초기 과정에서는 협상 및 의사소통에 소요되는 시간변인, 전화요금 · 우편요금 · 교통비 등의 비용변인 그리고 파트너십을 유지하는 데 필요한 인건비 등의 비용이 투입되지만 파트너십이 안정적으로 구축된 이후에는 비용보다 이익이 더 커진다고 볼 수 있다. 이를 그림으로 표현하면 [그림 13-1]과 같다.

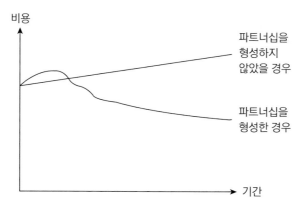

비용

파트너십을
형성하지
않았을 경우

파트너십을
형성한 경우

기간

[그림 13-1] 파트너십의 경제적 효과

특히 정부 및 공공기관과 민간 평생교육기관 간의 파트너십은 유익한 점이 매우 크다고 할 수 있다. 정부나 공공기관의 입장에서는 직접 평생교육 프로그램을 개발·운영하는 경우보다 적은 비용으로 질 높은 평생교육을 실시할 수 있으며, 민간 평생교육기관의 입장에서는 재정적인 지원을 통해 안정적인 경영과 지속적인 평생교육사업을 수행할 수 있는 것이다. 이는 궁극적으로 지역사회에서 주민을 위한 평생교육의 활성화와 질 향상에 이바지한다.

(2) 평생교육기관 파트너십의 문제점

평생교육기관 파트너십의 구축이 반드시 긍정적인 면만을 제공하는 것은 아니다. 자칫하면 더 많은 혼란을 가져올 수도 있다. 여기서 파트너십의 구축이 가져올 수 있는 문제점을 살펴보면 다음과 같다.

첫째, 파트너십은 초기에 많은 추가 부담을 가져온다. 파트너십의 구축을 위해서는 많은 시간과 노력, 인내가 필요하다. 기관의 입장에서 볼 때 파트너십의 구축은 단기적으로는 업무의 추가를 의미한다. 파트너십을 통해 얻을 수 있는 유익이 그리 크지 않은 상황에서 별도의 파트너십이나 네트워크를 구축하고 관리하는 것은 평생교육기관의 부족한 인력을 고려할 때 오히려 업무의 부담으로 작용할 수 있기 때문이다.

둘째, 파트너십 구축을 위해서 불가피하게 타협해야 할 경우가 많다. 즉, 해당 기관 간의 공통 분모를 찾기 위해 양보해야 할 경우가 많다. 그런 과정에서 그 기관의 고유한 가치, 전통, 문화 등이 훼손될 가능성이 있다.

셋째, 기관 간의 갈등이 발생할 수 있다. 파트너 기관 간의 경험, 자원 및 역량의 차이로 말미암아 주도권, 이득 배분 등의 내부 문제를 야기할 수 있다.

그 외에도 평생교육기관 간의 파트너십을 형성하는 데는 많은 한계가 존재한다. 따라서 평생교육기관은 이러한 한계를 최대한 극복하여 파트너십의 효과를 극대화할 수 있도록 노력해야 한다.

3) 평생교육기관 파트너십의 수준과 형태

(1) 평생교육기관 파트너십의 수준

평생교육기관의 파트너십은 쌍방 간의 협력정도에 따라 여러 가지 형태로 구현될 수 있다.

그 협력 정도는 사업의 성격, 기관의 상황, 쌍방 간의 신뢰의 정도 등에 따라 다르게 나타날 수 있다. 이는 곧 파트너십을 어느 수준에서 구축할 것인가와 관련된다. 이를 구체적으로 살펴보면 다음과 같다.

① 기부

기부는 개인이나 조직이 특정한 평생교육기관의 취지와 사업활동에 동감하여 금전적 · 물리적으로 지원하는 것을 의미한다. 기부자에는 일반 개인, 기업, 재단 등이 포함된다. 이러한 기부자는 지원의 대가로 공적인 인정이나 세액 공제를 기대하는 경우도 있다.

② 후원

후원은 특정 사업이나 프로그램이 진행되는 동안의 금전적 혹은 물리적인 지원을 의미한다. 기부가 주로 기관의 일반적인 취지나 사업방향에 공감하여 지원하는 활동이라면, 후원은 특정한 사업이나 프로그램에 대해 명확한 의도를 가지고 재정지원이나 인력지원을 통해 돕는 것을 의미한다. 예를 들어, 지역평생학습축제를 위해 지역의 기업체가 사업비를 지원하거나 기자재를 제공하는 것 등을 들 수 있다. 후원자들은 그 대가로 공신력 제고, 홍보효과 등을 기대한다.

③ 단순협조

단순협조는 둘 이상의 기관들이 각 기관의 임무, 목적, 서비스 등에 대한 정보를 공유하는 것을 의미한다. 이는 여러 기관 간의 회의나 비공식적인 네트워킹에서 발생하는 상당히 피상적인 수준의 기관 상호작용을 말한다. 이 경우 각 기관의 의사결정 절차, 정책 및 활동은 서로 분리되어 있으며 다른 기관을 참조하지 않고 결정된다. 즉, 각 기관은 자율적이며 평행선상에서 독자적으로 기능하며 각 프로그램의 목적 달성을 위해 일한다.

④ 역할조정

역할조정은 다양한 기관의 전문가들이 함께 의사결정을 한 후 공유된 목적을 달성하기 위해 각자의 서비스 제공을 조정하는 접근방식을 의미한다. 즉, 어떠한 주어진 사업계획에 기본적으로 동감하는 기관들이 자신들의 프로그램이나 시설을 적절히 조정함으로써 사업의 성공에 이바지하는 경우를 말한다. 예를 들어, 지역평생학습 박람회를 개최하는 경우 주최측이 기획한 사업계획에 따라 각 평생교육관련 기관들이 각자의 자원을 적절히 지원하는 경우이다.

⑤ 완전공조

완전공조는 둘 이상의 기관이 프로그램 또는 서비스 개발의 매 단계에서 협력하는 관계이다. 즉, '공동 기획, 공동 실천, 공동 평가'를 실시하는 경우

[그림 13-2] 파트너십의 수준

이다. 이 경우는 시간, 기금, 지적 자원의 협력적 투자가 이루어지고 공동으로 위험을 감수하며 권한 및 모든 이익을 공유한다. 앞의 지역평생학습 박람회의 경우 주최측이 각 지역평생교육 관련기관을 중심으로 운영위원회를 구성한 후 모든 과정을 같이 기획, 운영, 평가하는 경우 완전공조에 해당된다고 볼 수 있다.

(2) 평생교육기관 파트너십의 형태

평생교육 파트너십은 파트너 기관 사이의 필요에 따라 다양한 형태로 나타날 수 있다. 이를 유형별로 살펴보면 다음과 같다.

① 단일 프로그램 공동운영

이는 각 평생교육 관련기관이 연대하여 강사, 시설, 노하우 등 특화된 자원을 제공하여 평생교육 프로그램 또는 평생교육사업을 공동으로 운영하는 형태로서 가장 일반적인 형태의 파트너십이라고 볼 수 있다. 지역단위사업에서 많이 활용되며, 프로그램의 개발과 운영을 같이 하는 경우도 포함한다. 예를 들어, 대학의 평생교육원과 지역의 노인교육협회가 협력하여 노인교육지도자과정을 실시하는 경우를 들 수 있다. 때로는 상대적으로 평생교육이 소외된 지역의 시설을 활용하여 특정 평생교육기관이 강사와 프로그램을 제공하는 경우도 있다.

▶▶ 사례: 대구 D 도서관의 프로그램 공동운영

대구 D 도서관은 문화향유 소외지역의 학교시설을 이용하여 주민들을 위해 평생교육 프로그램을 제공하는 사업을 벌이고 있다. D 도서관에서는 강사와 프로그램을 제공하며, 강사료는 D 도서관에서 지급한다. 지역의 학교는 강의실을 준비하며, 수강생 등록 현황이나 월별 강좌 실시현황을 도서관에 통보해 준다.

② 프로그램 공동연구개발

이는 새로운 프로그램을 둘 이상의 기관이 공동으로 개발한 후 그 결과는 각 기관이 독자적으로 활용하는 형태이다. 특정한 자격연수를 실시하는 기관의 관계자가 공동으로 표준교육과정을 개발한 후 각각 이 교육과정에 맞추어 연수과정을 자체적으로 운영하는 경우가 이에 해당한다.

③ 프로그램 개발·제공 분담

이는 프로그램의 개발과 프로그램의 제공을 분담하는 수직적인 제휴로서 교육관련 연구기관과 교육기관의 파트너십이 일반적이다. 연구기관은 프로그램 내용, 운영방법 및 교수자료를 개발·제공해 주고 교육기관은 자체 강사와 시설을 통해 이를 실천한다. 구체적인 예로, 우리나라에서 평생교육사 양성 표준교육과정은 국가평생교육진흥원에서 개발하고 그 운영은 각 시·도 평생교육진흥원에서 운영하는 경우 등을 들 수 있다. 또한 프랜차이즈 형태의 평생교육기관의 경우 중앙기관이 프로그램을 개발하고 다른 참여기관들이 활용하는 경우도 이에 포함된다고 볼 수 있다.

④ 프로그램 연합

이는 관련 있는 프로그램을 제공하는 기관이 서로 연계하여 각자 특화된 전문강좌를 개발하고 이 강좌들을 서로 연계함으로써 학습자로 하여금 보다 수준 높은 강좌들을 종합적으로 접할 수 있도록 하는 방법을 말한다. 모든 과정을 이수한 후 학점이나 자격을 부여하는 경우도 가능하다. 우리나라 학점은행제의 경우 교양영역을 맡은 기관과 전공영역을 맡은 기관이 서로 협력하는 것도 이 경우에 해당한다고 볼 수 있다.

▶▶ 사례: 지역사회학교

지역사회학교는 학교와 가정, 사회가 연합하여 지역사회생활 중심의 평생교육 프로그램에 참여함으로써 지역사회 문제 해결과 발전을 위한 역할을 담당하는 학교이다. 지역사회학교는 대학, 지방자치단체, 산업체 등과 협력적 네트워크를 구축하여 다양한 평생교육 프로그램을 운영하거나 초·중·고등학교 학생, 지역 주민을 위한 방과 후 학교를 운영하고 있다. (참고: 한국지역사회교육협의회)

⑤ 프로그램 제공영역 분담

이는 유사한 내용의 프로그램을 제공하거나 동일한 집단을 대상으로 프로그램을 제공하는 평생교육기관이 프로그램의 내용이나 대상을 사전 협의에 의해 분할하는 형태다. 유사한 프로그램을 제공하는 기관인 경우 교육대상 집단을 분담한다. 예를 들면, 같은 영어회화 프로그램을 제공하는 기관의 경우 지역별, 연령별, 성별로 분화하여 특화하는 경우를 들 수 있다. 또한, 유사한 집단을 대상으로 하는 경우에는 프로그램 세부내용을 분담한다. 예를 들면, 학습자 집단의 관심분야와 그 기관의 여건에 따라 각각 영어회화 중심, 영작문 중심 등으로 프로그램 내용을 기관별로 특화시키는 경우다.

▶▶ 사례: 두 대학 평생교육원의 핵심 프로그램 영역 분담

K 대학의 평생교육원과 D 대학의 평생교육원이 서로 상대방 평생교육원을 대표하는 주종 프로그램은 자신의 기관에서 개설하지 않음으로써 프로그램 제공 영역을 분담하는 파트너십을 강화하는 경우가 있다.

2. 평생교육기관 파트너십 구축과 운영의 실제

1) 평생교육기관 파트너십의 구축

평생교육기관의 파트너십의 운영은 먼저 여러 관련 기관을 상대로 파트너십을 구축하는 단계와 이미 구축된 파트너십을 바탕으로 구체적인 사업을 수행하는 단계로 나누어 파악할 수 있다. 여기서는 먼저 구축단계에 대해 살펴보고자 한다(부록 8 참조).

(1) 지역사회 및 잠재적 학습자 집단의 교육요구 검토

평생교육사업을 위한 파트너를 찾기에 앞서 평생교육기관의 경영자는 지역사회나 특정계층의 학습자들의 상황을 조사하고 그들이 요구하는 바를 이해한다. 또한, 지금까지 파악된 잠재적 학습자들의 대략적인 교육요구를 바탕으로 파트너십을 통해 우선적으로 추진해야 할 평생교육사업 및 프로그램의 대략적인 유형과 방향성을 결정한다.

[그림 13-3] 파트너십의 구축단계

(2) 우리 기관 역량에 대한 검토

우리 기관 및 조직이 보유하고 있는 능력과 자원을 검토한다. 또한, 우리 기관은 잠재적 학습자들에게 어떠한 가치를 제공하고 있는지, 그리고 그것을 위해 어떠한 강점을 가지고 있는지를 분석한다. 이를 위해 다른 기관과의 비교분석도 필요하다.

(3) 잠재적인 파트너의 검토

다음에는 우리 기관과 파트너십을 형성하여 평생교육사업을 같이 추진할 만한 파트너를 검증한다. 대상기관의 경영자, 파트너십에 관한 과거의 역사, 강점 및 약점, 경영방식, 조직문화, 재무상황 등을 점검한다.

잠재적 파트너 기관의 유형에는 유관 분야의 다른 평생교육기관이나 단체, 중앙정부 및 지방자치단체, 해당 분야와 관련된 재원을 가지고 있는 기관 및 집단, 언론기관, 시민단체 등이 있다. 잠재적 파트너는 우리 기관의 사명과 모순되지 않아야 하며, 잠재적 평생교육시장의 학습자들과 상호작용해야 하고, 우리 기관이 처리할 수 없는 요구를 충족시킬 수 있는 자원을 갖고 있어야 한다.

잠재적 파트너를 선정할 때에는, 첫째, 이미 구축되어 있는 파트너십의 확인과 활용, 둘째, 파트너 선정에 영향을 미치는 변인 고려, 셋째, 파트너십 대상기관이 파트너십을 추구할 만한 이유 검토, 넷째, 잠재적 시장의 세분화 및 파트너 대상 선정 등의 단계를 거친다.

한편 파트너십의 형성이 우리 기관 주도가 아니라 다른 기관에 의해 요청되었을 때 고려해야 할 사항을 살펴보면 다음과 같다.

- 파트너십을 주도하는 이는 누구이며 그 배경은 무엇인가?
  - 누가 파트너십을 주도하는가?
  - 누가 경비를 부담하는가?
  - 같이 참여하게 되는 조직은 어떤 조직인가?
  - 누가 파트너십의 성과를 차지하게 될 것인가?
- 파트너십을 통해 우리 기관은 무엇을 주고 무엇을 받을 수 있을 것인가?
- 우리 기관의 직원이나 학습자를 어떻게 참가시킬 것인가?

• 파트너십에 참가함으로써 어떻게 우리의 기관을 더욱 발전시킬 것인가?

(4) 파트너십 대상기관과의 접촉

잠재적 파트너에 대한 검토가 끝난 후에는 파트너십 대상기관과 접촉을
한다. 파트너십 대상기관을 방문하여 관계를 수립하는 지도자를 선정하고,
관련 자료를 준비한 후에 잠재적 파트너와 접촉하고 그 기관을 방문한다.

(5) 파트너십 기관 회의 개최

파트너십 대상기관과의 접촉이 끝나면 회의 일정을 정하고 회의 안건을
상정한 후에 회의 개최를 통보한다. 회의 일정은 충분한 시간 여유를 두고
날짜와 시간을 정하며, 만약 해당자가 선약이 있는 경우에는 대리인을 지명
하여 참여하게 한다. 회의 안건으로는 공동으로 추진하고자 하는 평생교육
사업 및 프로그램의 종류와 내용, 각 기관의 활동상황과 사명에 대한 소개,
파트너십을 통해 교류하고자 하는 항목, 파트너십의 구체적인 추진을 위한
일정 등의 내용을 포함한다. 회의 개최는 초청장을 보낸 후 전화로 알린다.
초청장에는 그들이 참석 여부를 확답할 수 있도록 답신 기한과 전화번호를
기입하는 것은 물론 회의 안건을 포함시킨다.

2) 파트너십을 통한 평생교육사업 수행의 실제

앞의 과정을 거쳐 파트너십이 구축된 이후에는 실제로 공동사업을 수행하
게 된다. 이를 진행해 가기 위해 해야 될 단계를 살펴보면 [그림 13-4]와 같
다. 다음에는 이것을 하나씩 구체적으로 살펴보고자 한다.

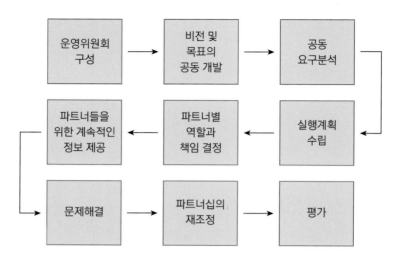

[그림 13-4] 파트너십을 통한 사업수행의 단계

(1) 운영위원회 구성

파트너십 형성 후 여러 분야의 대표를 중심으로 운영위원회를 구성함으로써 주요 이해당사자의 관심과 참여를 증진시킨다. 운영위원회는 지역사회를 비롯한 잠재 시장의 요구분석 실행, 요구분석의 결과를 바탕으로 프로그램 목적 결정 및 실행계획 수립, 기금마련, 홍보, 프로그램에 대한 평가 등의 역할을 한다.

(2) 비전 및 목표의 공동 개발

운영위원회의 구성이 끝나면 다음으로 파트너십을 위한 공유비전을 개발하고 그룹의 단기적인 목표들을 검증한다. 공유된 비전과 목표들은 그룹의 활동을 추진하게 하는 동력이 됨과 동시에 성취의 척도가 된다. 파트너십의 목표를 개발하기 위해서는 개인과 기관의 관심과 참여를 이끌어 낼 수 있는 통합된 목적을 구성해야 한다.

(3) 공동 요구분석

요구분석을 공동으로 실시함으로써 시행코자 하는 프로그램이 지역사회를 비롯한 잠재적 학습자 집단에 적합한지, 그들이 진정 필요로 하는 것이 무엇인지를 파악한다.

(4) 실행계획 수립

요구분석을 통해 나온 정보를 바탕으로 지역사회에 필요한 평생교육 사업 및 프로그램의 세부적인 실행계획을 세운다. 실행계획은 과제목록, 시간계획, 개인의 역할 등으로 구성된다. 세부적인 실행계획 수립 시 유의해야 할 점으로는 다음과 같은 것이 있다.

- 유사한 상황에 대한 선행 연구
- 프로그램 운영을 위한 시설 또는 위치의 선택(학습자에 대한 접근성, 활용 가능성, 비용, 대상 학습자 집단의 태도와 인지도, 다른 서비스와의 관련성 등)
- 프로그램 참여자격 결정
- 파트너의 역할과 책임 규명
- 활용 가능한 자금과 자원의 확인 및 사용방법
- 학습참여자 모집 및 홍보
- 기금 및 자금의 조달
- 프로그램 및 파트너십에 대한 평가

(5) 파트너별 역할과 책임 결정: 파트너십 협정 체결

역할과 책임의 결정은 위원회 구성원 모두의 공동 의사결정을 통해 이루어져야 한다. 역할과 책임을 결정함에 있어 개별 구성원 및 기관의 장점, 전문성, 경험, 여력(가용 능력) 등을 고려해야 한다. 파트너십 협정이란 우리 기관과 파트너 기관과의 협력관계를 공식화하는 데 사용할 수 있는 수단이다. 그러한 협정은 명료하고, 간결하며, 직설적이어야 한다. 파트너십 협정은 용어, 목표, 절차, 역할, 권한, 약정기간을 명확히 해야 하며, 과정을 이끌 수 있도록 세부적이어야 하며, 명확한 언어로 쓰여져야 하고, 모든 이해당사자에게 활용될 수 있는 것이어야 한다. 또한 기대되는 서비스가 구체적으로 명시되어야 한다.

(6) 파트너를 위한 계속적인 정보 제공

파트너에게 정보를 제공하는 것은 파트너십의 구축과 유지에 있어 매우 중요한 측면이다. 적절한 의사소통이 이루어지지 못했을 때 파트너는 다른 파트너를 의심할 수도 있고, 자신의 참여가 무가치하다는 느낌을 가질 수도 있다.

(7) 문제해결

파트너십과 프로그램이 진행되면서 발생할 수 있는 모든 상황, 변화, 도전을 처음부터 예측하기란 불가능하다. 중요한 것은 문제가 닥치기 전에 협의된 문제해결 전략을 가지고 있는 것이다. 이를 위해 문제들을 토론하고 해결할 수 있는 시간을 확보하는 것이 필요하다. 일반적인 문제해결 방식을 제시하면 다음과 같다.

- 기꺼이 변화에 적응할 수 있도록 융통성이 있어야 한다.
- 문제를 개인적인 것으로 취급하지 말아야 한다.
- 의사소통의 통로를 개방해야 한다.
- 실수로부터 배울 준비를 갖추고 파트너에게도 실수를 허용해야 한다.
- 문제를 오랫동안 방치하지 말아야 한다. 즉시 회의를 소집하여 그것을 논의한다.
- 목표와 우선 순위를 명료히 한다. 그래야 해결책을 효율적으로 결정할 수 있다.
- 모든 변화에 대해 사람들에게 정보를 제공해야 한다.

(8) 파트너십의 재조정

다음과 같은 경우에 파트너십의 재조정이 필요하다.

- 한 명 혹은 그 이상의 파트너가 그들의 책무를 더 이상 수행할 수 없게 되었을 때
- 현재의 협정의 테두리에서는 해결할 수 없는 논쟁이 발생하였을 때
- 처음의 사업을 확대할 기회가 마련되었을 때
- 새로운 구성원을 파트너십에 포함시킬 필요가 생겼을 때

(9) 평가

일정 기간이 지난 후에는 파트너십을 통한 활동을 평가할 필요가 있다. 이와 관련하여 평가해야 할 사항을 살펴보면 다음과 같다.

- 공동 평생교육사업의 목표별 달성도
- 파트너십 구성원들의 이익
  - 파트너십이 결과적으로 각 기관에 비용절감 효과를 가져왔는가?
  - 파트너십이 학습자 집단에 대한 접근을 촉진하였는가?
  - 파트너십이 구성원 기관들 사이에 교육 서비스와 기관사명에 대한 인식을 증진시켰는가?
- 파트너십의 과정
  - 파트너 간의 의사소통이 분명하고 효과적이었는가?
  - 역할과 책임성은 분명하게 이해되었는가?
  - 회의는 생산적이고 가치가 있었는가?
  - 모든 파트너는 그들의 책임과 의무를 다했는가?
  - 파트너십은 어떤 면에서 성공적이었는가?
  - 파트너십은 어떤 면에서 개선될 필요가 있는가?

3. 평생교육기관 파트너십의 성공전략

1) 파트너십의 장애요인

평생교육기관 파트너십의 형성은 결코 쉬운 일이 아니다. 많은 노력과 시간과 인내가 필요한 것이다. 따라서 효과적인 파트너십의 구축을 위해서는 발생 가능한 장애요인을 미리 인식하고 이에 대비하는 자세가 필요하다. 여기에서는 평생교육기관이 다른 기관과 파트너십을 구축하고 유지해 가는 과정에서 일어날 수 있는 일반적인 장애요인을 살펴보고자 한다.

(1) 방어적 태도

잠재적 파트너와 교섭할 때 서로에게 저항적 · 방어적인 태도를 취하거나 의심할 수 있다. 왜냐하면 다른 조직과의 파트너십이 기존 직원의 고유업무를 침해하며 자신들의 지위를 위협한다고 느낄 수 있기 때문이다.

(2) 시간과 자원의 부족

시간과 자원의 부족은 효과적이고 장기적인 파트너십을 형성하는 데 있어서 매우 일반적인 문제이다. 직원들은 이미 과다한 업무에 시달리고 있는 경우도 있고, 이에 대한 충분한 보상을 받지 못하고 있는 경우도 있다. 이런 경우 파트너십의 형성은 단기적으로는 추가업무로서 부담이 될 수 있다. 자금의 배분도 파트너십 구축에 있어 문제가 발생될 수 있는 민감한 문제이다. 특히 자금이 실제 필요한 양보다 적을 경우 파트너들은 자금의 분배가 불공정하고 부적절하다고 느낄 수 있다.

(3) 의사소통의 어려움

제안된 프로그램의 목적에 대해 명확하게 의사소통이 이루어지지 않거나 개인 또는 기관의 역할·요구 등이 잘못 이해되었을 경우에는 문제가 발생한다. 또한 프로젝트가 진행되는 동안 파트너에게 진행상황이나 변화 등에 대한 정보를 제공해 주지 않을 때에도 성공적인 파트너십에 문제가 발생할 수 있다.

(4) 이해당사자의 불참

파트너십에 참여할 만한 대상의 불참은 사업을 성공적으로 추진해 가는 데 어려움을 준다. 이해당사자의 불참은 기득권 문제나 시간·자원의 부족, 가치관의 차이 등의 장애요인과 관련된다. 때때로 특정 평생교육사업 및 프로그램에 대한 공적 이해가 낮음으로 인해 이해당사자의 참여 부족 현상이 초래되기도 한다.

(5) 융통성의 부족

파트너십을 유지해 나가는 데 있어 융통성이 발휘되지 않을 때 심각한 문제가 발생할 수 있다. 특히 일정이 바쁘거나 해야 할 일이 과도하게 많을 경우 파트너십은 융통성 있게 추진되어야 한다. 즉, 모임의 시간, 방법 및 사업 추진 방식 등이 융통성 있게 결정될 수 있도록 실무자들에게 많은 재량권이 주어져야 한다.

(6) 변화와 불확실성

변화와 불확실성은 기관과 개인 모두에게 부정적인 영향을 미칠 수 있다. 한 기관이 급격한 변화과정에 있으면, 그 기관이 프로그램 개발 과정에 참여하거나 파트너십을 구축하는 데 어려움이 있을 수 있다. 또한 개인들도 그들의 지위가 계속 유지될 수 있을지 또는 그들의 계약이 갱신될 수 있을지가 불확실할 경우 외부의 파트너십에 큰 중요성을 부여하지 않으며 임무나 책임을 떠맡는 것을 꺼릴 것이다.

(7) 파트너십에 대한 지나친 기대

구성원이 파트너십의 유용성에 대해 지나치게 높은 기대를 가지고 있다면 오히려 작은 실패에도 갈등을 일으키고 좌절할 가능성이 커진다.

2) 성공적인 파트너십의 주요 특성

여기에서는 성공적이며 효과적인 파트너십을 구축하기 위해 필요한 요소들을 살펴보고자 한다. 가장 기본적인 덕목은 파트너 간의 상호이해와 신뢰라고 할 수 있다. 파트너 기관은 모두 나름대로의 역사와 조직, 법적·제도적 기반, 지도력의 전통을 가지고 참가한다. 역량은 키워 나가면서도 불필요한 갈등을 피하기 위해서는 모든 조직이 서로를 신뢰하고 이해할 필요가 있다. 이를 보다 구체적으로 살펴보면 다음과 같다.

(1) 명확하고 유의미한 목적의 공유

파트너십을 통해 이루고자 하는 목적이 분명해야 한다. 기관의 사명과 잠재적 시장의 요구, 사회적 가치를 모두 반영하는 핵심 가치와 목적을 확립하고 이를 모든 파트너와 공유해야 하며 가시적인 성과를 추구해야 한다.

(2) 성과와 위험부담의 공유

각 파트너로 하여금 파트너십에 참여함으로써 이득이 있다고 생각하게 해야 한다. 성과나 위험부담이 한쪽 파트너에 치우칠 경우에 파트너십은 성공할 수 없다. 초기의 기관 간 역학관계로 인해 한쪽에 치우친 파트너십을 맺는 경우가 많으므로 주의해야 한다. 또한, 파트너십 성공으로 인한 명성을 공평하게 분배해야 한다. 특히 언론, 홍보관계에서 공평한 이득을 얻도록 해야 한다. 이는 개별기관의 발전에 직접적인 영향을 미친다.

(3) 충분한 자원과 시간 확보

파트너십 활동을 위해 필요한 모든 예상비용과 예상수입이 빠짐없이 포함되어야 하며, 기관 간 협의와 실행을 위한 충분한 시간을 공식적으로 확보할 수 있어야 한다.

(4) 정확한 파트너십 형태와 수준 선택

각 파트너별로 기여할 수 있는 바를 정확하게 분석하여 목적에 따라 적절한 파트너십 형태와 수준을 선택한다. 파트너십 형성의 첫 단계에서 구성원들은 자신들의 요구와 기여할 수 있는 부분과 기대하는 부분에 대해 솔직한 입장을 취해야 한다. 목적과 목표는 구체적이고 명료하게 전달될 필요가 있다. 책임과 역할에 대한 분명한 의사소통은 오해와 실패, 참여의 부족을 방지하는 데 중요하며, 구성원들은 개별적인 책임 및 공동책임에 대하여 일치된 생각을 가지고 있어야 한다.

(5) 핵심인물의 존재와 리더십

각 파트너 기관에 파트너십의 중요성을 확신하고 곤란 속에서도 각 기관 내부의 사람들을 설득하는 능력과 에너지를 가진 사람이 필요하다. 파트너십 활동의 실무자는 경험이 풍부한 사람이어야 한다. 참여하고 있는 파트너십 기관들의 책임공유와 평등이 중요하다고 하더라도 파트너십이 일정한 수준에 오르고 효과적으로 진행되기 위해서는 특정 기관의 리더십이 필요하다.

(6) 융통성의 발휘

기관의 경영이나 의사결정 방식은 서로 다를 수 있다. 파트너십을 실시하기 전에 그 차이를 자세하게 확인하고 납득하는 것이 중요하다. 모임의 일정을 수립할 때, 역할과 책임을 분담할 때, 기획이나 수행과정에서의 변화가 발생했을 때에 이를 융통성 있게 처리해야 하다. 또한 각 파트너의 활동 방식 및 능력의 차이를 인정해야 한다.

(7) 기관 장점의 강화

파트너십은 파트너 기관들이 서로의 장점을 교환하는 것이다. 서로의 장점을 강화할 수 있다면 파트너십의 성과는 더욱 높아진다.

(8) 합리적인 의사소통 및 의사결정 체제 구축

역량 있는 대표자를 중심으로 운영위원회를 구축한다. 파트너들은 자주 대화하고 서로에게 신뢰감을 주어야 하며, 파트너십을 통한 진행과정에서 각 파트너들은 프로그램의 진행상황에 대해 잘 알 수 있어야 한다. 의사소통은 기관 내에서는 물론이고 기관 간에도 최우선적으로 다루어야 한다. 파트너십 참가 기관들이 모든 이슈에 동의할 수 있는 경우는 거의 없다. 동의할 수 있는 부분에 초점을 맞추고 동의할 수 없는 이슈를 피하기 위한 방법에 합의하는 것이 필요하다. 모든 것과 관련하여 불일치가 너무 심하면 공동으로 일할 수 없는 경우도 있다.

(9) 주요 이해당사자들의 주체적 참여 유도

파트너십 활동에 참여한 구성원들이 반드시 파트너십에 대해 깊은 인식과 관심을 가지고 있는 것은 아니다. 본의 아니게 다른 기관과의 협력이 불가피하기 때문에, 또는 기관장의 명령에 의해 파트너십 회합에 참석할 수 있다. 또한 파트너십의 효과에 대해 의심을 가지는 경우도 있다. 이러한 구성원들에게 파트너십의 필요성과 유익을 인식시킴으로써 이들의 주체적인 참여를 이끌어 내야 한다.

📝 요약

평생교육에 대한 요구가 다변화되고 전문화됨에 따라 개별 평생교육기관의 노력만으로는 이러한 학습자의 요구를 만족시킬 수 없게 되었다. 따라서 각 개별기관이 자신들의 고유한 전문분야를 발전시키면서 여러 유관기관과 협력하는 파트너십이 보다 중요시되고 있다. 파트너십에는 프로그램 공동개발, 개발 및 제공의 분담 등 여러 가지 유형과 단순기부에서부터 완전공조에까지 여러 수준이 존재한다.

평생교육기관들은 각 기관의 여건을 고려하여 가장 효율적인 방식으로 파트너십을 유지해야 한다. 파트너십의 구축은 일반적으로 잠재적 학습자 집단의 교육요구 검토, 우리 기관의 역량에 대한 검토, 잠재적인 파트너의 검토, 파트너 대상기관과의 접촉, 파트너십 기관 회의 개최의 순으로 이어지며, 파트너십을 통한 사업수행의 단계는 운영위원회 구성, 비전 및 목표의 공동 개발, 공동 요구분석, 실행계획 수립, 파트너별 역할과 책임 결정, 파트너들을 위한 계속적인 정보 제공, 문제해결, 파트너십의 재조정, 평가의 순으로 이어진다.

파트너십의 구축과 유지에는 많은 인내와 노력이 필요하며 파트너십을 가로막는 요소들에 대해 항상 대비하는 자세를 갖추어야 한다.

📝 연구문제

1. 주변의 평생교육기관이 취하고 있는 파트너십의 형태와 수준을 분석해 보시오.
2. 본인이 잘 알고 있는 평생교육기관을 예로 들어 그 기관이 다른 기관을 위해 제공할 수 있는 요소와 다른 기관으로부터 제공받기를 원하는 요소가 무엇인가를 분석해 보시오.
3. 본인이 잘 알고 있는 평생교육기관과 파트너십을 형성할 수 있는 기관들의 장단점과 접촉 순위를 기술해 보시오.

📝 참고문헌

양병찬(2000). 지역사회 평생교육 공동체 구축을 위한 네트워크 전략. 지역사회 평생교육 네트워크 구축 방안. 한국교육개발원.

오혁진(2014). 지역공동체와 평생교육. 서울: 집문당.

임학순(2007). 문화예술교육과 파트너십. 서울: 북코리아.

김보보, 재키 켄달, 스티브 맥스(1999). 시민사회단체운영매뉴얼(한국휴먼네트워크 옮김). 서울: 홍익미디어.

Skoge, S. (1996). *Building Strong and Effective Community Partnerships - A Manual for Family Literacy Workers*. Canada: The Family Literacy Action Group of Alberta.

한국지역사회교육협의회(KACE) http://www.kace.or.kr/

부록

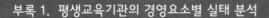

부록 1. 평생교육기관의 경영요소별 실태 분석

부록 2. 평생교육기관의 경영가치 측정

부록 3. 평생교육기관의 가치체계 수립

부록 4. 평생교육조직의 SWOT 분석

부록 5. 잠재적 학습자 집단세분화

부록 6. 프로그램 관리 전략

부록 7. 평생교육기관 조직화의 성격과 유형 실습양식

부록 8. 파트너십 구축을 위한 실습내용과 실습양식

부록 1

평생교육기관의 경영요소별 실태 분석(제1장 관련)

기관명: _____

• 특정 평생교육기관에서 이루어지고 있는 활동들의 담당자와 활동내용을 평생교육기관 경영의 과정별 요소와 과제별 요소의 조합에 맞추어 분석해 보시오(한 담당자가 복수의 요소 담당 가능).[1]

과제별 요소 \ 과정별요소		기획	조직화	충원	지도	조정 및 평가	평균
프로그래밍	담당자						
	평가 내용						
	점수[1]						
인적자원 관리	담당자						
	평가 내용						
	점수						
재무관리	담당자						
	평가 내용						
	점수						
마케팅	담당자						
	평가 내용						
	점수						
종합평가	평균						

1) 평가 점수
  1. 매우 좋지 못하다. 2. 대체로 좋지 못하다. 3. 보통이다. 4. 대체로 좋다. 5. 매우 좋다.

부록 2

평생교육기관의 경영가치 측정(제3장 관련)

1. 다음 문항을 읽고 해당되는 칸에 ✓표 하시오.

번호	가치구분	요소구분	내용	전혀 그렇지 않다	대체로 그렇지 않다	그저 그렇다	대체로 그렇다	매우 그렇다
				1	2	3	4	5
1	가	A	우리 기관의 프로그램은 학습자의 실생활에 도움이 되고 있다.					
2	가	C	우리 기관은 충분한 교육시간을 확보한다.					
3	가	E	우리 기관의 강사는 프로그램에 대해 전문적인 지식이나 실력을 갖추고 있다.					
4	가	F	우리 기관의 직원은 전문성과 업무수행능력이 뛰어나다.					
5	가	G	우리 기관의 학급의 크기는 효과적인 학습을 하기에 적절한 규모이다.					
6	가	H	우리 기관은 교육시설을 잘 갖추고 있다.					
7	가	I	우리 기관은 학습자들에게 프로그램을 마친 후 진학이나 취업 등에 유용한 자격이나 특전을 부여한다.					
8	가	J	우리 기관은 학습자들을 위한 교육자료를 풍부하게 마련하고 있다.					
9	나	A	우리 기관의 프로그램은 건전하고 사회 발전에 유익하다.					
10	나	B	우리 기관의 수강료는 학습자들에게 저렴하다.					
11	나	B	우리 기관은 학습자들의 형편에 따라 수강료를 할인하거나 지원해 준다.					
12	나	E	우리 기관의 강사는 교육을 통해 좋은 사회를 만드는 데 이바지하려는 사명감을 가지고 있다.					

번호	가치 구분	요소 구분	내용	전혀 그렇지 않다	대체로 그렇지 않다	그저 그렇다	대체로 그렇다	매우 그렇다
				1	2	3	4	5
13	나	F	우리 기관의 직원들은 좋은 사회를 만드는 데 이바지하려는 강한 사명감을 가지고 있다.					
14	나	H	우리 기관은 장애인, 노인 등과 같이 몸이 불편한 사람들을 위한 시설을 마련하고 있다.					
15	나	I	우리 기관은 원하는 사람이면 누구에게나 프로그램을 개방한다. 사회적 지위나 직업, 종교 등으로 학습자를 제한하지 않는다.					
16	다	A	우리 기관의 학습자들은 교육 전에 교육의 목표와 내용을 선정하는 데 스스로 참여할 수 있다.					
17	다	E	우리 기관의 강사는 학습자들의 학습속도에 대해 관심을 기울인다.					
18	다	E	우리 기관의 강사는 강의 중 학습자들의 수업참여를 적극적으로 유도한다.					
19	다	F	우리 기관의 직원들은 학습자들을 존중하며 의견을 경청한다.					
20	다	G	우리 기관의 학습자들은 학급의 대표를 선발하고 자치적으로 학급을 운영할 수 있다.					
21	다	I	우리 기관의 학습자들은 기관의 운영방식에 대해 자유롭게 건의할 수 있다.					
22	라	E	우리 기관의 강사는 학습자들과 친해지기 위해 노력한다.					
23	라	F	우리 기관은 직원들은 학습자에게 개별적으로 관심을 갖고 도와준다.					
24	라	G	우리 기관은 학습자들이 자율학습이나 친교를 위한 작은 모임을 만들어 활동할 수 있도록 지원한다.					
25	라	I	우리 기관은 학습자들을 위한 단합대회, 친목회, 야유회, 생일축하 등의 친교행사가 운영될 수 있도록 지원한다.					

번호	가치 구분	요소 구분	내용	전혀 그렇지 않다	대체로 그렇지 않다	그저 그렇다	대체로 그렇다	매우 그렇다
				1	2	3	4	5
26	마	A	우리 기관은 학습자들을 위해 다양한 프로그램을 개설한다.					
27	마	A	우리 기관은 프로그램이 학습자들의 학습능력에 맞는지를 중요하게 고려한다.					
28	마	C	우리 기관은 학습자들의 사정에 맞게 프로그램의 시간이나 장소를 적절하게 조정한다.					
29	마	C	우리 기관은 강의장소까지 교통에 불편이 없도록 노력한다.					
30	마	D	우리 기관은 학습자들에게 개설된 프로그램이나 기관에 관한 정보를 편리하게 제공한다.					
31	마	E	우리 기관의 학습자들은 강의 시간 외에도 언제 어디서나 강사로부터 쉽게 도움을 얻을 수 있다.					
32	마	F	우리 기관의 학습자들은 필요할 때 언제 어디서나 기관의 직원들로부터 쉽게 도움을 얻을 수 있다.					
33	마	H	우리 기관은 학습자들을 위해 주차장, 식당, 화장실, 휴게실 등의 편의시설들을 잘 갖추고 있다.					
34	마	I	우리 기관의 학습자들은 프로그램 등록, 수강료 납부, 자격증 발급 등의 서비스를 쉽게 받을 수 있다.					
35	마	J	우리 기관의 학습자들은 기관에 비치된 교재나 자료, 시설, 교육정보 등을 자유롭게 활용할 수 있다.					
36	마	J	우리 기관은 학습자들이 필요로 하는 자료나 시설을 신속하게 구비한다.					
37	바	A	우리 기관은 학습자들에게 사전에 홍보한 그대로 프로그램을 실시한다.					

번호	가치 구분	요소 구분	내용	전혀 그렇지 않다	대체로 그렇지 않다	그저 그렇다	대체로 그렇다	매우 그렇다
				1	2	3	4	5
38	바	C	우리 기관은 프로그램이 진행되는 동안 시간, 일정, 장소를 변경함으로써 학습자들에게 혼란을 주지 않는다.					
39	바	E	우리 기관의 강사는 강의계획이나 학습자들과의 약속을 잘 지킨다.					
40	바	F	우리 기관의 직원들은 학습자들에 대한 서비스 제공 약속을 잘 지킨다.					
41	바	H	우리 기관의 시설들은 안전하다.					
42	바	I	우리 기관은 학습자들의 출결관리를 정확하게 관리한다.					
43	바	I	우리 기관은 학습자들에 대한 평가를 정확하게 관리한다.					
44	사	C	우리 기관의 교육장소는 환경이 아늑하고 분위기가 좋다.					
45	사	D	우리 기관 프로그램 홍보물이나 광고물의 디자인은 세련되어 있다.					
46	사	E	우리 기관 강사의 옷차림과 용모는 단정하고 세련되어 있다.					
47	사	F	우리 기관 직원들의 옷차림과 용모는 단정하고 세련되어 있다.					
48	사	H	우리 기관 교육장소에 설치된 시설물들의 배치나 외양이 보기에 좋다.					
49	사	H	우리 기관 교육장소와 시설들은 청결하다.					
50	사	J	우리 기관의 교재나 자료집은 디자인과 편집이 잘 되어 있다.					

2. 다음의 칸에 점수를 옮겨 적고 평균을 계산하시오.

가치 / 경영요소	가 효과성	나 공공성	다 주체성	라 긴밀성	마 편리성	바 신뢰성	사 외형성	총점	평균
A 프로그램	1	9	16		26 27	31			
B 수강료		10 11							
C 장소시간	2				28 29	38	44		
D 의사소통					30		45		
E 강사	3	12	17 18	22	31	39	46		
F 직원	4	13	19	23	32	40	47		
G 학급구성	5		20	24					
H 시설	6	14			33	41	48 49		
I 제도	7	15	21	25	34	42 43			
J 교재	8				35 36		50		
총점									
평균									

부록 3

평생교육기관의 가치체계 수립(제4장 관련)

• 사명(mission)

우리 기관이 반드시 해야 할 일	우리 기관이 하지 않기로 결정한 일 우리 기관이 해서는 안 될 일

• Vision: 10년 뒤 우리 기관(조직)의 바람직한 모습(그림 그리듯이 표현해 보시오)

• 우리 기관(조직)의 사명 범위

구분	내용
대상 집단의 종류	
충족시키고자 하는 학습자의 요구/ 교육내용	
방법	

• 우리 기관(조직)의 사명진술문

| |
| |

• 사명진술문의 요건 검토

요건	검토 내용	점수(5점만점)
고유성		
환경반응성		
실행가능성		
동기부여성		

• 금년도 우리 기관(부서)의 중점 경영목적과 경영목표

경영목적	경영목표(지표)
•	• • •
•	• • •
•	• • •
•	• • •

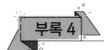

부록 4

평생교육조직의 SWOT 분석(제5장 관련)

환경	기회	위협
• 인구통계적 환경	• •	• •
• 경제적 환경	• •	• •
• 사회문화적 환경	• •	• •
• 자연적 환경	• •	• •
• 정치제도적 환경	• •	• •
• 기술적 환경	• •	• •
• 입지적 환경	• •	• •
• 유관집단 환경	• •	• •
• 경쟁 환경	• •	• •
경영자원	**강점**	**약점**
• 교육시설	• •	• •
• 자금	• •	• •
• 인적자원	• •	• •
• 지적 자원 시스템	• •	• •

• 전략모색

	기 회	위 협
	공격적 전략	난국타개전략
강점	<ul><li></li><li></li><li></li><li></li><li></li><li></li><li></li><li></li><li></li><li></li><li></li><li></li><li></li></ul>	<ul><li></li><li></li><li></li><li></li><li></li><li></li><li></li><li></li><li></li><li></li><li></li><li></li><li></li></ul>
	방향전환전략	방어적 전략
약점	<ul><li></li><li></li><li></li><li></li><li></li><li></li><li></li><li></li><li></li><li></li><li></li></ul>	<ul><li></li><li></li><li></li><li></li><li></li><li></li><li></li><li></li><li></li><li></li><li></li></ul>

• 대안선택의 우선순위

잠재적 학습자 집단세분화(제6장 관련)

조명: _____ 기관명: _____

주요 프로그램명 또는 사업명: _____

1. 우리 평생교육기관의 사명이나 SWOT 분석 결과를 고려할 때 해당 프로그램이나 사업을
   효율적으로 운영하기 위한 첫 번째 집단세분화의 기준을 정하시오.

   • 기준의 내용은 무엇인가?
   • 그 이유는 무엇인가?

   기준을 적용하여 적절하게 집단을 분류하고 각 세분집단에 기호(가)를 붙이시오(표에 작성).

기호	가	나			
집단명					

2. 우리 평생교육기관의 사명이나 SWOT 분석 결과를 고려할 때 해당 프로그램이나 사업을
   효율적으로 운영하기 위한 두 번째 집단세분화의 기준을 정하시오.

   • 기준의 이름은 무엇인가?
   • 그 이유는 무엇인가?

   기준을 적용하여 적절하게 집단을 분류하고 각 세분집단에 기호(A)를 붙이시오(표에 작성).

기호	A	B			
집단명					

3. 기준 1과 기준 2를 조합한 집단 분류

　다음의 표를 두 가지 기준의 수에 따라 분할하고 각 칸(세분집단)에 이중 기호를 붙인다.

　(예: 가A, 나A --- / 가B, 나B ---)

4. 각 세분집단 중 우리 기관의 주요 표적집단으로 삼을 세분집단을 우선순위에 따라 3-4개 정도 정해 위의 그림에 표시한다.

5. 해당되는 세부집단을 표적집단으로 선택한 근거를 적고 그 집단에게 제공할 프로그램(사업)의 세부내용이나 특징, 운영전략을 모색한다.

순위	세분집단(기호)	선택근거	제공할 프로그램(사업)의 세부내용, 특징, 운영전략

프로그램 관리전략(제7장 관련)

■ 프로그램의 핵심성과 품질에 의한 관리전략

기관명: ＿＿＿＿＿＿＿＿＿＿＿＿＿＿

＊ 우리 기관의 여러 프로그램을 다음의 기준에 따라 분류하여 배치하시오.

• 핵심성의 기준(기관의 사명):
• 품질의 기준:

		핵심성		
		높음	중간	낮음
품질	높음			
	중간			
	낮음			

〈대안의 모색〉

각 프로그램을 어떻게 관리할 것인가를 제시하시오.

■ 프로그램의 경쟁적 위치 선정 전략

1. 우리 기관의 특정 프로그램과 경쟁관계에 있는 기관 세 곳을 정하시오.
2. 특정 프로그램과 관련된 주요한 평가기준을 두 가지에서 네 가지 정도 정하고 그림 각 선에 기입하시오(A, B, C, D).
3. 우리 기관을 포함한 각 기관의 프로그램 평가기준별 평균 점수를 구하시오(5점 만점).
4. 각 기관의 점수를 해당되는 프로그램 평가기준 선위에 점으로 표시하고 각 점을 선으로 연결하시오(기관별로 다른 색깔이나 다른 모양의 선 사용).
5. 그림을 바탕으로 해당 프로그램에 대해 우리 기관과 다른 기관의 상황을 비교한 후 우리 기관이 취해야 할 대안을 제시하시오.

- 프로그램명: (   )
- 경쟁기관명: (1. 우리 기관   2.   3.   )

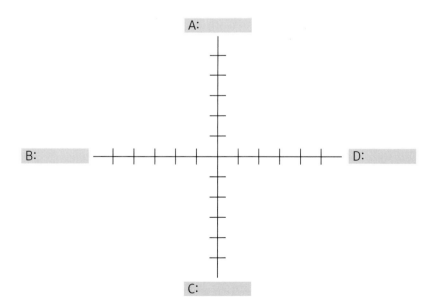

□ 대안:

평생교육기관 조직화의 성격과 유형 실습양식(제9장 관련)

조명: _____   기관명: _____

■ 기관의 조직화 현황

우리 기관의 조직화 현황을 그림 형태의 조직도로 나타내고 조직화의 유형과 조직구성상의
두드러진 특징을 기술하시오.

◼ 조직도: 조직화 유형에 따른 부서, 역할분담 내용, 인원 등도 표시

◼ 조직구성상의 특징(장단점) 및 개선과제

■ 평생교육기관의 학습조직화

우리 평생교육기관의 학습조직화를 위해 다음 항목과 관련된 상황과 사례를 제시하시오.

관련 항목	전반적 평가(5점 만점)	사례 및 구체적인 내용
비전공유를 위한 전 직원 워크숍 개최		
효율적인 정기업무 회의의 개최		
적극적인 직원연수 파견 및 연수내용의 공유		
직무능력 향상을 위한 자체 토론회 운영		
사업 및 프로그램 종료 후 자체 평가회 실시		
사업 및 프로그램 수행 관련 자료집 제작		
조직 내 학습동아리 조직 및 운영 장려		
정보 및 자료 공유를 위한 물리적 지원		
우수 학습 직원에 대한 보상 실시		
기타:		
기타:		

■ 평생교육기관의 갈등

우리 기관에서 가장 두드러지게 발생하고 있는 갈등의 구체적인 사례를 갈등관계 유형에 따라 한두 가지씩 제시하시오.

갈등관계 유형	갈등의 구체적인 사례나 내용	해결방안
개인 간 갈등		
부서 간 갈등		
기관 간 갈등		

파트너십 구축을 위한 실습내용과 실습양식(제13장 관련)

조명: _____ 기관명: _____

■ 파트너십 구축을 통해 추진할 사업의 내용

■ 파트너십 구축의 구체적인 형태와 이유
  * 형태
  * 이유

■ 파트너십 구축을 위해 협력할 기관들(2개 이상 가능)

○ 파트너십 구축을 위해 협력할 사항

영역	외부 기관의 협력이 필요한 사항		외부 협력기관을 위해 우리 기관이 도와줄 수 있는 사항	
	세부사항	협력기관명	세부사항	협력기관명
인적 자원				
재정				
시설				
행정				
기타				

■ 협력할 사항을 추진하기 위한 우리 기관의 경영상 과제

찾아보기

인명

ㄱ
김용기 51, 52, 102, 108

ㅇ
이재규 57

B
Brookfield, S. D. 77

C
Coady, M. 51, 52

D
Dave, R. H. 72

F
Freire, P. 51, 53, 73

G
Grundtvig, N. F. S. 51, 52

H
Houle, C. O. 159

K
King, M. L. 102
Knowles, M. 72

M
Morstein, B. R. 159

P

Pestalozzi, J. H. 51, 52

S

Senge, P. 237

Smart, J. 159

내용

5Ms 306

5Ps 86

CIO 313

DWH 308

SNS 46, 305

SWOT 분석 85, 144, 355

ㄱ

가격 86, 134, 311,

가나안농군학교 31, 102, 108

가변비용 255, 256, 260

가치체계 100, 110, 120

간접경비 254, 255, 258

갈등 41, 203, 241

갈등처리 243

강사 143, 214, 305

강사 섭외 54, 215

개인 간 갈등 242, 363

개인 기부자 268, 271

개인 내 갈등 242

개인성향 장애요인 161

개인중심형 78

개인학습 235

거리부가지수 173

거시적·미시적 환경 요인 208

거시적 환경 124, 149

검증단계 118

경로 170, 207, 314

경영 40,

경영가치 348

경영목적 87, 100, 111

경영목표 100, 112, 123

경영자원 135, 142, 196

경영환경 124, 144,

경영활동 과정요소 37

경영활동 과제요소 37

경쟁력 130, 140, 192

경쟁열위 142

경쟁환경 129

경제적 영역의 경영목적 111

경제적 영역의 경영목표 112

경제적 환경 108, 125

경향 175, 275

계절 126, 175
고객 88
고객관계 관리시스템 35, 88, 308
고도반응조직 89
고유성 106
고정비용 256
공격적 전략 148
공공기관 29, 144
공공성 75, 162
공급 157, 308
공동창조단계 119
공동체 지향성 73
공익성 75, 80, 269
공조형 77
관리자 54, 280, 290
관망자 116
광고 86, 305
광역통신망 312
교수자 54
교육방법전문가 214
교육시설 136
교육이수자 채용집단 128
교육적 사명 203
교육적 영역의 경영목적 111
교육적 영역의 경영목표 112
교육전문가 53
교직원연수 239
국가평생교육진흥원 24
권한 227
규제집단 128
근거리통신망 312

금전적 자원 137
기관구성도 228
기관 장애요인 161
기관중심형 77
기금개발 35, 266
기금조성 264
기능별 조직화 228
기본급 212
기부 255, 326
기부금의 구성 267
기부자 268
기술적 능력 58
기술적 환경 126
기회 84, 132
기회 매트릭스 133
기회분석 132
기회지향 접근 266
기획 40, 219
긴밀성 78, 80

ㄴ

낙후형 204
난국타개전략 148
내부 경영 36
네트워크 220, 311, 323
네트워크 조직 234
노력대상시장 158
뉴미디어 46

ㄷ

다양성 232
다이렉트 메시지 307
다중전문화방식 186
단순증감적 접근 266
단순협조 327
단일 수강료 접근방식 261
단일요인지수 171
단일집중방식 184
단일 프로그램 공동운영 328
대내적 의사소통 298
대외 네트워크 구축자 54
대외적 의사소통 298
대외협력자 54
대중매체 305
대학부설 평생교육원 20
데이터베이스 311
도입기 187
도입기 프로그램 189
도피/자극 160
독립경영 31
돌발적인 사건 175
동기부여 205
동기부여성 107
동등한 경쟁 142
동역자 116

ㄹ

리더 217, 280, 286, 291
리더십 60, 62

리더훈련비 282
리더훈련자 280, 291

ㅁ

마케팅 39, 45, 82
마케팅 경영 84
마케팅 혼합전략 86
매체 299
매트릭스형 조직화 230, 231
맹목적 거부자 117
맹종자 116
메마른 경영자 66
메시지 299
목표지향형 동기 160
무관심자 116
무반응조직 88
문제형 204
문해교육 51, 53
문화센터 20
문화원 20
문화의 집 20
미시적 환경 124, 127
민주적 시민운동 73

ㅂ

발신자 298
방어적 전략 148
방향전환전략 148
보상관리 212

복지후생 212
복합요인지수 172
부수적 프로그램 192
불완전한 대체성 141
불완전한 모방성 141
비영리 마케팅 83
비영리 평생교육기관 191
비영리형 민간기관 29
비전 100, 103
비전공유 238
비판자 117
비확장성 시장 157

ㅅ

사고모형 238
사람 86
사명 100, 101
사명진술문 109
사업부별 조직화 229
사직 213
사회교육 51
사회문제 33
사회문화적 환경 126
사회적 관계 160
사회적 복지 160
사회통합 73
산출 25
상여금 212
상황적 장애요인 161
서비스 지향성 74, 79

선착순 등록할인제 262
선호도 194
설득단계 118
성숙기 188
성숙기 프로그램 189
성실형 204
성인교육 51
성장기 188
성장기 프로그램 189
세력화 73
세분시장에 대한 접근가능성 165
세분시장의 신뢰성 165
세분시장의 실질성 165
세분시장의 측정가능성 165
소프트웨어 311
쇠퇴기 188
쇠퇴기 프로그램 190
수강료 결정 260
수강료 지원전략 261
수강료 차등전략 261
수당 212
수요 154
수요량 155
수요측정 168
수용자 298
수입 252
수행평가 211
스타형 204
스태프 부서 228
승진 213
시간효용 315

시계열 방법 175
시민교육 51
시민사회 51
시민운동 51
시스템 사고 238
시장 154
시장 세분화 163
시장수요 168
신뢰성 79, 80
실습내용 364
실태 분석 347
실행 가능성 107
심리적 자료 167

ㅇ

아웃소싱 322
안드라고지 72
안티고니쉬 52
역할조정 327
연쇄비율법 174
영리형 민간기관 29
오리엔테이션 216
완전공조 327
완전반응조직 89
외부적 기대 160
외부 전문가집단 128
외형성 79, 80
운영목표 112
원격교육 317
원격교육기관 20

위탁경영 31
위협 84, 131
위협 매트릭스 132
위협분석 131
유관집단 128, 301
유용성 140
유자격 이용가능시장 158
의사결정능력 59
의사소통 298
의사소통관계 276
의사소통 매체 304
의사소통 상황 300
이상적 경영자 65
이용가능시장 158
이직 213
이직관리 213
이차적 프로그램 192
인간관계능력 59
인간존중 203
인건비 282
인구통계적 환경 125
인구통계학적 자료 166
인력수급 208
인사관리 38, 43, 202
인사관리 대상 202
인사관리의 전개방향 204
인사관리자 54
인사이동 213
인적 요소 312
인적 자원 138
인적자원개발 138

인적자원개발 방법의 유형 210
인적 자원관리 202
인적 판매 86
인지적 흥미 160
인터넷 46
일반 실무자 58, 205
일시적 경쟁우위 142
입지적 환경 127

ㅈ

자금운용 252
자금조달 252
자료 138, 167, 280
자료종합시스템 308
자문단계 119
자아완성 238
자연적 환경 126
자원개발 경영 35
자원개발자 54
자원배분 경영 36
자원봉사자 34, 35, 44
자원봉사자 관리의 과정 219
자원봉사활동 287
자체 워크숍 239
자체 평가회 240
잠재시장 158
잠재적 학습자 집단 127, 189
잠재적 학습자 집단세분화 357
장소효용 315
재단 269

재무관리 39, 44, 252
재무관리자 54
재무분석 253
적정인원 파악 208
전근 213
전달경로체계 316
전략적 제휴 322
전사적 자원관리시스템 308
전체포괄방식 186
전통적 조직 233
정보 138, 234, 286
정보관리자 54
정보시스템 308
정보 장애요인 161
정치적 · 제도적 환경 126
조정 41, 221, 227
조직 간 갈등 242
조직 내 집단 간 갈등 242
조직사명 84
조직자 280, 289
조직학습 235
조직화 40, 219, 361
종합사회복지관 20, 106
주기 175
중간관리자 58
중복성 232
지도 41, 221
지리적 자료 166
지명도 194
지속적 경쟁우위 142
지식 139

지식경영 139, 235
지역 간 수요규모와 마케팅 비용과의 관
　　계 173
지역공동체 52
지역사회교육 51
지역평생교육진흥원 24
지적 자원 138
지출 253
지혜 139
직무목표 112
직무요건 204
직업적 진보 160
직원 34
직접경비 255
집단세분화 85
집단전문화방식 185
집단화 · 단위화 227

참여동기 159
참여성 80
참여자 292
참여 장애요인 160
책무성 21
청소년 문화의 집 106
청소년수련원 106
촉진 86
총체적 마케팅 46, 84
최고경영자 58, 112, 230
최고 정보관리자 313

최악의 경영자 66
최종시장 158
최초 학습자 참여집단 189
충원 40, 221

ㅋ
카리스마적 경영자 65

ㅌ
통계적인 수요분석 176
통보단계 118
통합적 프로그램군 관리전략 191
퇴직 213
투입 25
팀조직 231
팀학습 238

ㅍ
파면 213
파트너십 43, 323, 364
파트너십의 장애요인 338
파트너십 협정 335
판매촉진 86
편의성 79, 80
편의시설 136
평면형 조직 233
평민대학 51, 52
평생교육 23

평생교육경영 22, 25
평생교육기관 20
평생교육기관 가치체계 100
평생교육기관 경영자 58
평생교육기관의 의사소통 298
평생교육기관 정보시스템 307
평생교육기관 파트너십 322
평생교육기금 264
평생교육법 24
평생교육사 36, 205
평생교육사업 333
평생교육 정보시스템 309, 310
평생교육조직 355
평생교육지도자 50
평생교육 프로그램 전달경로 314
평생학습관 20, 24
평생학습도시 24, 270
평생학습센터 20, 24
포지셔닝 85
표적집단 선정 85
프랜차이즈 시스템 316
프로그래밍 38, 42
프로그램 86
프로그램 개발 · 제공 분담 329
프로그램 계열 182
프로그램 공동연구개발 329
프로그램 관리자 54
프로그램 관리전략 359
프로그램군 182
프로그램군의 깊이 184
프로그램군의 일관성 184

프로그램군의 폭 183
프로그램 기획자 54
프로그램 수강료 258
프로그램 연합 329
프로그램 운영자 54
프로그램의 경쟁적 위치선정 전략 195
프로그램의 생애주기 187
프로그램의 수요량 156
프로그램의 핵심성 192
프로그램전문화방식 185
프로그램 제공영역 분담 330
프로그램 최대 수요량 156
프로그램 최소 수요량 156
피드백 300
필요지향 접근 266

ㅎ

하드웨어 311
하위조직운영 32
학습공동체 203, 236
학습권 82
학습동아리 240, 276
학습요구 73
학습자 시장 개척자 54
학습자의 주체성 77
학습자 인격존중 74, 76
학습자 지향성 91
학습조직 27, 233, 235
학습지원비 282
학습지향형 동기 159

한국지역사회교육협의회 29, 31

합리성 203

해고 213

핵심 프로그램 192

행동적 자료 167

헤드십 61

형식적 반응조직 89

형평성 76, 80

홍보 86, 304

확장성 시장 156

환경에 대한 반응성 107

활동지향형 동기 159, 160

효과 164, 211, 300

효과성 24, 319

효율성 24, 239, 324

후원 255, 326

후원자 34

후원집단 128

흥사단 29, 229

희소성 140

저자 소개

📖 오혁진(Oh, Hyuk-Jin)

   서울대학교 영어교육과 졸업
   서울대학교 대학원 교육학과(평생교육전공) 석사, 박사
   전 가나안농군학교 교관
      한국교육개발원 평생교육센터 연구원
      동의대학교 교수학습개발센터 소장
      부산광역시 평생교육협의회 위원
      부산 YMCA 이사
   현 동의대학교 평생교육 · 청소년상담학과 교수

〈주요 저서〉
평생교육론(공저, 2021, 한국방송통신대학교)
한국 사회교육사상사(2016, 학지사)
지역공동체와 평생교육(2014, 집문당)
신사회교육론(2012, 학지사)

평생교육경영론(2판)

공익적 평생교육기관을 위한 경영의 실제

Lifelong Educational Management (2nd ed.)

2003년 9월   5일 1판   1쇄 발행
2015년 1월 20일 1판 14쇄 발행
2021년 3월 10일 2판   1쇄 발행

지은이 • 오혁진
펴낸이 • 김진환
펴낸곳 • (주) **학지사**
　　　　　04031 서울특별시 마포구 양화로 15길 20 마인드월드빌딩
대표전화 • 02)330-5114　　　팩스 • 02)324-2345
등록번호 • 제313-2006-000265호

홈페이지 • http://www.hakjisa.co.kr
페이스북 • https://www.facebook.com/hakjisa

ISBN 978-89-997-2344-5 93370

정가 20,000원

출판 · 교육 · 미디어기업 **학지사**

간호보건의학출판 **학지사메디컬** www.hakjisamd.co.kr
심리검사연구소 **인싸이트** www.inpsyt.co.kr
학술논문서비스 **뉴논문** www.newnonmun.com
원격교육연수원 **카운피아** www.counpia.com